coração aberto, mente aberta

despertando o poder do amor essencial

Tsoknyi Rinpoche
e Eric Swanson

coração *aberto,*
mente *aberta*

despertando o poder do amor essencial

Tradução de Lúcia Brito

© 2012 Tsoknyi Rinpoche
Todos os direitos desta edição são reservados:
© 2017 Editora Lúcida Letra

Título original: Open heart, open mind: Awakening the Power of Essence Love (publicado por Harmony Books)

COORDENAÇÃO EDITORIAL: Vítor Barreto
PREPARAÇÃO: Celina Karam
REVISÃO: Joice Costa, Thaís de Carvalho
PROJETO GRÁFICO, CAPA E DIAGRAMAÇÃO: Aline Paiva

Dados Internacionais de Catalogação na Publicação (CIP)

R582c   Rinpoche, Tsoknyi.
           Coração aberto, mente aberta : despertando o poder do amor essencial / Tsoknyi Rinpoche e Eric Swanson ; tradução de Lúcia Brito. – Teresópolis, RJ : Lúcida Letra, 2018.
           224 p. ; 23 cm.

           Inclui apêndice.
           ISBN 978-85-66864-52-6

           1. Budismo - Vida - Conduta. 2. Amor. 3. Vida espiritual. I. Swanson, Eric. II. Brito, Lúcia. III. Título.

           CDU 294.3
           CDD 294.3444

Índice para catálogo sistemático:
1. Budismo : Conduta de vida   294.3444

(Bibliotecária responsável: Sabrina Leal Araujo – CRB 10/1507)

Para Chimey Yangzom, minha esposa

Sumário

Prefácio de Richard Gere — 9
Nota sobre as palavras em tibetano — 11

1. A ponte — 13
2. O início — 27
3. A centelha — 47
4. "Eu", uma identificação errônea — 81
5. Método — 106
6. Prestando atenção no corpo — 116
7. O corpo sutil — 125
8. Aprendendo a cavalgar — 134
9. O limite de velocidade interno — 143
10. Prestando atenção na mente — 153
11. O espaço interno — 161
12. Juntando tudo — 176
13. Em ação — 184
14. Confiança — 209

Glossário — 214
Leitura adicional — 219
Agradecimentos — 220

Prefácio

> Se quiser encontrar um peixe,
> olhe dentro do oceano.
>
> Se quiser se encontrar, olhe
> dentro de sua mente.

Conheci Tsoknyi Rinpoche em Litchfield, Connecticut, em 1997. Era meu primeiro retiro de *dzogchen* e eu estava bastante nervoso. Mas não havia realmente nada com o que me preocupar. Rinpoche era um professor tão bom e genuíno que rapidamente nos deixou à vontade com sua sagacidade, seu humor e sua completa naturalidade, ao mesmo tempo em que, repetidamente, nos desafiava a descobrir e repousar na verdade aberta de nossa essência natural, de nosso estado de ser natural. Desde então o considero um professor confiável e um amigo querido. É uma daquelas pessoas que se anseia por encontrar e estar junto, que é lembrada com um sorriso e uma risada. O encontro é sempre significativo. Tendo estudado com alguns dos gigantes da tradição budista tibetana, a maioria lamentavelmente já falecida, Rinpoche é um elo poderoso e eloquente entre os grandes praticantes iogues do velho Tibete e o nosso atordoante século XXI. Ele fica completamente à vontade em ambos os contextos. E nos deixa à vontade também.

Rinpoche deu duro para entender as peculiaridades da mente humana a fim de poder nos ajudar de modo mais eficaz a romper nossas limitações e seriedade autoimpostas. Amor, sabedoria e bem-aventurança duradouros são possíveis. Mas podemos ficar bastante empacados em nós mesmos e em nossas ideias.

O amor essencial é escancarado e destituído de preconceito. É a liberdade no riso de uma criança, o bem-estar quando estamos felizes sem motivo específico. É definido por Rinpoche como "bondade, gentileza e afeto incondicionais, nascido da abertura e da inteligência, que pode ser nutrido até tornar-se uma chama ardente e brilhante que aqueça o mundo inteiro". É o abraçar alegre e amoroso da vida em si – com toda a sua loucura.

Podemos encontrá-lo dentro de nós porque é o que somos. É nosso direito de nascença como seres humanos. Assim como temos dois braços e duas pernas, somos esse amor básico. Ele pode ser recoberto e confundido de tal maneira que podemos não reconhecê-lo ou senti-lo. Por isso passamos a vida atrás dele em relacionamentos, poder, dinheiro, coisas e ideias – como se nossa perda interior pudesse ser encontrada do lado de fora. E momentaneamente pode. Mas, no fim, isso só nos deixa ainda mais vazios, exaustos, receosos e zangados. Reconhecemos isso em algum lugar de nosso coração e, em nossos momentos mais desnudos, sentimos o vazio e a tristeza subjacentes à superfície de nossas vidas ocupadas. Todavia, ansiamos por muito mais. Bem no fundo sentimos que a verdadeira felicidade é atingível.

Este livro nos desafia a encontrar o que perdemos temporariamente e a começar um caminho de reconexão com a nossa natureza mais profunda, que é alegre, aberta e livre de todas as condições e condicionamentos, como um céu radiante e sem nuvens. Reconhecer nossa natureza permite que o afeto da compaixão e do amor se expresse naturalmente em tudo que fazemos. Não é um caminho esotérico, nem requer aptidão especial. É prático, lógico e claro. É simplesmente quem somos. No âmago, todos nós vibramos de amor. Somos amor que não tem limite e que pode brilhar em todos os momentos, estejamos felizes ou tristes.

Podemos ter conhecido alguém assim – alguns veem isso no Dalai Lama ou em Madre Teresa, ou talvez na própria mãe ou no pai. São pessoas que nos fazem sorrir instintivamente e sentir um afeto desimpedido, natural. Por quê? Porque elas cintilam com um tipo de amor e compaixão altruístas que reconhecemos como nossa verdadeira identidade. Este livro pode nos ajudar a encontrar aquela centelha inicial que se tornará uma fogueira ardente. Depende de nós.

Richard Gere

Nota sobre as palavras em tibetano

Este livro é pontilhado por termos tibetanos que tomei a liberdade de transliterar de maneiras não necessariamente condizentes com os métodos acadêmicos convencionais, uma escolha que provavelmente vai horrorizar aqueles que dedicaram tempo e esforço a traduzir esta linguagem repleta de significados simbólicos. Muitas das palavras usadas no tibetano são carregadas de consoantes silenciosas no início e fim das palavras, o que, às vezes, afeta a sua pronúncia.

Como muitos idiomas asiáticos, o tibetano tem um componente tonal. Existem diversas variações ínfimas entre consoantes e combinações de consoantes, o que infunde terror no coração dos extraordinários tradutores de professores tibetanos. Fiquei sabendo de casos em que foi solicitado ao tradutor a conversão da palavra tibetana para "gelo", que, com um leve deslize tonal, se transforma em "merda".

Os professores se divertem com esses desafios desconfortáveis. O riso deles não é uma forma de crueldade, e sim uma dádiva, uma oportunidade para reconhecermos e nos reconciliarmos com a possibilidade de cometermos erros, por mais cultos ou bem-sucedidos que sejamos. Uma vez que os reconheçamos, podemos aprender e crescer com eles.

Muita gente perguntou, após a publicação de dois livros em que tive a honra de trabalhar com Yongey Mingyur Rinpoche, se eu era o tradutor. Infelizmente tive que esclarecer. Meu conhecimento do idioma tibetano se limita a algumas poucas preces rituais e frases úteis, tipo "não como carne", "tal lugar é aqui?" e "onde é o banheiro?" (ou, às vezes, "*tem* banheiro aqui?"). Que o Buda me ajude se me atrapalhei na sintaxe ou pronunciei uma única palavra de forma ligeiramente incorreta. Pode ser muito embaraçoso dizer "eu não como um banheiro".

Mas Tsoknyi Rinpoche e as pessoas que o ajudam a dar conta das tremendas responsabilidades que lhe foram impostas foram muito gentis – numa idade em que muitos de nós estávamos interessados apenas em fumar e beber às escondidas fora da escola. Esforçaram-se muito para me auxiliar a entender as sutilezas da língua tibetana e a sua sabedoria, o que, por sua vez, demonstra um entendimento preciso e refinado da condição humana e das possibilidades de evolução emocional.

Os budistas é claro, têm uma pequena vantagem sobre outras pessoas, pois estudam as ações dos seres humanos e o impacto de suas decisões há mais de dois mil anos.

Foi uma honra incrível trabalhar com Tsoknyi Rinpoche, um dos seres humanos mais bondosos e compassivos que já tive o privilégio de conhecer. Ele é franco em admitir seus próprios erros e me pegou pelo braço e me guiou, literalmente, por alguns dos entendimentos e processos descritos nas páginas a seguir. Espero que pelo menos um pouco de seu humor, candura, cordialidade e humanidade extraordinários brilhe nas páginas a seguir.

Eric Swanson

A ponte

Há poucos anos, estive em um par de arranha-céus gigantes ligados por uma ponte de vidro espesso transparente. Através do piso dava para ver a cidade a centenas de metros abaixo. Ao dar o primeiro passo na ponte, meus músculos congelaram. Meu coração disparou e comecei a suar. Fui dominado por um terror avassalador.

"Essa ponte não vai conseguir me suportar", pensei. "Se eu tentar atravessá-la, vou cair e morrer."

Medo paralisante talvez não seja a reação esperada de um cara crescido e treinado na tradição budista tibetana, que ensina e aconselha gente pelo mundo inteiro.

Não posso falar muito sobre a experiência de outros professores. Só posso dizer que sou como qualquer pessoa ao me deparar com condições que me amedrontem, confundam, entristeçam ou incomodem. Estou exposto a praticamente qualquer situação que qualquer outra pessoa possa experimentar. Todavia, aprendi com meus professores, alunos, família e amigos, a acolher tais situações como um meio de entender que o simples fato de estar vivo é uma maravilha. Pessoas no mundo todo experimentam severas privações devido às guerras, aos desastres naturais, às catástrofes financeiras e disputas políticas, entre outras coisas. Essas provações não são novas ou específicas da era em que vivemos.

Contudo, a coragem que as pessoas mostram diante da dor é um exemplo comovente da maravilha complexa de se estar vivo. Tanta gente perde a casa, os filhos, outros membros da família e amigos. Mas, mesmo no luto e na dor, expressam uma vontade de ir em frente, de recuperar ou reconstruir o que puderem – de *viver*, dia após dia, não apenas em desespero, mas com uma sensação de que todo esforço dispendido beneficiará as futuras gerações.

Despertar

Aprender a viver com tal coragem nos oferece a oportunidade de ver a natureza dos desafios que encaramos, nossa própria natureza e a natureza da realidade sob uma luz radicalmente diferente – um processo que o Buda e os mestres que seguiram suas pegadas compararam a despertar de um sonho no qual experimentamos coisas que não são realmente verdadeiras, mas que *parecem* e *dão a sensação* de ser.

Tenho certeza de que você já teve essas experiências na vida. Muitas pessoas me contaram sonhos em que eram perseguidas por monstros, voltavam para casas cheias de cômodos escondidos ou se envolviam em situações bizarras com gente conhecida. Quando o despertador toca, quando as crianças despertam de seus sonhos e buscam os pais em busca de conforto e proteção, quando os animais da casa latem, miam ou dão focinhadas para serem alimentados, os sonhadores despertam de súbito para uma realidade bem diferente.

Esse tipo de despertar pode ser abrupto e um tanto perturbador. Pensamentos, imagens e sensações podem existir por um tempo, como teias de aranha ondulando na brisa. Se o sonho foi particularmente intenso, as teias de aranha podem existir por mais tempo, assombrando-nos, talvez, ao longo do dia até desaparecerem por completo. Tentamos removê-las e podemos enfim conseguir.

Rodas de fiar

Porém, mesmo que consigamos remover as teias de aranha de um sonho, acabamos presos em outra: o sonho da realidade convencional ou cotidiana, no qual experimentamos todos os tipos de medos e vulnerabilidades que parecem bastante sólidos e reais, mas que, mediante exame detalhado, não são nem sólidos, nem reais como presumimos. Esse "sonho desperto" (do qual os sonhos comuns também fazem parte) é conhecido como *samsara* em sânscrito e *khorlo* em tibetano. Ambos os termos podem ser entendidos como girar em torno de uma roda que se move sem parar na mesma direção.

O *samsara* muitas vezes é comparado a uma roda de oleiro. O oleiro coloca a argila na roda e a molda usando as mãos e uma boa dose de talento, enquanto geralmente mantém a roda girando na mesma direção.

De modo semelhante, ao longo da vida muitos de nós experimentamos a sensação de movimento, a sensação de fazer alguma coisa ou de fazer algo acontecer. Infelizmente, a constatação é de que acabamos reciclando os mesmos velhos hábitos mentais e emocionais de diferentes maneiras, usando a velha técnica de utilizar quaisquer meios ao nosso alcance para manter em movimento a nossa roda de oleiro mental e emocional. Acabamos pensando ou sentindo que "desta vez o resultado vai ser diferente".

Por mais rápido que giremos, por mais hábeis que sejamos ao utilizar os nossos recursos ou ao criar algo belo ou duradouro, estamos fadados a experimentar um pouquinho de decepção. Nossas criações lascam ou quebram. Relacionamentos se desfazem. Empregos e casas são perdidos.

Recentemente ouvi uma frase do grande psicólogo Carl Jung: "O mundo inteiro quer paz e o mundo inteiro se prepara para a guerra". Em outras palavras, aquilo que desejamos difere do que na verdade estamos pensando, sentindo e fazendo. Do momento em que acordamos até o momento em que caímos exaustos no sono, a maioria de nós é confrontada por muitos desafios: sociais, psicológicos, ecológicos e econômicos. Dados os atuais problemas da economia mundial, os efeitos nocivos da mudança climática global, a ocorrência de desastres naturais e doenças epidêmicas e a persistência de atos de violência de indivíduos e grupos, o mundo em que nos encontramos parece uma bomba-relógio prestes a explodir.

Nossa vida interior, por sua vez, espelha as várias disfunções do mundo externo. Tornamo-nos especialistas em lidar com várias possibilidades de desastre. Nossa mente funciona como um canal de notícias permanente: é equipado com janelas grandes, mostrando a principal história do momento; janelas laterais, mostrando informações sobre o mercado acionário e o tempo; e barras de informações na parte de baixo, fornecendo as atualizações mais recentes, com frequência sensacionalistas.

Ou seria o contrário? O trauma evidente no cenário mundial poderia ser o reflexo de uma imagem interna fraturada? Um conflito entre nosso anseio por bem-estar, a necessidade de combater qualquer pessoa ou qualquer coisa que nos ameace e as inibições de medo, solidão e desespero que adquirimos quando alguém ou alguma situação nos inflige uma ferida no coração que parece impossível curar?

Como seres humanos, nos encontramos na incômoda situação de equilibrar pensamentos, sensações e ações (sobre os quais podemos identificar algum controle consciente) com hábitos mentais, emocionais e comportamentais (formados por fatores além de nossa percepção consciente). Para muitos de nós, esse desconforto se assemelha ao de viver uma vida dupla. Uma sombra parece nos seguir, um eu por trás da personalidade que reconhecemos e apresentamos ao mundo conscientemente. Identificar e chegar a um acordo com essa sombra pode ser uma experiência inquietante para a maioria de nós. Mas o processo tem um lado positivo. Uma sombra é projetada por alguma fonte de luz, e ao reconhecermos e admitirmos nosso eu sombrio, podemos começar a traçar um caminho rumo à luz.

Devagar e sempre

Descobrir essa luz é um processo gradativo e profundamente pessoal. Por meio dele, começamos a *ver* as causas e consequências de nossos pensamentos, sentimentos e comportamento de modo mais brilhante e vívido.

Ao nos engajarmos nesse processo, parece surgir um brilho semelhante em termos de nosso entendimento das causas e condições pelas quais se desenvolvem os pensamentos, sentimentos e ações dos outros. Lidamos diretamente com algumas dessas pessoas – nossos familiares, amigos, colegas de trabalho – todos os dias. Outras – executivos de empresas ou políticos, por exemplo – podem não interagir conosco tão intimamente; não obstante, as escolhas delas afetam nossas vidas. Pelo mundo todo, por exemplo, pessoas em salas de reunião tomam decisões que têm consequências significativas em nossas condições de encontrar ou conservar um emprego, pagar nossas contas ou, em alguns casos, ir à guerra. Não as conhecemos pessoalmente e elas tampouco nos conhecem, mas suas decisões impactam nossas vidas.

Por meio de avanços surpreendentes da tecnologia nos últimos anos, pessoas produzem vídeos, blogs, websites e outros fóruns de comentário e interação social que nos afetam de diferentes maneiras – às vezes sutis, às vezes nem tanto –, inspirando admiração, nojo, desencanto ou liberação emocional.

Muita gente reclama que hoje em dia sofremos de "sobrecarga de informação". Dizem haver tantas ideias, tantos argumentos, tantos detalhes inundando o mundo atual. Todavia, não vejo essa expansão em termos negativos. É, sim, uma oportunidade de aprender e crescer com a riqueza de expressões e interações.

Tudo que me ensinaram, tudo que aprendi ao longo da vida e com a experiência de professores, alunos e amigos aponta para uma habilidade inata de aprender e crescer, de ampliar a capacidade de mergulhar muito mais fundo do que jamais imaginamos ser possível em nossos pensamentos e sentimentos e tratar as escolhas feitas por nós e aqueles que tendemos a ver como "outros" com respeito, cortesia e entendimento compassivo. Vejo isso como uma chance de nos tornamos, de certo modo, menos julgadores, de nos abrirmos a perspectivas com as quais podemos não concordar e em relação às quais podemos até sentir alguma aversão.

Contudo, se nos engajamos no processo de nos abrirmos à possibilidade de entender o papel das causas e condições envolvidas em nosso desenvolvimento como seres, se nos engajamos no processo de entender os pensamentos e sentimentos que motivam a nós e àqueles com quem compartilhamos nossa vida, podemos começar a abrir nosso coração. Podemos começar a amar não só a nós mesmos – que consideramos imperfeitos ou avariados –, mas também aos seres com que compartilhamos esse planeta repleto de maravilhas. Podemos começar a experimentar um afeto e uma bondade que nunca imaginamos possíveis.

Olhar

A vida é um desafio.

Também é uma oportunidade.

A cada momento, dia após dia, semana após semana, ano após ano, encaramos uma variedade de obstáculos que testam nossa força, nossa fé e nossa paciência. Com frequência, desamparados e impotentes, assistimos a tudo, enquanto nos tornamos escravos de corporações internacionais, escravos de nossos chefes, de nossos amigos e famílias e do tempo. Mas não precisamos aguentar a servidão. Podemos tomar um caminho que nos permita reconectar com um tremendo potencial interior de abertura, tranquilidade e sabedoria.

Contudo, fazer isso envolve adotar uma nova visão a respeito de quaisquer circunstâncias que encaremos, seja uma doença crônica, um trauma infantil, dificuldades de relacionamento ou a perda do emprego ou da casa. Embora a mensagem que me ensinaram tenha sido inspirada por um homem que viveu há 2.500 anos, ela permanece tão atual quanto naquele tempo.

Qual é a mensagem?

Olhe a sua vida. Olhe as formas como você define quem é e o que é capaz de realizar. Olhe suas metas. Olhe as pressões aplicadas pelas pessoas ao redor e pela cultura em que você foi criado. Olhe de novo. E de novo. Fique olhando até perceber, dentro da sua experiência, que você é muito mais do que acredita ser. Fique olhando até descobrir o coração maravilhoso, a mente admirável que estão bem na base do seu ser.

Na situação específica de atravessar a ponte de vidro descrita anteriormente, levei bem a sério o que havia aprendido sobre *olhar*. Em vez de pegar outro trajeto, recuei um passo para olhar a ponte e vi muita gente caminhando por ela, indo e vindo. Alguns até empurravam carrinhos de mão carregados com caixas pesadas. Pareciam alegres e despreocupados, simplesmente tratando da vida.

"Por que então estou tão apavorado?", indaguei.

Momentos depois, de repente entendi o "porquê".

Quando criança, arriscava-me muito, subindo até os galhos mais altos das árvores e também escalando saliências nas montanhas que até as cabras temiam. Ao longo de minhas aventuras, tive uma cota de tombos e a dor que senti ficou gravada no corpo físico. A dor física gerou uma reação emocional de medo à possibilidade de queda. Juntas, as reações físicas e emocionais se cristalizaram na ideia de que alturas são perigosas.

Em termos simples, desenvolveu-se um padrão: um nó apertado de reações físicas, emocionais e conceituais que, juntas, aceitei como um fato, uma pequena verdade sobre quem eu era e as circunstâncias em que eu me encontrava. Na primeira vez que tentei pisar na ponte, meu padrão assumiu totalmente o controle. Tornei-me o meu medo. Meu medo tornou-se eu.

"Certo", disse a mim mesmo, "posso ver um padrão aqui, mas esse padrão se aplica ao aqui e agora?".

Claro que não. O vidro era resistente. Outras pessoas estavam caminhando pela ponte. O padrão não fazia sentido intelectualmente. Tentei dar um passo sobre a ponte pela segunda vez – e fracassei de novo. Embora intelectualmente eu soubesse que não cairia, congelei.

Então, recuei mais uma vez e comecei a olhar de novo para o que estava me detendo. Após alguns minutos de consideração, percebi que o padrão de medo havia se encrustado tão profundamente em meus pensamentos, sentimentos e sensações físicas que eu passara a aceitá-lo como parte de mim, de quem eu acreditava ser e de como eu definia o mundo ao redor. Esse tipo de identificação é a "cola" que mantém os padrões grudados.

Bondade

Após esse primeiro reconhecimento, dei-me conta de uma coisa ainda mais importante: eu estava sendo grosseiro com o meu padrão. Queria me livrar dele, simplesmente rompê-lo de imediato, sem dedicar tempo algum para ouvi-lo ou aprender com ele.

Padrões, em geral, levam um tempo para se desenvolver. E podemos levar um tempo para vê-los, entendê-los e afrouxar os nós de que são feitos. Trabalhar com nossos padrões requer grande bondade e gentileza, as mesmas qualidades que os pais aplicam quando confortam os filhos que choram no escuro. Como pai, aprendi que lidar com crianças aflitas muitas vezes envolve mergulhar fundo dentro do próprio coração e encontrar um jeito de comunicar que tudo bem sentir medo e desconforto – e ao mesmo tempo ensiná-las que medo, frio, umidade ou fome são condições temporárias e não definem quem elas são.

Aplicando entendimento semelhante, disse a mim mesmo: "Muito bem, você sente que vai morrer se pisar nessa ponte e pensa que a sensação é verdadeira. As sensações e pensamentos são poderosos, mas são válidos? Olhe toda essa gente andando de um lado para o outro pela ponte. Talvez estejam nervosos, talvez estejam apavorados, mas estão andando assim mesmo. Então, vou tentar atravessar a ponte embora esteja apavorado".

Pisei na ponte pela terceira vez e, apesar do medo, segui andando – dando passinhos hesitantes, reconhecendo o medo e deixando que viesse, acolhendo-o com um abraço franco e confortante, em vez de tentar rechaçá-lo. A cada passo adquiria mais confiança. O nó apertado de sensações físicas, emoções e pensamentos começou a afrouxar. Quando cheguei à metade da ponte, vi o prédio do outro lado resplandecendo com mais fulgor. As pessoas indo e vindo no caminho também brilhavam com uma intensidade linda, proveniente da luz que jorrava pela ponte. Até me senti cintilando.

Enquanto isso, eu podia ver pessoas caminhando pelas ruas lá embaixo, no que, em comparação, era uma escuridão. "Será que já sentiram essa luminosidade, essa luz?", indaguei.

Essa mudança de perspectiva me ajudou a entender mais profundamente não só como os padrões funcionam, mas como podemos aprender a trabalhar com nossos padrões. Um dos grandes obstáculos que enfrentamos na vida é a tendência a nos rendermos muitos rapidamente a vários nós de pensamento, sentimento e sensação física, aceitando-os como verdades que nos impedem de dar o primeiro passo em nossa própria ponte.

Cada um tem seu conjunto próprio de padrões, sua própria ponte para atravessar. Alguns estão empacados em formas habituais de ver a si mesmos como vulneráveis, incompetentes, solitários, antipáticos, estressados ou cansados. Alguns veem os outros como ameaças ou rivais. Há os que reagem negativamente a circunstâncias tão variadas quanto engarrafamento no trânsito ou condições climáticas adversas. Alguns se enxergam pelas lentes de doenças crônicas ou de abuso físico ou emocional.

Não subestimo de modo algum qualquer das reações que encaramos ao chegar a uma determinada ponte e congelar devido a um padrão específico que nos impede de atravessar. Quero apenas destacar que é possível, depois de recuar ao primeiro passo, parar por um instante, examinar os pensamentos, sentimentos e sensações e perguntar se as coisas que aceitamos como fatos são ou não verdadeiras.

Real, mas não verdadeiro

O medo que senti era real – no sentido de que eu o estava experimentando plenamente –, mas não se baseava em circunstâncias verdadeiras. Era, isso sim, deflagrado por memórias residuais de experiências passadas – de cair de grandes alturas e sentir dor e de percepções errôneas das circunstâncias imediatas. A ponte obviamente era resistente e o medo que senti de atravessá-la não levava em conta a verdade de que muita gente estava andando por ela de um lado para o outro sem cair.

Por isso, tive que dar início a uma pequena conversa comigo mesmo. "Sim, o que você está sentindo é real. Reconheço e respeito isso. Mas esse medo não se baseia em condições verdadeiras." Em algum momento, enquanto eu lutava com essa experiência, ocorreu-me uma espécie de mantra. *Mantra* é um termo sânscrito, geralmente entendido como uma combinação especial de sílabas antigas que formam um tipo de prece ou invocação para abrir nosso ser a uma conexão mais profunda com possibilidades além de nossa conceitualização imediata. Em meu singelo exemplo de tentar atravessar a ponte não houve sílabas misteriosas, apenas quatro palavras simples: *real, mas não verdadeiro*.

A repetição desse mantra se tornou uma prática para mim, um reconhecimento de que, quando me sinto de algum modo perturbado, as sensações de um desafio específico são reais em termos de pensamento e sensação. Porém, por maiores que sejam a intensidade e a frequência desses pensamentos e sensações, estas não se baseiam em circunstâncias imediatas. Comecei a ver que o desafio de atravessar a ponte na verdade era uma oportunidade de educar a parte de mim que se identificava com um padrão de medo.

Um mantra é basicamente um modo de conversar com seus pensamentos e sentimentos. É um método consagrado pelo tempo, referido, às vezes, como prece, mas na verdade é a abertura de uma conversa entre o coração e a mente.

Neste momento, convido você a participar de um pequeno exercício de mantra quando encarar desafios – seja atravessar uma ponte, ficar preso no engarrafamento e se atrasar para o trabalho ou um encontro, a relação com um colega de trabalho, gestor, cônjuge, parceiro ou com seus filhos, ou até a conversa com os funcionários do banco.

Faça uma bela respiração profunda, observando a inspiração e a expiração. A seguir, dedique um instante para saudar seus sentimentos como convidados. Diga "olá" e inicie uma conversa. Pode começar dizendo algo tipo: "Sim, sei que vocês são reais".

A seguir pergunte: "Vocês são verdadeiros? Baseiam-se nas condições atuais ou se baseiam em experiências do passado?".

Pergunte-se repetidamente se o que está experimentando é real ou verdadeiro, até poder aceitar mental e emocionalmente que seus sentimentos são reais, mas as condições em que se baseiam possivelmente não são verdadeiras. Essas pausas momentâneas podem transformar seu entendimento de quem você é e do que é capaz – e no mesmo instante encorajar outros a dar um passo em suas pontes e experimentar a mesma leveza.

Este livro é sobre atravessar pontes. Sobre fazer pausas que nos permitem abordar padrões (de medo, ressentimento, ciúme, tristeza e fúria) com gentileza e respeito. É sobre dedicar um momento para nos lembrarmos da verdade sobre quem realmente somos e nos lembrarmos de sermos gentis conosco quando nos enredamos em nossos padrões e sermos gentis com os outros que vivam situações semelhantes.

Quando os padrões colidem

Também tem a ver com construir pontes. Quando começamos a reconhecer e trabalhar com nossos padrões, uma cadeia de eventos sutis, porém significativos, começa a se desdobrar. Começamos a desenvolver uma reação mais aberta e compassiva em relação aos membros da família, colegas de trabalho e outros entrelaçados em nossa vida pessoal. Começamos a reconhecer e experimentar uma "bondade" em relação a eles, uma percepção de: "Ei! Fulano é bem parecido comigo! Tem medos, necessidades, desejos e frustrações, exatamente como eu".

A partir desse simples reconhecimento, podemos começar a transformar nossa visão de nós mesmos e dos outros de forma positiva.

Para dar um pequeno exemplo, numa viagem recente a Londres, estava numa lojinha quando ouvi uma gritaria do lado de fora. Saí e vi uma mulher parada na rua, em uma vaga junto ao meio-fio, enquanto seus dois filhos permaneciam na calçada, aterrorizados.

Um homem estava manobrando lentamente para estacionar o carro naquele espaço, e a mulher gritava: "Pare! Pare! Você não pode estacionar aqui!".

Quanto mais alto ela gritava, mais perto ele chegava.

Pela janela aberta, ele disse: "Se você parar de gritar, vou embora".

Mas ela continuou gritando.

Então ele chegou ainda mais perto. Pensei que fosse realmente atropelar a mulher ou, visto que estava em baixa velocidade, que ela iria até a sua janela tentar atacá-lo.

Ele falou de novo: "Senhora, pare de gritar. Qual é o seu problema?"

Mas ela não parou, e ele manobrou para mais perto, até o carro estar quase em cima dela.

Finalmente o carro chegou tão perto que ela parou de gritar. Depois de respirar fundo algumas vezes, a mulher explicou: "Meu marido está há horas procurando um lugar para estacionar. Encontrei essa vaga e a estou guardando até ele chegar".

O motorista retrucou: "Senhora, se desde o início tivesse dito isso, em vez de apenas gritar comigo, eu teria ido embora. Mas você não me deu chance de entender o que se passava. Por favor, tenha cuidado com as suas reações no futuro". Em seguida, ele resmungou: "creio que eu também devo ter cuidado com as minhas".

Foi embora, acenando de leve para a mulher e os filhos na rua.

A mulher voltou para a calçada e abraçou os filhos, murmurando: "Sinto muito. Isso não foi legal. Sou uma péssima mãe".

Senti que deveria ir até ela e dizer que ela não era uma péssima mãe – assim como o motorista do carro também não era uma pessoa ruim. Ambos apenas sucumbiram a padrões. A mulher ficou enredada na crença de que o homem do carro estava tentando roubar uma coisa dela e reagiu cegamente a partir dessa crença. Mas o cara do carro não sabia o que estava acontecendo. Tudo que viu foi alguém gritando com ele, atacando-o verbalmente – e isso desencadeou nele um padrão, talvez defensivo, que provocou sua raiva.

Mas abordar a mulher naquele momento seria inadequado. Dá para imaginar passar por uma experiência dessas e um estranho baixinho e careca chegar e tentar explicar ensinamentos budistas em uma ou duas frases?

Além do mais, penso que ela aprendeu um pouquinho sobre padrões com aquele episódio e não precisava de mais uma lição. Nem ela nem o cara no carro descreveram a interação em termos de padrões, mas ambos pareceram ter chegado à conclusão de que foram levados cegamente por *alguma coisa* direto a um confronto que poderia ter ficado bastante feio – e no último instante desviaram.

Essas situações de colisão de padrões ocorrem com demasiada frequência. Infelizmente, a menos que tenhamos algum treinamento em olhar e trabalhar com nossos padrões – o tipo de treinamento oferecido nas páginas a seguir –, não reconhecemos que somos presas deles. Mesmo quando *temos* algum treinamento, nem sempre percebemos o que está acontecendo, como na minha experiência à beira da ponte de vidro. Em tais casos, as partes envolvidas não recuam e olham os padrões que as impelem, e a discussão pode se agravar, resultando em rancores duradouros, violência interpessoal e, em maior escala, guerra.

Agrada-me pensar que o motivo para aquelas duas pessoas terem recuado de uma situação potencialmente violenta tenha sido verem as crianças abraçadas e aterrorizadas na calçada. Como pai, sou sensível às necessidades das crianças, seus medos e pesadelos, seus anseios e as pressões que os amigos e a cultura em que são criadas exercem sobre elas. Após o nascimento de minhas filhas, cada vez que segurei seus corpinhos em meus braços – ouvindo sua respiração, observando seus olhos moverem-se de um lado para o outro, vendo-as sorrir –, recordei de um dos ensinamentos mais elementares do Buda: toda vida é preciosa, e proteger e preservar a vida é nossa responsabilidade mais importante.

Coração aberto, mente aberta

Grande parte dessa responsabilidade envolve desenvolver um entendimento mais profundo sobre os padrões que dirigem nossos pensamentos, sentimentos e comportamentos, para não nos rendermos ao impulso de segui-los cegamente. Ao começarmos a compreender a forma como nossas experiências e as lições da cultura em que fomos criados moldam a forma como nos vemos e ao mundo ao nosso redor, começamos a nos abrir para a possibilidade de que muitos mal-entendidos entre indivíduos, comunidades e nações derivam de uma fixação teimosa a padrões, a crenças de que o que pensamos e sentimos é "certo" e o que os outros pensam e sentem é "errado".

Uma vez que comecemos a abrir o coração para a possibilidade de que uma situação seja um pouco menos inequívoca do que inicialmente supúnhamos, podemos começar a abrir a mente para aqueles cujo comportamento é abusivo ou antagônico. Atravessamos uma ponte. Começamos a indagar por que as pessoas não veem a mesma luz e desenvolvemos um desejo de ajudá-las. O desejo de ajudar os outros, o desejo de construir relacionamentos começa a crescer. Começamos a ver os padrões dos outros e, ao fazer isso, começamos a entender as pessoas de forma um pouco diferente. Começamos a sentir até mesmo certa simpatia por elas. Ficamos cada vez mais dispostos e aptos a nos empenhar – a dizer, do nosso jeito, "pare de gritar". Damos a elas uma chance de explicar seu comportamento, suas crenças. E, naquele instante, oferecemos a nós e a mais alguém uma chance de se abrir de formas inesperadas.

Um presente incomum

Há muitos anos, pouco depois dos ataques de 11 de setembro, um amigo meu norte-americano foi passar o Natal em Paris. Enquanto caminhava pela rua no dia de Natal, ele foi parado por uma pessoa que parecia ser do Oriente Médio e lhe perguntou: "Você é americano?".

Meu amigo foi confrontado por uma escolha: afastar-se de um confronto potencialmente violento o mais rapidamente possível ou responder à pergunta. Seu padrão baseado no medo incitava-o a ir embora, mas ele optou por manter a incitação em segundo plano – ver aquilo como uma ponte a atravessar.

"Sim", respondeu. "Sou americano."

Esperou alguns instantes por um ataque.

Não aconteceu.

Em vez disso, o homem que o confrontou disse: "Quero pedir desculpas em nome do meu povo pelo ataque a seu país. Esse ódio não vem de todos nós e lamentamos pelo que aconteceu. Entendo que você possa me odiar, mas peço-lhe que não me odeie nem odeie o meu povo".

Desconcertado, meu amigo americano apenas disse: "Obrigado".

Posteriormente, ele diria que aquele foi o presente de Natal mais incomum que já recebera. O estranho deu a ele o presente de sua humanidade, algo bastante precioso. Ao mesmo tempo, o diálogo expôs algumas das regiões mais sombrias da personalidade de meu amigo – intolerância, medo e desconfiança – e ofereceu-lhe a oportunidade de examiná-las em maior profundidade e determinar se suas reações eram reais ou verdadeiras.

Interações como essa e o diálogo entre a mulher e o motorista em Londres representam a possibilidade de atravessarmos pontes e desenvolvermos relacionamentos que geram uma espécie de ímpeto positivo. Quando transmitida de uma pessoa para outra, essa energia pode nos despertar um por um e permitir que tenhamos impacto sobre as pessoas em nossa vida, comunidade e nação. Os insights e as práticas oferecidos nas páginas a seguir apresentam uma forma de olhar para nós mesmos e para o mundo ao redor com um pouco mais de generosidade. Oferece meios de atravessar pontes, construir novas e consertar as velhas.

São passos de uma longa jornada que espero que se prolongue pela vida inteira de cada pessoa que ler este livro.

2. O início

Minha jornada teve início quando, aos 8 anos de idade, entreouvi uma discussão tensa e cochichada entre minha mãe e meu avô na cozinha de nossa casinha numa pequena e sossegada aldeia no norte do Nepal. O 16º Karmapa, chefe de uma das quatro principais ordens do budismo tibetano, havia mandado uma carta a meu pai. Para aqueles de vocês sem familiaridade com o budismo tibetano em particular – ou com o budismo em geral –, pode ser necessária uma pequena explicação para entender por que essa carta, desse homem, mudou a minha vida.

Linhagem

Nos anos subsequentes ao falecimento do Buda, seus ensinamentos começaram a se difundir por diversos países da Ásia. Muitos séculos depois, foram levados ao Tibete, país cujo isolamento geográfico ofereceu o cenário ideal para gerações sucessivas de alunos e professores se devotarem exclusivamente ao estudo e à prática. Aqueles que atingiam certa mestria transmitiam o que haviam aprendido a seus alunos mais capacitados – que, por sua vez, transmitiam para os seus próprios alunos. Dessa forma, estabeleceram-se linhagens ininterruptas de ensinamento no Tibete.

Existem atualmente quatro grandes linhagens, também conhecidas como escolas, no budismo tibetano: Nyingma, Sakya, Kagyu e Gelug. Cada uma dessas grandes escolas se desenvolveu em épocas e regiões diferentes do Tibete. Compartilham os mesmos princípios, práticas e crenças básicas; as diferenças se limitam principalmente às abordagens de ensino e prática. A mais antiga dessas escolas é conhecida como Nyingma, um termo tibetano que pode ser grosseiramente traduzido como "os mais velhos".

O surgimento do budismo no Tibete remonta ao século VII, período em que a região era um país unificado, regido por um imperador. De acordo com os registros históricos remanescentes, o imperador Songtsen Gampo se casou com uma princesa chinesa que trouxe consigo convicções budistas e uma estátua impressionante do Buda. Parece que a princesa rapidamente converteu o imperador e muitas pessoas influentes da corte, que deixaram a prática espiritual nativa, conhecida como bön, e adotaram o budismo. Também é dito que Songtsen Gampo se casou com uma segunda esposa, uma princesa nepalesa igualmente budista. Pelo que entendo de história, esses casamentos foram políticos, destinados a consolidar as relações entre governantes de diferentes países.

Todavia, os herdeiros imediatos de Songtsen Gampo não tinham o menor entusiasmo pelo budismo e aparentemente ficaram divididos entre a lealdade à religião nativa e as convicções promovidas pelo imperador e membros influentes da corte.

Entretanto, um de seus descendentes, o rei Trisong Detsen, que governou o Tibete durante a segunda metade do século VIII, estabeleceu o budismo como religião oficial do Estado e convidou diversos professores budistas renomados para irem ao país. Entre eles veio o mestre muito poderoso Padmasabhava, muitas vezes chamado de Guru Rinpoche, termo que significa "professor precioso". Ele passou mais de meio século no Tibete, ensinando e operando milagres fabulosos, entre os quais impedir terremotos. Também dizem que ele escondeu milhares de ensinamentos, conhecidos em tibetano como *termas* (tesouros), que seriam descobertos em séculos posteriores, em épocas de grande necessidade, por reencarnações de seus discípulos principais, os *tertöns* (ou descobridores de tesouros).

Durante o reinado de Trisong Detsen, construiu-se o primeiro mosteiro budista no Tibete. Vários tibetanos receberam ordenação monástica e foram encarregados de supervisionar a tradução de textos budistas do sânscrito para o tibetano. Esses professores e seus alunos são geralmente considerados os fundadores da escola Nyingma, a primeira geração de pessoas a traduzir e codificar os ensinamentos do Buda nas montanhas do Tibete.

A resistência às crenças e práticas budistas persistiu por muitos anos. O último imperador tibetano, Langdarma, assassinou seu predecessor e deu início a uma repressão brutal ao budismo. Com quatro anos de reinado, Langdarma também foi assassinado.

Por quase dois séculos após a morte de Langdarma, a linhagem Nyingma dos ensinamentos budistas permaneceu numa espécie de movimento *underground*, enquanto o Tibete passava por enormes mudanças políticas, reformando-se por fim em uma série de reinos feudais separados, mas frouxamente federados.

Essas mudanças políticas acabaram proporcionando uma oportunidade para o budismo reafirmar lenta e silenciosamente sua influência à medida que professores indianos viajavam para o Tibete, e alunos tibetanos faziam a difícil jornada através dos Himalaias para estudar diretamente com mestres budistas indianos.

Entre as primeiras escolas a se enraizarem no Tibete nesse período estava a linhagem Kagyu, cujo nome é composto dos termos tibetanos *ka*, traduzido mais ou menos como "fala" ou "instrução", e *gyu*, que basicamente significa "linhagem" no sentido de linha ininterrupta. A base da escola Kagyu reside na tradição do "sussurro", ou fala privada – ensinamentos de mestre para aluno, preservando a pureza singular da transmissão.

Não existe equivalente na cultura ocidental para esse tipo de ensinamento direto e contínuo. O mais perto que podemos chegar de imaginar isso é pensar em alguém como Albert Einstein abordando seus alunos mais capacitados e dizendo: "Com licença, mas agora vou despejar tudo que aprendi no seu cérebro. Você vai guardar isso consigo por um tempo e, quando eu voltar em outro corpo, daqui a uns vinte ou trinta anos, vai despejar tudo de volta no cérebro de um jovenzinho que reconhecerá como sendo eu por meio dos insights que já estou lhe transmitindo. Ah, a propósito, posso não voltar – ou talvez não de forma que você reconheça –, por isso você vai precisar transmitir meus ensinamentos para uns poucos alunos cujas qualidades você reconheça com base no que estou prestes a lhe mostrar – apenas para garantir que nada se perca".

A tradição Kagyu se originou na Índia no século X, quando um homem extraordinário chamado Tilopa despertou para o seu pleno potencial. Ao longo de várias gerações, seus insights e as práticas pelas quais ele os atingiu foram passados de mestre para aluno por toda a Ásia, chegando enfim ao Tibete. A linhagem Kagyu do budismo tibetano descende de um homem chamado Marpa, que percorreu três árduas trilhas pelos Himalaias a fim de recolher os ensinamentos de Naropa, o principal aluno de Tilopa.

Marpa passou esses ensinamentos para um jovem chamado Milarepa, que é amplamente considerado o "santo padroeiro" do Tibete. Vagando por montanhas e vales, Milarepa morou em cavernas, ensinando muitas vezes por meio de canções e poemas. Por sua vez, Milarepa transmitiu tudo que havia aprendido para dois de seus alunos mais promissores, Gampopa e Rechungpa, que estabeleceram suas próprias escolas em diferentes regiões do Tibete.

Gampopa e Rechungpa eram considerados respectivamente o "sol" e a "lua" dos ensinamentos sussurrados da linhagem Kagyu. Gampopa ensinou por toda parte, atraindo muitos alunos, por isso diziam que ele e seus ensinamentos "brilhavam como o sol". O séquito de Rechungpa era menor e seus ensinamentos eram mais secretos; como Guru Rinpoche antes dele, Rechungpa escondeu muitos de seus ensinamentos mais preciosos para as gerações futuras – talvez prevendo que o pequeno e seleto grupo de detentores diretos de sua linhagem diminuiria com o tempo e essa, por fim, desapareceria.

Ao longo dos séculos, as escolas principais dividiram-se em subescolas menores. Não é difícil entender tal desdobramento ao se imaginar uma terra dividida por numerosas montanhas e vales, conectada de forma bastante precária por trilhas de cabras e outros animais, o que tornava as viagens e comunicações bastante desafiadoras – mesmo durante os curtos meses de calor que interrompem um longo e penoso inverno, quando a nevasca pode acumular-se em altura superior à de um homem e a temperatura cai abaixo de zero. Os professores dessas regiões isoladas, ainda que nunca se desviando do cerne dos princípios budistas, desenvolveram ensinamentos e práticas ligeiramente diferentes.

Uma dessas subescolas é conhecida como Drukpa Kagyu. "Drukpa" é a palavra tibetana para "dragão", um tipo de ser que, em muitas culturas, é considerado muito velho e sábio. Os sussurros do dragão – os ensinamentos da Drukpa Kagyu – são realmente preciosos. O fundador da escola, Drogon Tsangpa Gyare Yeshe Dorje, foi aluno do *tertön* Ling Rengpa, descobridor alguns dos *termas* mais importantes escondidos por Rechungpa, que acabaram absorvidos pela escola Drukpa Kagyu.

Essa é uma versão *resumida* da história do budismo tibetano!

Imagine o desespero de um adolescente tendo que aprender a versão longa. Esqueci metade dos nomes e das datas de todas as pessoas e acontecimentos envolvidos – principalmente porque eu não era o aluno mais consciencioso durante meu treinamento. E também porque, francamente, estou mais interessado em repassar as lições que aprendi para as pessoas que mais necessitam delas.

Muitas dessas lições foram transmitidas pela linhagem de Tsoknyi Rinpoche, sendo preservadas e protegidas por mestres da linhagem Drukpa Kagyu.

Assim, antes que pudesse cumprir meu papel de professor, eu tinha que descobrir quem esperavam que eu fosse.

Reencarnações

O primeiro Tsoknyi Rinpoche nasceu na metade do século XIX e dominou todas as técnicas da linhagem Drukpa Kagyu. Também descobriu princípios e práticas singulares que haviam sido do conhecimento apenas de Rechungpa e ficaram escondidos por mil anos.

De acordo com a tradição, o primeiro Tsoknyi Rinpoche era, na verdade, uma encarnação de Rechungpa e também do grande mestre e *tertön* Nyingma Ratna Lingpa, que viveu no século XV.

Não posso descrever como exatamente funciona a ocultação e revelação desses ensinamentos preciosos. Tampouco posso dizer como diferentes professores, que viveram em séculos diferentes, juntam-se para disseminar sua sabedoria combinada. Só posso dizer que, quando grandes mestres atingem certo nível de iluminação, podem emanar sua luz em muitas formas – talvez como uma obra musical ou um vento frio em um dia quente. Tornam-se um tipo de energia que, às vezes, aglutina-se como professores em forma humana.

De acordo com a tradição tibetana, a primeiro Tsoknyi Rinpoche passou seus entendimentos mais profundos para seus alunos mais confiáveis, muitos dos quais eram membros da linhagem Drukpa Kagyu e alunos da linhagem Nyingma. Por sua vez, eles foram incumbidos de retransmitir os ensinamentos para sua próxima encarnação, que os passaria para seus alunos mais confiáveis. Esses alunos acabariam por transmiti-los à encarnação seguinte, que se revelou um garoto muito mais interessado em andar por aí com os amigos do que em salvar o mundo.

Então, aí está: num dia você é um garoto brincando com as crianças da sua aldeia; no outro, você é um dragão.

Uma mudança de ponto de vista

A carta que meu pai recebeu do 16º Karmapa afirmava que eu tinha sido identificado como a terceira encarnação de Tsoknyi Rinpoche.

Rinpoche é um termo tibetano que pode ser traduzido como "o precioso", título anexado ao nome de um grande mestre, semelhante ao modo como PhD é anexado ao nome de alguém considerado especialista em vários ramos do estudo acadêmico. *Tsoknyi* é um termo composto. *Tsok,* em geral, é entendido como "acumulação", e *nyi* é a palavra tibetana para o número dois. Na tradição budista tibetana, *tsoknyi* se refere à acumulação de duas qualidades julgadas necessárias para que uma pessoa progrida, não apenas em seu próprio caminho, mas – bem mais importante – para avançar a ponto de ser capaz de ajudar os outros a romper seus padrões. Essas duas qualidades são conhecidas respectivamente como *mérito*, um tipo de ímpeto acumulado quando se desempenham ações que beneficiam os outros, e *sabedoria,* também conhecida como *insight* sobre a verdadeira natureza da existência.

Embora eu faça o meu melhor, não posso realmente dizer que esteja à altura das realizações dos homens que detiveram o título anteriormente. Além de ser um erudito extraordinário que dominou os pontos mais delicados de duas escolas ou linhagens do budismo tibetano, o primeiro Tsoknyi Rinpoche, ao que parece, era um pouco rebelde. Gostei desse traço dele quando aprendi sobre suas atividades. Ele dispendeu uma grande quantidade de tempo e energia derrubando séculos de preconceito cultural tibetano, dando início a um enorme programa de reconstrução de conventos e centros de retiro para mulheres no Tibete oriental, a fim de garantir que elas recebessem educação e treinamento iguais aos dos homens. Também juntou os ensinamentos das linhagens Drukpa Kagyu e Nyingma e as lições secretas reveladas por Ratna Lingpa para criar uma linguagem única, sendo que muitas dessas lições eu transmiti para meus alunos.

Contudo, antes de ir adiante, devo falar um pouquinho sobre o segundo Tsoknyi Rinpoche. Nascido no início do século XX na família real de Nangchen no Tibete oriental, ele deu continuidade à dedicação de seu predecessor tanto à erudição quanto ao compromisso de educar e empoderar as mulheres. Ele faleceu durante a Revolução Cultural, mas, ao longo da vida, especialmente nos anos antes de sua captura e detenção, proporcionou condições para que um grupo de mulheres que treinou nos conventos e centros de retiro que ele mantinha conseguisse sobreviver escondido por décadas, praticando e transmitindo em segredo a sabedoria adquirida para outras mulheres. As condições políticas mudaram o bastante para permitir a essas mulheres corajosas ensinar e praticar mais abertamente e, com a ajuda de muitos doadores generosos, começar a reconstruir lugares de ensino e prática para mulheres no Tibete.

Uma das mais incríveis dessas mulheres corajosas morreu há pouco tempo, aos oitenta e poucos anos. Lamento sua perda e, ao mesmo tempo, celebro sua dedicação e os insights que desenvolveu ao longo de quarenta anos escondida e que felizmente conseguiu compartilhar com as mais jovens.

O problema do *tulku*

Eu não sabia nada dos tais compromissos extraordinários que entreouvi na conversa entre minha mãe e meu avô enquanto discutiam a carta do 16º Karmapa. Aos oito anos de idade, eu estava basicamente interessado no que todo aquele drama abafado tinha a ver *comigo*. Não fiquei terrivelmente surpreso ao ouvir que eu era a reencarnação de outro alguém. Em muitas sociedades asiáticas, a ideia da reencarnação é aceita como fato tão profundamente arraigado quanto as noções de céu e inferno estão encrustadas em outras culturas.

Ao mesmo tempo, eu sabia o bastante de budismo tibetano para entender que ser reconhecido como a encarnação de um professor importante, conhecido em tibetano como *tulku*, ou "corpo de emanação", é um pouco mais complicado. Um *tulku* é a reencarnação de alguém que se dedicou, ao longo de vidas de estudo e prática, a romper hábitos mentais e emocionais que hoje em dia provavelmente seriam descritos como "disfuncionais", a fim de ajudar todos os seres vivos a atingir a mesma liberdade.

Aos oito anos de idade, porém, eu não me sentia um *tulku*. Não tinha memórias de vidas anteriores ou de ensinamentos passados. Não me sentia instigado a salvar todo mundo no universo. Definitivamente, não queria ser mandado para um mosteiro para o treinamento, como dois de meus irmãos mais velhos, também identificados como *tulkus*. Queria continuar com a vida relativamente despreocupada que eu levava, brincando com meus amigos, escalando árvores e montanhas, desafiando uns aos outros a pular alguns dos córregos largos que corriam por nossa aldeia e arredores.

Com frequência, minha mãe e avó suplicavam para que eu parasse. Pediam que eu tivesse um pouco mais de cautela para não escalar alto demais e cuidasse um pouco mais de minhas roupas e sapatos. Mas as súplicas na verdade não tiveram muito efeito sobre minha natureza aventureira; eu apenas aprendi a amenizar meu aspecto ao chegar em casa e – não diferente de outras crianças – responder de forma mais vaga quando minha mãe ou avó perguntavam o que eu tinha feito o dia inteiro.

Também havia a reputação da família a se considerar. Meu avô era um mestre de meditação de grande renome em nosso pequeno recanto do Nepal. Ele era o centro de gravidade espiritual não só de nossa aldeia, mas de boa parte da área adjacente. Também era descendente direto de uma das mais distintas famílias reais do Tibete. E ali estava eu, um menino de oito anos, correndo por toda parte com crianças da aldeia, escalando penhascos e árvores, flertando com as garotas e de modo geral acabando com a reputação de minha família.

Minha família vivia de forma bastante modesta e minha mãe e avó estavam mais preocupadas com minha segurança do que quaisquer outras consequências. Apesar de suas preocupações, davam-me muita liberdade. Talvez reconhecessem que eu era um tipo de criança independente e provavelmente faria o que eu quisesse de qualquer maneira, a despeito das advertências delas. O máximo que esperavam era incutir em mim uma leve noção de cautela – um apelo para evitar riscos excessivos.

Quando enfim fui mandado ao mosteiro de Tashi Jong para treinamento, aos doze anos – quatro anos depois de meu pai ter recebido a carta de identificação –, aqueles primeiros anos de liberdade não apenas levaram tensão à minha vida, mas também a salvaram. Vi-me em uma situação bem mais estruturada do que o estilo despreocupado de que eu desfrutava antes. Embora eu tentasse me adaptar a um regime de estudo intenso e a um extenso conjunto de normas e regulamentos sobre o comportamento "apropriado" de um *tulku*, a criança de mentalidade independente dentro de mim se rebelou. Oscilei entre a tentativa de ser um aluno modelo e o ressentimento com as normas.

Minha rebelião começou lentamente. Comecei a socializar com jovens das aldeias vizinhas, inclusive grupos que incluíam garotas – uma atividade escandalosa que causou certa fofoca. Às vezes, eu encorajava colegas a escapulir do mosteiro até uma casa na aldeia mais próxima, onde, mediante uma pequena taxa, as pessoas podiam assistir a filmes de kung fu (dos quais ainda sou fã) numa televisãozinha em preto-e-branco.

Passados quatro anos, o conflito entre meu anseio por liberdade e as exigências de minha educação se tornou tão intenso que comecei a falar do problema com alguns de meus professores. Para minha surpresa, eles não mandaram eu me sujeitar à disciplina. Em vez disso, falaram que eu não era o primeiro e experimentar uma luta entre as normas estabelecidas e um profundo anseio por liberdade e, provavelmente, não seria o último. Disseram que havia uma fonte muito poderosa dentro de mim, mas que, para acessá-la, eu precisava aprender algumas coisas que Buda ensinou.

Equilíbrio

O próprio Buda, disseram, havia tentado seguir os ensinamentos de mestres de outras tradições. Insatisfeito com o que aprendeu, ele seguiu seu próprio caminho e descobriu uma nova visão dos padrões que contribuem para a dor, a tristeza e a insatisfação que frequentemente sentimos ao longo da vida. O mais importante foi que ele descobriu os meios pelos quais podemos retroceder por esses padrões e nos reconectarmos com a abertura e entusiasmo que um dia experimentamos quando crianças, mas que, para a tristeza de muitos de nós, restam como uma memória distante.

Meus professores me instigaram a encontrar um equilíbrio entre a educação que eu havia recebido para cumprir meu papel de *tulku* e os anseios do meu coração. Com o seu encorajamento e auxílio, consegui completar o meu treinamento. No processo, contudo, aprendi uma coisa deveras alarmante: a liberdade juvenil pela qual eu ansiava não era diferente da liberdade de coração que o Buda e os professores que seguiram seus passos ensinavam. A disciplina de minha educação tinha por meta ajudar as pessoas a entender e trabalhar com seus padrões, abraçá-las com o mesmo entusiasmo, abertura e curiosidade com que a maioria de nós abordava os vários fenômenos com que nos deparávamos quando crianças.

Uma escolha difícil

Acabei optando por devolver os votos monásticos que adotei durante meu treinamento. Foi um processo lento, o despontar de um relacionamento entre meu coração e minha mente, um relacionamento entre a liberdade lúdica de minha infância e a disciplina e o ensinamento que adquiri durante meus anos no Tashi Jong.

Quando jovem, eu era uma pessoa muito brincalhona, com um monte de energia, uma centelha muito radiante. Não tinha problema em me misturar com meninos, meninas ou homens e mulheres mais velhos. Gostava de passar tempo com eles. Apreciava especialmente as ideias e a abertura emocional que as meninas e mulheres pareciam expressar com muito mais facilidade que os meninos e homens. Porém, quando cheguei ao mosteiro, havia muitas regras sobre as pessoas com quem podíamos falar ou com quem podíamos interagir. Minha alegria e minha centelha diminuíram um pouco durante um tempo. Achei as regras de conduta rígidas e as exigências do treinamento opressivas.

Gradativamente, durante o treinamento de *tulku*, passei a aceitar que, embora os ensinamentos sejam muito ricos em termos de descrição da natureza da realidade, da base do ser humano e do papel vital que a compaixão desempenha no despertar de nosso coração e mente, era difícil relacionar-me com eles exceto de forma intelectual. Por favor, entenda que estou falando apenas por mim. Muita gente, ao longo de séculos e culturas, descobriu – e continua a descobrir –

uma profunda inspiração na forma tradicional de transmissão. Só que eu não sou uma delas. Entendo melhor as ideias quando passo por elas em termos de experiência – e em particular no contexto de interação com outras pessoas.

Claro que interagir com outras pessoas significava interagir com mulheres, que representam pouco mais da metade da população humana. Durante minhas visitas à aldeia perto do Tashi Jong, descobri que eu não conseguia resistir a conversar com meninas, flertar com elas e escutar as queixas sobre a posição delas na sociedade. Eram mocinhas inteligentes, bem informadas sobre os acontecimentos nas culturas ocidentais. E eram inegavelmente atraentes, ainda mais porque o contato com elas era proibido pelos votos monásticos.

Aos 22 anos, após completar meu treinamento, enfim reuni coragem de abordar alguém com um pedido de renúncia aos votos monásticos que havia tomado ao entrar no Tashi Jong. Embora existam numerosos votos de conduta exigidos de um monge, renunciar a eles é de fato um processo simples. Geralmente, pede-se ao mestre de quem se tomou os votos para ser liberado. Como muitos homens de quem eu havia tomado meus votos àquela altura já haviam falecido, simplesmente procurei outro professor e pedi para ser liberado. Ainda mantenho o que em geral é conhecido como "votos de chefe de família" – que incluem abster-se de matar, mentir, roubar, exceder-se em substâncias intoxicantes e comportamentos sexuais abusivos. Mas existem votos mais críticos – como *bodhisattva*, um juramento de fazer o que puder para ajudar os outros a alcançar a liberação da dor e do sofrimento – que mesmo um simples chefe de família como eu pode manter.

Não é incomum para um *tulku*, especialmente na tradição Nyingma, casar-se e ter filhos. Meu pai, um dos professores mais brilhantes da tradição Nyingma, casou-se várias vezes. Se não o tivesse feito, é claro que eu não teria nascido e vocês não estariam lendo este livro.

Aquilo que poderíamos chamar de "tradição de professores leigos" de fato não é incomum. Marpa, o homem que levou os ensinamentos budistas para o Tibete no século XI, era casado. Todavia, devemos a tradição Kagyu à sua diligência e dedicação. Marpa é conhecido como um professor "chefe de família", um homem que manteve seu compromisso mesmo enquanto mantinha uma família e administrava uma grande fazenda.

Claro que muita gente da comunidade budista tibetana ficou decepcionada com minha decisão de abandonar os votos monásticos. As fofocas proliferaram. "Oh, Tsoknyi Rinpoche é um *tulku* ruim." "Tsoknyi Rinpoche só está interessado em mulheres", "Tsoknyi Rinpoche não se interessa por ninguém a não ser ele mesmo." Foi doloroso ouvir tais comentários. Mas, no fundo do meu coração, eu sabia que renunciar aos votos monásticos era a escolha certa para mim. Muito anos depois de renunciar aos votos, casei-me com uma mulher que é muito mais intuitiva e inteligente do que eu jamais poderia esperar ser. Passamos as últimas duas décadas resolvendo as mesmas questões com que outros casais lidam e resolvem juntos ao criar duas filhas. Minha experiência como homem casado e como pai me deu a oportunidade de desenvolver uma sensibilidade maior quanto às questões enfrentadas por praticantes leigos ao redor do mundo.

Professor por acaso

Entre a decisão de entregar os votos e o casamento, tornei-me professor por acaso.

Aconteceu assim. Muitos professores importantes entenderam meus motivos e continuaram a me aceitar como aluno. Pouco depois de abrir mão dos votos monásticos, viajei para Bodhgaya, na Índia – o local onde o Buda atingiu a iluminação – para receber ensinamentos de Dilgo Khyentse Rinpoche, chefe da escola Nyingma do budismo tibetano até seu falecimento, em 1991. Bondosamente, Rinpoche me nomeou seu professor assistente, isto é, ele ensinava rapidamente os pontos essenciais, conduzia o grupo em uma breve prática de meditação e ia embora – orientando-me a explicar seus ensinamentos. Tomei essa nomeação como uma espécie de confiança. Ele me dava a oportunidade de expandir um ensinamento de dez minutos em uma lição que, às vezes, consumia três horas.

Depois, eu caminhava pela região de Bodhgaya onde dizem que o Buda atingiu a iluminação ao meditar debaixo de uma árvore que hoje costumam chamar de árvore Bodhi (*bodhi* é um termo páli e sânscrito geralmente traduzido como "desperto"). Muitos templos e altares foram construídos naquele local – que também possui uma descendente da árvore bodhi original.

Enquanto vagava por aqueles lugares, fui abordado por uma pessoa que havia conhecido anos antes no Tashi Jong.

"Você estaria disposto a falar em particular para nós um pouco mais do que Dilgo Khyentse Rinpoche estava dizendo?", ele perguntou.

"Claro", respondi.

No dia seguinte, umas dez pessoas apareceram na salinha que eu ocupava em um mosteiro tibetano nas redondezas.

No outro dia, apareceram trinta pessoas.

No terceiro dia, apareceram mais de cem pessoas, apinhando-se na sala e nos corredores.

Não estou certo do que atraiu tanta gente. Dilgo Khyentse Rinpoche foi um dos professores mais brilhantes que se viu no século XX. Talvez nos bastidores ele encorajasse as pessoas a irem me ver. Talvez algumas fossem atraídas pelo fato de eu ser um *tulku* que renunciara aos votos monásticos para oferecer a pouca sabedoria que havia adquirido para pessoas que levavam uma vida leiga – homens e mulheres casados que tentavam conciliar a filosofia e a prática budista com a tarefa de assegurar um emprego, manter um relacionamento pessoal ou uma família.

Por fim, as multidões ficaram tão grandes que foi necessário alugar um salão em um dos mosteiros locais para acomodar os interessados em ouvir a pessoa que era assunto de tanta fofoca.

Pouco depois de voltar de Bodhgaya para o Nepal, recebi o convite de uma das pessoas que havia assistido a meus ensinamentos para ensinar na Argentina. Passei uns meses lá ensinando – mas também conhecendo, conversando e compartilhando refeições com gente maravilhosa, atenciosa e franca. Na sequência, fui convidado para ir à América do Norte, à Malásia e a outros países.

Nunca sonhei que me tornaria uma pessoa que passa a maior parte dos meses do ano viajando para diferentes países, especialmente depois de ter entregado os votos. Estava bem contente vivendo uma vida bastante pacata, casado, criando minhas filhas e lidando com problemas cotidianos como pagar as contas.

Certamente, quando criança tampouco pensei que seria identificado como a reencarnação de um professor budista.

A vida tem dessas reviravoltas interessantes, que na superfície podem parecer, para dizer o mínimo, desagradáveis. Mas aprendi que você nunca sabe aonde essas reviravoltas vão levá-lo. Num dia você é uma criança sem maiores interesses além de brincar e subir em árvores. No outro, é a reencarnação de um mestre legendário. Mais adiante você é um monge em desgraça e, poucos anos depois, um professor mundial. Tudo é possível. A questão é manter seu coração e mente abertos à probabilidade da mudança, um assunto que será discutido ao longo das páginas a seguir.

Devo muito à minha família e aos amigos que encontrei ao redor do mundo durante minha carreira docente, assim como aos grandes professores com quem treinei. Cada um, à sua maneira, ajudou-me a avançar um ou dois passos através de inúmeras pontes. Ajudaram-me a tratar meus padrões e os dos outros com bondade e clareza. Ajudaram-me a entender que a essência dos ensinamentos do Buda visava ajudar a nos tornarmos humanos plenos e saudáveis e, à sua maneira, contribuíram para meu aprendizado sobre como interpretar esses ensinamentos de forma relevante para a sociedade contemporânea.

Habilidade

A maioria de nós tende a pensar sobre si mesmo como ocupado, entediado, frustrado, infeliz, cansado, doente ou pobre, sobrecarregado pcom as responsabilidades de alimentar os filhos, pagar a hipoteca, o aluguel e outras contas. Isso é válido. Quero apenas salientar que existe um jeito diferente de olhar para nossas condições e existe um jeito diferente de olhar para quem somos e o que somos capazes de realizar.

Certamente adotar uma mudança de perspectiva envolve esforço. Não existem atalhos nem segredos para se desenvolver um entendimento inovador, empolgante e inspirador sobre nós mesmos e as circunstâncias que cercam nossas vidas. Levou muito tempo para cada um construir os padrões que compõem a autoimagem de pessoa limitada, ferida ou desamparada, e vai levar muito tempo e requerer uma boa dose de trabalho.

Alguns podem perguntar se a possibilidade de transformar nossa perspectiva vale o trabalho envolvido. Depois de mais de vinte anos ensinando no mundo todo e conversando com milhares de pessoas, para mim ficou claro que para muitos de nós é mais confortável viver com o que conhecemos, mesmo que seja doloroso. Aventurar-se no reino do desconhecido – largar dos hábitos arraigados de pensamento, sentimento e percepção – é difícil demais. Quem quer abrir mão do conforto da familiaridade, especialmente quando isso requer olhar para si mesmo e para o modo como se leva a vida com coragem, inteligência e engenhosidade? É bem mais fácil se conformar com hábitos sociais e culturais incutidos em tenra idade do que tentar melhorar nossa vida interior fazendo mudanças em nossa vida exterior.

O tipo de "olhar" que o Buda incentivava não necessariamente envolvia fazer uma longa lista de nossos erros ou falhas, ou se acomodar em um estado mental e emocional tranquilo e sereno para contemplar a natureza do universo. Visto que muitos que ele ensinava eram operários e trabalhadores manuais, a palavra que ele usava para caracterizar esse tipo de análise era aquela com a qual eles conseguiam relacionar-se facilmente: habilidade. Requer certa combinação de comprometimento, inteligência e prática desenvolver o tipo de habilidade exigida para plantar um campo, cuidar da lavoura, colher e levar a safra para o mercado; criar um recipiente de uma bolota de argila crua, fiar, tecer, trabalhar em metal ou madeira.

O Buda ensinou que o mesmo tipo de habilidade empregado no trabalho, poderia ser usado também nos pensamentos, emoções e comportamentos. Em outras palavras, ao aprofundar o entendimento de sua natureza básica e seguir certas práticas, as pessoas poderiam tornar-se mais hábeis como humanos.

Mediante uma combinação de investigação inteligente, dedicação e experiência prática, podemos desvendar os vários padrões que regem nossa vida por muitos anos. Podemos vasculhar nossas experiências e distinguir entre lições úteis e resíduos de medo, competitividade, raiva, frustração e o que mais acumulamos ao longo do caminho.

O problema do sanduíche

Uma moça contratada para um cargo executivo em uma empresa de marketing recentemente expressou frustração com o emprego e o comportamento de seu superior imediato.

"Esse trabalho é o que foi descrito para mim?", disse ela. "Não. Meu chefe é um pouco doido? Provavelmente. Para ele, tudo – *tudo* mesmo – é um incêndio que precisa ser apagado antes que se espalhe.

Entendo que certos tipos de publicidade podem produzir uma visão negativa da empresa, mas não vão custar vidas".

"No meu emprego anterior, o ambiente era um pouco mais ameno. Se eu ia lançar um produto, adotávamos uma abordagem lenta e segura. Neste serviço, tenho que lidar com lançamentos sob a supervisão de uma pessoa que vê tudo como uma crise e com frequência interrompe o meu trabalho. Ele também acha que eu quero o cargo dele, o que não é verdade. Se eu quero esse emprego? Claro. Muita gente – minha família, meus amigos, meus colegas de trabalho – depende de mim. Se eu gosto da loucura que vem de cima? Não. Mas, depois de uns meses ali, entendi que as condições não vão mudar, então tenho que ajustar a minha atitude, encontrar o equilíbrio certo entre cumprir minhas obrigações enquanto lido com um chefe maluco, pessoas que dependem de mim para manter seus empregos e com as pessoas que vão receber um produto que pode lhes ser útil."

Chamo a situação que essa mulher está enfrentando de "problema do sanduíche". Ela é o queijo e o tomate presos entre duas fatias de pão, está sendo comprimida de ambos os lados. Comecei a reparar no problema do sanduíche primeiro nos países asiáticos onde ensino, em que muita gente parece estar presa no meio dos relacionamentos entre suas esposas e mães, ambas competindo pelo controle do lar. Normalmente, o homem favorece a mãe por ser mais velha, mas algumas esposas, especialmente da geração mais jovem, estão desafiando o poder absoluto tradicional das sogras. O sujeito ali no meio é desafiado pelos dois lados do sanduíche. Ele tem que aceitar que, às vezes, pode não haver solução para o problema e que a falta de solução é a solução. Ele não pode tomar partido. Tem que deixar cada lado, cada fatia de pão, chegar a uma resolução por si.

A princípio pode parecer resignação, mas na verdade é um meio bastante hábil de deixar as pessoas de diferentes lados de uma disputa resolverem o confronto por si mesmas.

Virtuosismo

Ao longo de muitos anos, estudiosos e tradutores ligaram os ensinamentos do Buda sobre habilidade ao conceito de vida frequentemente descrito como "vida virtuosa" – ideia que aciona certa preocupação no coração de novatos no budismo (e de muitos praticantes de longa data). Recentemente, ouvi dizer que uma pessoa que participou de um ensinamento contendo alguma discussão sobre virtude sussurrou para a pessoa ao lado dela: "Isso significa que tenho que apagar os raps do meu iPod?".

Não sei se o diálogo de fato ocorreu ou quais as palavras exatas. Mas, dada a minha história dúbia, ouvir isso me proporcionou uma das maiores gargalhadas em muito tempo.

Ao longo dos séculos, o tema da virtude foi debatido e definido de várias maneiras por diferentes escolas do budismo, bem como outras tradições religiosas e filosóficas. Estudiosos e tradutores adicionaram sua voz à discussão. Existem muitas histórias sobre monges budistas que, nos séculos seguintes ao falecimento do Buda, tomavam precauções extraordinárias para evitar pisar em insetos ou inalá-los.

Por isso é bastante natural que as pessoas indaguem o que significa virtude no contexto da vida moderna, com sua abundância de opções e desafios. Em várias ocasiões as pessoas perguntaram: "Tenho que me tornar vegetariano?". "Tenho que largar o sexo, o álcool ou comida boa?" "Tenho que parar de assistir à TV?" "Tenho que parar de sair com meus amigos?"

Claro que há muito que dizer sobre viver com simplicidade. Poucas distrações permitem mais tempo de dedicação ao exame de nossa vida e do efeito de nossos pensamentos, sentimentos e comportamentos, em nós mesmos, e em todas as pessoas com quem entramos em contato. Mas esse é apenas um aspecto de vida hábil que poderia ser descrita como virtuosa.

Em um sentido amplo, virtude, ou vida virtuosa – como a entendo – chega muito perto do juramento hipocrático feito pelos médicos. Primeiro, não causar mal. As primeiras e mais persistentes descrições de virtude envolvem evitar atividades que causam mal a outros, incluindo matar, roubar, abuso sexual, mentira, calúnia e fofoca. O curioso é que também incluem atividades que podem causar mal ao próprio indivíduo, como exceder-se em intoxicantes, comida e certos tipos de atividade habitual – um entendimento que evoluiu muito antes de termos como "vício" ou "obesidade" serem definidos pela medicina moderna.

Mas a palavra tibetana *gewa*, frequentemente traduzida como "virtude", tem um significado mais profundo e importante. Como a antiga palavra *vertue*, do inglês arcaico, que se referia à eficácia de uma erva ou outra planta em fortalecer certas qualidades inerentes ao corpo e à mente, *gewa* significa fazer escolhas que ampliem o nosso vigor emocional e intelectual, iluminem nossa grandeza potencial, elevem nossa confiança e intensifiquem nossa capacidade de auxiliar aqueles que necessitam de ajuda.

Por exemplo, há alguns anos uma aluna falou dos esforços que fazia para passar tempo com a mãe idosa, que ficara doente, mas se recusava a se mudar de seu apartamento para uma casa de saúde. Embora tivesse um emprego de alta pressão em Nova York, essa mulher tirava tempo a cada duas semanas para visitar a mãe, passar tempo com ela e até, como descreveu, "sentar-se na sala de estar e assistir a comédias medonhas que eu detestava, mas que faziam minha mãe rir. Eu aguentava porque simplesmente adorava vê-la rir. Um pedacinho do meu coração parecia ficar mais leve, mais forte ou maior quando eu a ouvia rir, a despeito de estar com tanta dor".

Com o passar dos meses e a piora do estado da mãe, ela teve que contratar serviço domiciliar de cuidadores. Mas, durante as visitas, ela se encarregava das tarefas, dando banho, vestindo e acomodando a mãe na cama. "Claro que era difícil", ela disse. "Mas uma noite me dei conta de que aquilo era o mesmo tipo de coisa que ela havia feito por mim quando eu era criança. Aí algo mudou. Embora eu soubesse que minha mãe estava piorando, um grande fardo de tristeza saiu de mim quando comecei a ver o tempo que me restava com ela como uma oportunidade de retribuir o que eu havia recebido."

Após o falecimento da mãe, ela se viu desenvolvendo um interesse mais ativo pelos vizinhos idosos de seu prédio, conversando com eles, visitando-os e compartilhando refeições de vez em quando. "Isso se tornou uma espécie de vício positivo", ela explicou. "Percebi que não só tenho essa habilidade, como um desejo profundo de ser útil."

Aquelas habilidades e aquele desejo se ampliaram para o relacionamento com os colegas de trabalho. "Não gosto de ultrapassar os limites profissionais", ela disse, "mas, se vejo alguém tendo um dia ruim ou lutando com um projeto, estou mais disposta a perguntar se está tudo bem ou se tem alguma coisa que eu possa fazer para ajudar. Verifiquei que na maioria das vezes as pessoas com quem trabalho só querem desabafar um pouco. Querem alguém que as escute. E fico feliz por fazer isso, porque parece que estou participando um pouco mais da vida como um todo em vez de apenas focar na minha carreira, nas minhas metas. Sinto cada vez mais que estamos todos juntos nessa vida – que existe um propósito maior do que cumprir metas de receita".

Um terceiro entendimento final da virtude veio de conversas com alguns amigos e alunos do mundo todo. Artistas que exibem habilidade extraordinária em seu campo são conhecidos como "virtuosos" – uma palavra que vem do italiano e significa alguém que demonstra habilidade excepcional.

"Virtuoso" pode não ter sido um termo comum na língua que o Buda falava ou nas línguas em que seus ensinamentos foram transmitidos de forma oral de professor para aluno por várias centenas de anos até enfim serem escritos. Entretanto, tudo que aprendi com meus estudos, com os ensinamentos que recebi e com minha experiência como professor, conselheiro, marido e pai sugere que o que Buda descobriu durante os dias e noites que passou meditando debaixo de uma árvore em Bodhgaya, na Índia, foi um método pelo qual todos nós podemos nos tornar virtuosos na arte de viver. Cada um de nós é dotado da capacidade de reconhecer dentro de si uma assombrosa aptidão para o brilhantismo, a bondade, a generosidade e a coragem. Também temos o potencial de despertar todos com quem entramos em contato para a possibilidade de grandeza. Tornamo-nos virtuosos à medida que desenvolvemos nosso potencial a ponto de – mesmo sem intenção consciente – nossas ações e nossas palavras servirem para despertar o "artista humano" em todas as pessoas.

Mas, a fim de fazer isso, temos que entender a matéria básica com que estamos trabalhando. Um oleiro habilidoso tem que aprender a reconhecer as qualidades e características da bolota de argila com que trabalha. Um fazendeiro virtuoso tem que entender a relação entre solo e sementes, fertilizantes e água e implementar esse entendimento em termos de ação.

De modo semelhante, a fim de nos tornamos seres humanos virtuosos, temos que começar a entender nossa natureza básica – a argila, por assim dizer – que recebemos para trabalhar.

Isso, para mim, é a essência do ensinamento do Buda. Está ao nosso alcance nos tornarmos humanos virtuosos. O processo envolve um exame passo a passo da maneira como nos relacionamos conosco e com o mundo ao redor. Ao integrar esse exame na vida cotidiana, começamos a perceber a possibilidade de viver cada momento de nossa vida com uma riqueza e um deleite antes inimagináveis. Essa abordagem, desenvolvida há 25 séculos, solicita que observemos quem somos para além das histórias que nos contamos sobre nós mesmos, sobre os outros e sobre o mundo ao redor.

Quem somos? O que somos? Como podemos aprender não apenas a sobreviver, mas a *prosperar* em meio aos desafios que enfrentamos a todo instante, dia após dia, ano após ano?

Essas são perguntas básicas que gerações de professores religiosos, estudiosos, filósofos e cientistas têm buscado resolver.

As respostas podem surpreendê-lo.

3. A centelha

Quando criança, eu costumava me sentar no colo de meu avô enquanto ele meditava. Aos dois ou três anos de idade, claro que eu não tinha ideia do que era meditação. Meu avô não me dava instruções nem falava comigo sobre sua experiência. Contudo, sentado no colo dele, tinha uma sensação profunda de conforto, junto com uma espécie de fascínio infantil com o que acontecia dentro e ao redor de mim. Sentia-me tomando consciência de *alguma coisa* que ficava mais radiante e intensa no meu corpo, na minha mente, no meu coração.

Quando cresci o bastante para encontrar palavras que se encaixassem, considerei aquela *alguma coisa* uma espécie de centelha que ilumina a vida de todos os seres vivos. Ela recebeu diversos nomes de pessoas de disciplinas muito diferentes e sua natureza é debatida há séculos. Em muitos ensinamentos budistas, é conhecida como "natureza de buda". Não se preocupe! Isso não significa que você tenha que andar por aí com um manto, mendigando comida, enquanto vagueia pelo interior ensinando pessoas. Na verdade, o termo é uma tradução imprecisa de duas palavras sânscritas, usadas com frequência: *sugatagarbha* ou *tathagatagarbha*. *Sugata* pode ser entendido como "ido para a bem-aventurança", enquanto *tathagata*, em geral, é interpretado como "assim ido". Ambas se referem àqueles que, como o Buda, transcenderam, "foram além" do conflito, da delusão ou de qualquer tipo de sofrimento – uma condição que se pode razoavelmente entender como "bem-aventurada". *Garbha* é mais comumente traduzido como "essência", embora, em um nível sutil, possa também sugerir "semente" ou "raiz". Assim, uma tradução mais precisa de "natureza de buda" poderia ser a essência de quem ultrapassou o conflito, a delusão e todo o resto para uma experiência de límpida bem-aventurança.

Um dos ensinamentos centrais do budismo é que todos nós possuímos essa essência, raiz ou semente.

Entretanto, a natureza de buda é difícil de descrever, em grande parte por ser ilimitada. É um pouco difícil conter o ilimitado dentro das fronteiras pontuais das palavras e imagens. Mestres de outras tradições espirituais lutaram com preocupações semelhantes. Até mesmo os cientistas contemporâneos resistem à ideia de capturar o mundo físico em uma imagem instantânea precisa, clara e precisa. Albert Einstein, um dos grandes cientistas do século XX, rejeitou a ideia da física quântica – os princípios que nos permitem passar pelo caixa do supermercado com uma varredura do scanner de código de barras e usar aplicativos do celular para contatar amigos e parentes – como "ciência fantasmagórica".

Bem, o entendimento da natureza de Buda pode parecer um pouco fantasmagórico para algumas pessoas, mas se baseia em mais de dois mil anos de testes e experiências. Embora a verdadeira experiência de tocar nossa natureza desperta desafie a descrição absoluta, uma série de pessoas nos dois últimos milênios pelo menos tentou iluminar um curso de ação, usando palavras que servem como luzes ao longo do caminho.

Vacuidade

Tradicionalmente, uma das palavras que descrevem a base de quem e do que somos – de fato, a base de todos os fenômenos – foi traduzida como *vacuidade*. Tal palavra poderia parecer assustadora: uma sugestão, respaldada pelos primeiros tradutores e intérpretes da filosofia budista, de que uma espécie de vazio permeia nosso ser.

A maioria de nós, em algum momento da vida, experimentou algum tipo de vacuidade. Indagamos: "O que estou fazendo aqui?". *Aqui* pode ser um emprego, um relacionamento, uma casa, um corpo com juntas rangentes ou uma mente com memórias que se desvanecem.

Se olharmos mais fundo, porém, conseguiremos ver que o vazio que podemos experimentar em nossas vidas na verdade é uma perspectiva positiva.

Vacuidade é uma tradução para o termo sânscrito *śūnyatā* e o tibetano *tongpa-nyi*. O significado básico da palavra sânscrita *śūnya* é "zero", um espaço ou segundo plano infinitamente aberto que permite que qualquer coisa apareça. A palavra tibetana *tongpa* significa "vazio" – não vácuo ou vago, mas a base da experiência que está além de nossa capacidade de perceber com os sentidos, descrever, nomear ou capturar em um conceito preciso e claro. Talvez um melhor entendimento do sentido profundo da palavra possa ser "inconcebível" ou "inominável". A sílaba sânscrita *"ta"* e a tibetana *"nyi"*, por sua vez, não necessariamente significam algo em si, mas, quando adicionadas a um adjetivo ou substantivo, transmitem um sentido de possibilidade.

Assim, quando budistas falam de vacuidade como base de nosso ser, não querem dizer que somos um nada, um zero ou um vazio – um ponto de vista que pode dar margem a certo cinismo. Por exemplo, existe uma história muito antiga sobre um homem que passou anos em uma caverna meditando sobre a vacuidade. Ratos se esgueiravam constantemente pela caverna. Certo dia um rato particularmente grande saltou em cima da rocha que servia de mesa. "Rá", ele pensou, "o rato é vacuidade". Agarrou o sapato e matou o rato, pensando: "O rato é vacuidade, meu sapato é vacuidade e matar o rato é vacuidade". Ele solidificou a ideia de vacuidade em um conceito de que nada existe, de modo que ele podia fazer e sentir o que bem quisesse sem experimentar qualquer consequência.

Esse é um entendimento simplista de vacuidade, um ponto de vista segundo o qual nada tem qualquer significado. Mas os verdadeiros ensinamentos sobre vacuidade sugerem um espaço infinitamente aberto que permite que qualquer coisa surja, mude, desapareça e reapareça. Em outras palavras, o significado básico de vacuidade é "abertura" ou "potencial". No nível básico de nosso ser, somos "vazios" de características definíveis. Não somos definidos por nosso passado, nosso presente ou nossos pensamentos e sentimentos sobre o futuro. Temos o potencial de experimentar qualquer coisa. E *qualquer coisa* pode referir-se a pensamentos, sentimentos e sensações físicas.

Entretanto, para verdadeiramente entender a vacuidade, ela tem que ser experimentada. A exemplo posso oferecer a história contada por um aluno sobre como, em um curto espaço de tempo, ele perdeu o emprego, a casa e ambos os pais.

"Enquanto tudo isso acontecia", disse, "passei muito tempo apenas olhando para a dor, a frustração e a tristeza que sentia. Enquanto olhava para essa coisa enorme, ocorreu-me que eu podia quebrá-la em pedaços menores. Trabalhando com toda aquela dor dessa maneira, gradualmente passei a experienciar – não de modo intelectual, mas de forma prática – que *eu não era a minha dor*. Que Eu não era a minha frustração. Nem minha tristeza. Seja lá o que eu fosse, eu era um observador de meus pensamentos, sentimentos e das sensações físicas que frequentemente os acompanhavam. Claro que eu sentia certa opressão e desejava poder voltar no tempo. Mas, enquanto olhava o que se passava em minha mente e corpo, percebi que havia algo maior que aquelas experiências, algo mais básico, mais amplo, mais claro e mais clemente do que eu jamais havia experimentado. Uma abertura que apenas deixava toda essa coisa vir e ir sem se transformar em algo pessoal ou em palavras, mas sendo sentida no âmago do meu ser. Talvez eu não esteja explicando muito bem...".

Na verdade, ele explicou muito bem – ou tão bem quanto pôde, uma vez que a experiência da vacuidade realmente não se encaixa de forma precisa em palavras. A tradicional comparação budista é que esta experiência é como dar um doce para uma pessoa muda. O mudo pode sentir a doçura, mas é incapaz de descrever o seu sabor oralmente.

Mas talvez eu possa oferecer um exemplo mais contemporâneo.

Cinema

Há uns vinte anos, fui visitar meu irmão mais velho, Chokyi Nyima Rinpoche, em seu mosteiro em Boudhanath, nos arredores de Katmandu. Estávamos almoçando, rindo e conversando, quando notei um homem sentado em outra mesa, olhando fixamente para mim, o que me deixou um pouco nervoso. Em dado momento, Chokyi Nyima saiu da mesa, e o homem que me olhava se aproximou. Ele se apresentou como o diretor Bernardo Bertolucci, que estava na região filmando *O pequeno Buda*.

"Estamos fazendo um filme", disse ele, "e tem um papel para o qual acho que você seria perfeito, pois gostei do seu sorriso. Posso vir amanhã com a câmera para você atuar diante dela?".

Eu disse: "Ok".

Então, no dia seguinte, ele veio com o cinegrafista e a câmera. O cinegrafista começou a filmar e o diretor pediu para eu dizer alguma coisa e sorrir. Eu nunca havia sorrido para o buraco negro da lente de uma câmera. Eu só sorria para pessoas enquanto conversava com elas.

Ele pediu para eu tentar de novo, dizendo que eu tinha um verdadeiro potencial. "Mas você tem que sorrir", ele disse. Tentamos algumas vezes, mas eu realmente não sabia como conectar o menor senso de humor que eu tivesse com uma máquina. Ele sempre surge de meu contato com pessoas. Só que Bertolucci não estava disposto a desistir. Ele pediu para eu ir ao set onde estavam filmando para ver como os filmes são feitos. Fui lá quatro ou cinco dias e, enquanto observava todo o processo de filmagem, fiquei muito desiludido. Parecia tudo tão artificial – todo o tempo que levava para maquiar, ajustar as luzes, ensaiar uma cena vezes e mais vezes, assistir aos atores rirem ou chorarem na hora certa, e então filmar a cena várias vezes de diferentes ângulos.

Assistindo a tudo aquilo, pensei: "Uau, achei que os filmes fossem mais reais do que isso".

Uns dias depois tive que ir ao Butão e, quando voltei, descobri que tinham contratado outra pessoa – e não dei muita bola. Na verdade, fiquei contente por não ter que participar do que me pareceu um processo deveras artificial.

O lado negativo da experiência foi que perdi o interesse em ver filmes por quatro ou cinco anos. Cada vez que assistia a uma cena, pensava: "Ah, filmaram essa cena vinte ou trinta vezes". Não conseguia curtir um filme.

Lentamente, porém, minha atitude mudou.

"Por que eu não gostaria de ver filmes?", perguntei a mim mesmo. "A vida em si é como um filme sob muitos aspectos. Existem muitas causas e condições que contribuem para aparências que criam enredos cativantes. E o esforço para fazer um filme é semelhante às combinações de causas e condições que se juntam para criar o que experimentamos na vida cotidiana". Então, agora, consigo assistir a filmes com a mesma apreciação com que assisto à vida. Consigo apreciar a beleza do desenrolar da ilusão. Consigo apreciar o esforço. Consigo apreciar a história. Mas também consigo manter uma pequena distância, de modo que não sou absorvido.

Também consigo apreciar o fato de que um ator ou atriz baleado ou esfaqueado num filme não está realmente ferido ou morto, mas provavelmente dormindo muito confortavelmente em Los Angeles ou trabalhando em outro filme em algum lugar do mundo. Ainda consigo me comover com a história na tela, mas, ao mesmo tempo, sei que é um filme e que todo tipo de coisa contribuiu para a produção do filme.

Podemos aplicar o mesmo tipo de entendimento à vida cotidiana. Podemos assistir ao desenrolar de nossas experiências, podemos ficar emocional e intelectualmente envolvidos, mas ao mesmo tempo reconhecer que se trata de uma espécie de filme.

Um exercício de vacuidade

Gostaria de lhe dar um gostinho da vacuidade por meio de uma prática que ficou conhecida como "*shinay* sem objeto". *Shinay* é um termo tibetano, uma combinação de duas palavras: *shi*, normalmente traduzida como "calma" ou "paz" e *nay*, que significa repousar ou simplesmente "ficar ali". Em sânscrito, essa prática é conhecida como *shamata*. Como *shi*, *shama* pode ser entendido de uma variedade de maneiras, incluindo "paz", "repouso" ou "arrefecimento", enquanto *ta*, como *nay*, significa "permanecer" ou "ficar". Vou e volto entre termos em sânscrito e tibetano porque, dependendo do grupo de pessoas que vêm a meus ensinamentos, algumas estão familiarizadas ou ficam mais confortáveis com um ou outro. O mais importante é que, seja em sânscrito ou tibetano, o termo descreve o processo de arrefecer de um estado de excitação mental, emocional ou sensorial.

A maioria de nós, quando olha algo, ouve algo ou experimenta um pensamento ou emoção, reage de modo quase que automático com algum tipo de julgamento. Esse julgamento pode incidir em três categorias básicas: agradável ("gosto"), desagradável ("não gosto") ou confusa ("não sei se gosto ou não gosto"). Com frequência, cada uma dessas categorias é subdividida em categorias menores: experiências agradáveis são julgadas "boas", por exemplo; experiências desagradáveis são "ruins". Conforme um aluno expressou, o julgamento confuso é simplesmente intrigante demais ("em geral, eu o arranco de minha mente e foco em outra coisa"). As possibilidades representadas por todas essas diferentes reações, entretanto, nos deixam tentados a nos agarrar a nossos julgamentos e padrões subjacentes, solapando a tentativa de distinguir entre o real e o verdadeiro.

Existem muitas variedades de prática de *shinay* ou *shamata*. A que mais se aproxima de um entendimento prático, da vacuidade é conhecida como "sem objeto", porque, diferente de outras variações, não envolve focar a atenção em um objeto específico (como um som ou aroma), ou uma coisa física (como uma flor, um cristal ou a chama de uma vela). Alguns professores se referem a essa prática como "presença aberta", porque envolve estar apenas ligeiramente ciente do que quer que se esteja experimentando – interna ou externamente – aqui e agora. Você apenas está presente.

As instruções são simples.

Apenas endireite a coluna enquanto mantém o resto do corpo relaxado.

Faça algumas respirações profundas.

Mantenha os olhos abertos – mas não tão fixamente que comecem a arder ou lacrimejar. Você pode piscar. Apenas observe-se piscando. Cada piscada é uma experiência de presença.

Agora, deixe-se ficar ciente de tudo que está experimentando: visões, sons, sensações físicas, pensamentos e emoções. Permita-se ficar aberto a todas essas experiências.

Ao começar esse exercício, inevitavelmente todos os tipos de pensamentos, sentimentos e sensações vão passar por sua experiência. Isso é de se esperar. Em muitos aspectos, esse pequeno exercício é como começar um treino de musculação na academia. De início você só consegue levantar uns poucos quilos em poucas repetições antes que os músculos fiquem cansados. Mas, se você continuar firme, gradativamente perceberá que consegue erguer mais peso e executará mais séries de repetições.

De modo semelhante, aprender a repousar na presença aberta e simples é um processo gradual. De início, você talvez consiga permanecer aberto por apenas poucos segundos de cada vez antes que pensamentos, emoções e sensações borbulhem para a superfície e consumam a sua atenção. A instrução básica é simplesmente ficar ciente de tudo passa por sua consciência do jeito que é. O que quer que você experimente, não tem que reprimir. Até agarrar-se a irritações – "Aff, queria que essa pessoa aí do lado baixasse a música" ou "Queria que as pessoas da família do andar de cima parassem de berrar uns com os outros" – faz parte da presença aberta. Apenas observe esses pensamentos e sentimentos à medida que vêm e vão – e como vêm e vão depressa, sendo substituídos por outros. Se continuar fazendo isso, você terá um gostinho da vacuidade – um vasto espaço aberto no qual as possibilidades emergem e se combinam, dançam juntas por um tempo e desaparecem com rapidez assombrosa. Você vai vislumbrar um aspecto de sua natureza básica, que é a liberdade para experimentar toda e qualquer coisa.

Não se critique ou condene caso se veja no encalço de sensações físicas, pensamentos ou emoções. Ninguém se torna um buda da noite para o dia. Reconheça, em vez disso, que por poucos segundos você foi capaz de experimentar diretamente algo novo, agora. Você passou da teoria e se aventurou no reino da experiência. Ao deixar as experiências virem e irem, você começará a vê-las como menos sólidas. Elas podem ser reais, mas você começará a questionar se são verdadeiras.

A experiência segue a intenção. O que quer que façamos ou onde quer que estejamos, precisamos reconhecer nossos pensamentos, sentimentos e percepções como algo natural. Sem rejeitar, nem aceitar, simplesmente reconhecemos a experiência e deixamos que passe. Se continuarmos assim, por fim vamos verificar que estamos mais aptos a gerenciar situações que outrora achávamos dolorosas, assustadoras ou tristes. Descobriremos um senso de confiança que não tem raízes na arrogância ou no orgulho. Perceberemos que sempre estamos abrigados, seguros e em casa.

Clareza

O exercício recém-descrito realça outro aspecto de nossa natureza básica, e agora vou revelar um entendimento um pouco anticonvencional.

Conforme já mencionado, de acordo com muitas traduções-padrão budistas, a sílaba *nyi* significa *"ness"*[1] – a qualidade essencial de uma coisa. Mas fui ensinado que o *nyi* de *tongpa-nyi*, em nível simbólico, refere-se à *clareza*: a capacidade de estar ciente de todas as coisas que experimentamos, de ver as coisas de nossa experiência

---

[1] "Ness": sufixo da língua inglesa que forma substantivos abstratos a partir de adjetivos; por exemplo, "happiness" (felicidade), a partir de "happy" (feliz). (N.T.)

e saber o que estamos vendo. As condições físicas e culturais do Tibete historicamente foram um pouco desafiadoras, de modo que as pessoas se tornaram mestras em desenvolver um estilo de comunicação abreviado que faz os atuais "tweets" da mídia social parecerem positivamente prolixos. Assim, em favor da comunicação condensada, a sílaba tibetana *nyi* adquiriu um significado secundário sutil.

Clareza é o aspecto conhecedor de nossa natureza: uma capacidade de consciência muito simples. Essa consciência básica, ou natural, é um mero potencial. Assim como vacuidade é a capacidade de ser qualquer coisa, clareza é a capacidade de *ver* qualquer coisa. Ela nos permite reconhecer e distinguir a ilimitada variedade de pensamentos, sentimentos, sensações e aparências que emergem continuamente da vacuidade. Sem clareza, não seríamos capazes de reconhecer ou identificar qualquer aspecto de nossa experiência. Todavia, ela não está conectada com a consciência de qualquer *coisa* específica. Consciência de uma coisa – em termos de um sujeito (aquele que está ciente) e de um objeto (a coisa, experiência etc. da qual o sujeito está ciente) – é algo que aprendemos à medida que crescemos. O como e por que desse processo de aprendizado é um pouco complexo e merece ser discutido mais adiante.

Esse aspecto ciente ou conhecedor de nossa natureza com frequência é descrito em tibetano como ö-sel-wa, traduzido como "luminosidade", uma capacidade fundamental de iluminar – ou lançar luz sobre – nossas experiências e, com isso, conhecê-las ou ficar ciente delas. Em seus ensinamentos, o Buda, às vezes, comparou-a a uma casa com persianas ou venezianas fechadas onde uma lâmpada foi acesa. A casa representa os padrões que nos prendem a uma perspectiva aparentemente sólida de nós mesmos e do mundo ao redor. A lâmpada representa a qualidade luminosa da centelha de nossa natureza básica. Mesmo com persianas e venezianas hermeticamente fechadas, um feixe de luz sempre escapole para fora. Dentro da casa, a luz da lâmpada proporciona claridade para se distinguir, digamos, uma cadeira, cama ou tapete – o que corresponde a nossos pensamentos, sentimentos e sensações físicas. À medida que essa luz passa pelas persianas ou venezianas, vemos outras coisas, pessoas, lugares ou acontecimentos. Tais experiências podem ser dualistas, isto é, reflexo de uma tendência de perceber experiências em termos de "eu" e "outro", "eu" e "não eu", mas, se paramos um momento para apreciar tais vislumbres, podemos chegar a uma experiência mais profunda e ampla da claridade básica ou natural.

Às vezes, os desafios que encaramos produzem experiências profundas de momentos de iluminação. Com certeza, essa foi minha experiência ao tentar atravessar a ponte de vidro. O medo me obrigou a questionar minha reação, e isto iluminou um padrão. Este entendimento por sua vez, me ajudou a ver os elementos do padrão em uma nova luz e a atravessar a ponte com uma sensação de calma que se ampliou para confiança, propiciando por fim, uma leveza que poderia ser descrita como alegria.

Uma experiência descrita recentemente por uma moça oferece outro vislumbre muito poderoso da possibilidade de transformar obstáculos em oportunidades.

"Eu era a caçula da família", explicou ela, "a única menina com dois irmãos mais velhos. Meus pais davam muita atenção a eles e depositavam todas as esperanças da família nos meus irmãos. Não os culpo por isso. Simplesmente fazia parte da cultura em que fomos criados. Sempre que eu tentava dar uma opinião ou falar sobre o que tinha aprendido na escola, era derrubada com um comentário de que o que eu pensava não tinha importância. Eu era só uma menina e meu futuro na vida era fazer um bom casamento.

"Bem, meu irmão mais velho morreu e meu outro irmão fracassou nos negócios. Eu me casei com um homem bacana, mas ele perdeu o emprego, de modo que tive que pegar um emprego de secretária em uma grande indústria".

"Mas aquela sensação de não ser útil me assombrava. Achava que não estava fazendo um trabalho bom o bastante, que os colegas no escritório estavam falando pelas minhas costas e que, por não ser tão competente ou rápida quanto eles, seria despedida. Como eu poria comida na mesa? Esses pensamentos e sentimentos continuavam cada vez mais presentes até eu de fato me sentir vivenciando o horror de viver na rua como uma mendiga".

"Fiquei terrivelmente apavorada".

"O único jeito de me acalmar era procurando pela chamada 'luz no fim do túnel' – uma esperança desesperada de que as condições no meu emprego mudassem, ou que eu de algum modo conseguisse um emprego que pagasse mais. Ou que talvez tivesse um chefe que não exigisse tanto. Ou que aquela gente cochichando pelas minhas costas fosse despedida".

"Aí comecei a olhar a minha opinião sobre mim e comecei a ver que o problema não era o emprego, mas os pensamentos e sentimentos que eu tinha sobre mim, quer estivesse no escritório ou em casa tentando fazer uma comida para meu marido e dois filhos. Procurar aquela 'luz no fim do túnel' nada mais era do que o avesso do medo – uma esperança de algum tipo de mudança nas circunstâncias me resgataria da sensação de que eu não era boa o bastante. Gradualmente, comecei a ver que esperança e medo não passavam de ideias. Não tinham realmente nada a ver com meu emprego. Tinham a ver com meus pensamentos e sentimentos sobre minhas aptidões".

"Lentamente comecei a entender que a luz que eu procurava era o túnel e o túnel em que me sentia presa era a luz. A única diferença entre eles era o modo como eu via a mim e minha situação. Se eu me visse como inadequada, agiria de forma inadequada. Se eu me visse como competente, agiria de forma competente".

"Essa clareza fez uma enorme diferença. Quando me sinto incompetente ou insignificante, consigo olhar para esses pensamentos e sentimentos e posso ver que tenho uma escolha. Posso ceder a eles ou apenas observá-los. Se olho para eles, aprendo mais sobre mim e sobre a capacidade que tenho de tomar decisões sobre como reagir aos acontecimentos em minha vida".

A história dessa mulher ilustra um dos princípios fundamentais dos ensinamentos do Buda. Vacuidade e clareza são indivisíveis. Basicamente, se você é capaz de tudo, uma dessas capacidades é a habilidade de ficar ciente: ver, conhecer ou reconhecer o que quer que esteja experimentando. Você não pode separar a vacuidade da clareza, assim como não pode separar a umidade da água ou o calor do fogo. Sua natureza essencial – sua natureza de buda – não é ilimitada apenas em seu potencial de ser; está também desperta e alerta às várias formas que sua experiência de vida pode tomar.

A chave – o como da prática budista – reside em aprender a simplesmente repousar nessa consciência desnuda de pensamentos, sentimentos e percepções à medida que ocorrem. Na tradição budista, essa consciência gentil envolve repousar em nossa clareza natural.

Assim como no exemplo da ponte, se eu ficasse ciente de cada um dos meus padrões em vez de ser levado por eles, o seu poder sobre mim se desvaneceria. Eu seria capaz de experimentar sua aparição como nada mais do que uma combinação de fatores, semelhante aos fatores que fazem as ondas surgirem e se deslocarem por um lago, um tanque ou um oceano. Com a ajuda de meus professores, aprendi que é exatamente isso que acontece em meu ser sempre que encaro uma situação que me apavora ou me perturba. Posso ficar tão oprimido por meus padrões que de início me esqueço de *olhar*. Mas, por fim, lembro o que aprendi: simplesmente olhar para minha experiência já começa a transformá-la.

Vislumbrando a clareza

Para experimentar a clareza, é necessário executar um outro exercício de *shinay* ou *shamata*, desta vez usando um foco de atenção. Em favor da simplicidade, recomenda-se o foco na respiração.

Comece sentando-se em uma cadeira, almofada de meditação ou mesmo no chão. Dedique alguns momentos a repousar em *shinay* sem objeto a fim de se abrir para a experiência. A seguir, apenas se permita voltar a atenção para sua inspiração e expiração. Ao enfocar a respiração, é praticamente inevitável que você se veja distraído por pensamentos e sentimentos de todo tipo – inclusive sensações físicas. Alguns podem passar de leve e depressa, outros podem ficar por ali por um tempo, atraindo outros pensamentos, sentimentos, julgamentos e por aí vai. Você pode ser arrastado pela simples quantidade e variedade dos devaneios ou por uma linha de pensamento particularmente vívida.

Então, de repente, você reconhece: "Ah, não! Eu deveria focar na respiração!".

Esse breve instante de reconhecimento é, para muitos de nós, o primeiro gostinho de clareza – um lampejo de um tipo de consciência "mais amplo", capaz de identificar pensamentos, sentimentos e sensações sem se identificar *com* eles.

Tais lampejos iniciais geralmente são bastante breves. Quando nos pegamos sendo arrastados pelos pensamentos, sentimentos e tudo o mais, voltamos à respiração. Gradualmente, os vislumbres ficam mais longos e a clareza – que reconhece pensamentos, sentimentos e sensações – torna-se mais estável.

Desenvolver essa estabilidade requer tempo. Quando comecei a trabalhar nesse exercício, fiquei deveras consternado pela simples quantidade e variedade de pensamentos que pareciam precipitar-se por meio de minha consciência como um rio caudaloso. Achei que eu fosse um fracassado. Mas, quando perguntei sobre isso a alguns de meus professores, eles salientaram que o que eu estava experimentando não era um fracasso e sim um sinal de sucesso: eu estava começando a reconhecer quanta coisa passava por minha consciência sem eu sequer notar.

Disseram que, se eu prosseguisse na prática, verificaria que, embora pensamentos e emoções de todo tipo pudessem vir e ir, a clareza básica jamais seria perturbada ou corrompida. Os textos budistas usam uma série de analogias para descrever a situação. Uma das mais vívidas é a história de um viajante que chegou às margens de um lago em um dia de clima ameno e fresco. O céu estava sem nuvens e a superfície do lago era de um azul límpido e imóvel. O viajante passou aquela noite na cabana de um pescador das redondezas. Quando acordou no dia seguinte, o lago parecia espesso e lamacento.

"O que aconteceu?", indagou-se. "Ontem o lago estava tão límpido e azul, e hoje está subitamente sujo."

Ele foi até a margem, mas não conseguiu ver qualquer motivo óbvio para a mudança. Não havia lama na água ou ao longo da margem. Então, ergueu os olhos e viu que o céu estava repleto de nuvens cinza-chumbo. Naquele momento, percebeu que a cor das nuvens havia modificado a cor do lago; a água em si, quando ele olhou de perto, ainda estava límpida.

Nossa clareza essencial, de várias maneiras, é como o lago. A "cor" pode parecer mudar de um dia para o outro ou a cada momento, refletindo pensamentos, emoções e tudo o mais que passa "pela cabeça". Mas seja qual for o reflexo, sua essência nunca muda. É sempre limpa, calma e transparente.

Muitas vezes compactamos tais experiências em um todo único e abrangente. Como disse um homem recentemente: "Quando criança, minha vida se resumiu a ser o garoto baixinho e gorducho – o alvo perfeito para as crianças maiores, mais altas e mais fortes que eu. Carreguei aquela imagem para a minha vida adulta. Mas, depois de olhar para essa imagem de mim, comecei a ver que na verdade era apenas uma imagem – uma ideia! Não sou o garoto gorducho e perdedor que eu pensava que fosse. Talvez eu seja outra coisa. Não sei o que, mas talvez alguém diferente".

Quando ficamos mais acostumados a voltar nossa consciência para dentro, começamos a descompactar essas imagens. O conteúdo de nossa consciência começa a se partir em pedaços menores – do jeito que as nuvens se fragmentam num dia ventoso, expondo um vislumbre de céu claro aqui e ali. Começamos a ver como usar o processo de distinção em vez de ser usado por ele. Começamos a ver como experiências passadas podem se tornar os padrões atuais. Vislumbramos a possibilidade de conexão entre o que vemos e nossa capacidade de ver.

Uma mudança no foco

Sou o tipo de pessoa que gosta de aprender sobre a mente humana, o coração humano e como os ensinamentos do Buda podem transformar os padrões que obstruem nossa realização do bem-estar, que é a base para se alcançar um despertar mais profundo e amplo de nosso potencial. A fim de entender essas coisas, preciso entender o pano de fundo, a cultura, os padrões habituais, o ambiente que molda a vida das pessoas que ensino. Tal entendimento não se desenvolve da noite para o dia, é claro (pelo menos no meu caso), mas tem que ser desenvolvido ao longo do tempo, observando como os alunos reagem aos ensinamentos e escutando as perguntas deles. Mediante um entendimento mais profundo, posso oferecer ensinamentos que atendam às necessidades de pessoas nascidas e criadas em diferentes culturas.

No Nepal e na Índia, muita gente que ensinei tem a capacidade de se conectar facilmente com suas emoções. São bondosos, generosos e descontraídos. Entretanto, vi que muitos de meus alunos têm dificuldade em focar e prestar atenção. Não se importam muito com horário e são um tanto negligentes em aparecer para uma reunião ou para trabalhar. Por conseguinte, quando ensino em alguns países asiáticos, tenho a tendência de enfocar a importância da clareza e da atenção, de aprender como focar.

Quando comecei a ensinar no Ocidente, presumi que os alunos compartilhariam dos mesmos problemas. Nas primeiras vezes que estive, dei muitos ensinamentos sobre clareza. No primeiro dia dos ensinamentos, eu podia ver que os participantes ficavam bastante focados e atentos. Quando voltavam no dia seguinte, eu podia ver que se desligavam. Sim, eles tentavam usar o que quer eu ensinasse para ficar mais pacíficos e calmos, mas eu podia ver pela postura, pelas expressões faciais indolentes e pelos olhos fechados ou desfocados que estavam tentando reprimir ou ignorar sentimentos, tentando fugir deles.

Pensei: "Ok, tem alguma coisa errada aqui". Levei um tempo para entender que o problema do sanduíche poderia ser mais intenso no Ocidente do que em alguns países asiáticos – os ocidentais ficavam tão pressionados entre as demandas profissionais e pessoais que não queriam tocar nos sentimentos e obscureciam a consciência destes de modo consistente. Aqueles alunos voltavam todos os anos, eu dava ensinamentos sobre a clareza e verificava que logo eles estavam engajados no que eu chamo de "meditação estúpida".

Gradualmente percebi que eu tinha que ensinar sobre o terceiro aspecto de nossa centelha inata.

Amor

O terceiro aspecto é tradicionalmente traduzido como *compaixão* – um grau de abertura e inteligência que nos capacita a ver o sofrimento dos outros e agir espontaneamente para ajudá-los.

Mas o termo tibetano *nying-jé* indica algo muito mais profundo. *Nying* é uma das palavras tibetanas para "coração". *Jé* significa "nobre" ou "senhor", no sentido de "governante" ou "superior". Juntas, as duas palavras sugerem um tipo de coração superior ou mais nobre, uma experiência e expressão profundas de conexão, completamente desembaraçadas de fixações ou condições.

Um termo mais simples e direto para essa nobreza de coração, tão básica de nossa natureza é *amor*.

Entretanto, *amor* é uma palavra carregada e precisa ser examinada de perto. Por exemplo, um aluno meu que acabou de sair de uma sucessão de relacionamentos infelizes recentemente disse: "Para mim chega de amor. Simplesmente nunca mais vou me envolver com ninguém. De agora em diante, vou devotar minha vida apenas a cuidar de todos os seres vivos".

Olhei para ele por um momento e falei: "Bem, isso é estúpido. Como você pode amar todos os seres se não consegue dar jeito de amar apenas um?".

Acho que ele ficou chocado; pelo menos foi a impressão que tive quando o queixo dele caiu e os olhos se esbugalharam. Talvez ele esperasse algum tipo de elogio ou reconhecimento pela decisão de se devotar a todos os seres vivos. De fato, essa é uma aspiração muito honrada quando a motivação brota verdadeiramente daquela nobreza de coração mencionada anteriormente. Contudo, pela maneira como esse rapaz se expressou, pareceu que a intenção provinha de frustração ou decepção – uma experiência por demais comum no que se refere às coisas do coração.

Com frequência, as variedades de amor a que normalmente estamos familiarizados são condicionais. Somos propensos a experimentar o amor como uma espécie de commodity a ser trocada à base de recompensa e punição. "Vou lhe dar essa forma de conforto em troca daquele tipo". "Vou satisfazer essa necessidade sua, se você satisfizer aquela minha." "Vou fazer você se sentir bem desse jeito, se você fizer com que eu me sinta bem daquele jeito."

Para complicar as coisas ainda mais, existe um tipo mais negativo de troca, que poderia ser educadamente chamado de chantagem emocional. "Se você não me der essa forma de conforto pela qual anseio, não lhe darei o conforto que você busca". "Se você não satisfizer minhas necessidades, não vou satisfazer as suas". "Se você não fizer com que eu me sinta bem do jeito que eu quero, não farei você se sentir bem do jeito que você quer."

Você pode abastecer seu roteiro com os dois tipos de troca, mas a estrutura básica, na maioria dos casos, é bastante parecida. Às vezes, o comentário pode ser verbalizado em voz bastante alta (quase sempre em momentos carregados de emoção), mas nem sempre é articulado de maneira clara ou direta. Em vez disso, nossos "roteiros" de amor condicional rodam como uma espécie de ruído de fundo baixinho, semelhante aos avisos de segurança transmitidos nos aeroportos. Nas primeiras vezes que ouvimos tais avisos, podemos ficar assustados ou perturbados, mas, depois de ouvi-los algumas vezes tendemos a não sintonizá-los mais.

De modo semelhante, temos a tendência a ignorar os alarmes acionados pelo amor. Não reconhecemos que existe algo fundamentalmente trágico nas condições que impomos para dar e receber amor. Aceitamos como normal a abordagem da commodity – porque, para ser bem franco, mesmo que de modo inconsciente, ela é adotada por milhões de pessoas em todo o mundo. Mas, só porque um jeito de pensar, sentir e se comportar é comum, não necessariamente significa que seja construtivo.

De fato, pode se tornar bastante destrutivo. Gradualmente, ao nos decepcionarmos muitas vezes por não sermos satisfeitos por outrem, perdemos a esperança de um dia podermos experimentar o amor em qualquer forma e debandamos de vez. Essa desesperança, que pode ser chamada de "amor ferido", pode ter início em tenra idade – especialmente entre crianças criadas em lares abusivos e bairros perigosos. Também pode crescer com o tempo. Mesmo que alguém nos trate com admiração e respeito, podemos nos ver incapazes de aceitar a cordialidade, não conseguimos aceitar aquela pessoa porque, seja como for que nossas feridas ocorrem, elas se tornam parte de um padrão associado ao modo como pensamos e nos sentimos a respeito de nós mesmos.

Tais padrões emergem de influências sociais e culturais, bem como de experiências pessoais que, com o tempo, tornam-se familiares. E questionar o que é familiar quase sempre é desconfortável.

Mas essa é uma tarefa que o Buda, junto com muitas das grandes personalidades do mundo, como Madre Teresa e Martin Luther King Jr., nos incentivou a fazer. É uma tarefa que muitos dos heróis não reconhecidos do mundo – médicos, enfermeiras, educadores e cientistas, para citar apenas alguns – pediram-nos para empreender. Dar outra olhada. Largar ideias e atitudes familiares, que sob muitos aspectos agem como antolhos sobre a experiência. Parar de ignorar os avisos. Sair das zonas de conforto e questionar o que consideramos "real" ou "possível" ou "exequível".

"Você tem que começar de algum lugar", eu disse ao homem que veio falar comigo sobre amor. "E esse algum lugar é *você*. Se você não consegue se amar, será muito difícil que ame outra pessoa."

Eu não estava falando do tipo de amor por si mesmo, confundido com narcisismo. Esta condição, conforme aprendi em conversas com psicólogos ocidentais, baseia-se em baixa autoestima e em obter uma sensação de reconhecimento ou poder por meio da dominação dos outros.

Eu estava falando de algo fundamental, além daquilo que, em nível superficial, pode se comprometer, ou ferir, quando nos dedicamos ao mercado acionário de afeto, do tipo toma-lá-dá-cá predominante em muitas culturas, passadas e presentes.

Amor essencial

Quando falei para aquele homem sobre aprender a se amar, eu me referia a um processo que envolve mergulhar profundamente na experiência pessoal, entender e se conectar com qualidades de abertura e clareza que já são parte de sua natureza, que oferecem a possibilidade de experimentar uma abertura imparcial em relação a todos os seres vivos, sem condições nem preconceitos.

Meu entendimento do termo tibetano *nying-jé* é o seguinte: bondade, gentileza e afeto incondicionais, nascidos da abertura e da inteligência, que podem ser nutridas como uma chama brilhante e ardente que aquece o mundo inteiro.

Nying-jé talvez seja o termo mais próximo para descrever a tendência básica do coração de se abrir incondicionalmente. Com a ajuda de muitos professores, amigos e alunos, tentei encontrar uma tradução que motivasse as pessoas a descobrir esse aspecto essencial de sua natureza básica. O termo mais simples que encontrei foi "amor essencial".

Amor essencial, assim como vacuidade e clareza, paira além de todos os nomes pelos quais nos chamamos e papéis que desempenhamos na vida: filho, filha, pai, mãe, marido, esposa e assim por diante. Não é algo manufaturado, nem pode ser destruído. Emerge espontaneamente da inseparabilidade de vacuidade e clareza, elas mesmas não criadas. Pode ser mais bem descrito como a própria noção básica de bem-estar que, se nutrida de modo adequado, pode estender-se em uma afinidade com todos os outros seres vivos. Conforme Albert Einstein certa vez escreveu a um amigo: "O ser humano é uma parte do todo que chamamos de universo".

Com frequência, testemunhamos essa universalidade quando crianças reagem às pessoas ao redor, sorrindo, balbuciando, aninhando-se nos braços de alguém. Quando eu segurava minhas filhas recém-nascidas, ficava assombrado não só com a facilidade com que repousavam em meus braços, mas também com o sentimento puro e recíproco de abertura e afeição que eu manifestava por elas – e continua até hoje. Fico radiante ao ver minha filha mais nova rir e brincar ou abraçar um cachorrinho; ao ver sua descontração ousada ao se dirigir a um visitante de nossa casa no Nepal. Fico igualmente maravilhado com minha filha mais velha que, no que me parecem vinte anos espantosamente curtos, foi de criancinha a menina brincalhona, adolescente um tanto entediada e, agora, monja.

Cada prática de meditação budista em última análise se volta para uma reconexão com o amor essencial. Quando olhamos nossa experiência, muito gradativamente começamos a reconhecer nossa semelhança com aqueles ao redor. Quando vemos nossa aspiração de viver de forma plena e feliz, gradativamente começamos a ver o mesmo anseio nos outros. Quando olhamos com clareza para nosso medo, raiva ou aversão, ficamos cientes de que as palavras e ações ríspidas dos outros são motivadas por sentimentos semelhantes de medo, raiva e aversão.

Um dos grandes erros que cometi como professor – e cometi muitos – foi o fracasso em enfatizar a importância do amor essencial. Por muitos anos ensinei sobre vacuidade e clareza, mas até recentemente não ensinava muito sobre amor essencial.

Porém, há alguns anos, um amigo britânico me recordou o princípio para fazer uma xícara de chá perfeita, para a qual são necessários vários ingredientes: água quente, leite (ou limão, se você for purista), açúcar (às vezes) e chá.

Chá é o ingrediente essencial. Sem ele, tudo o que temos é uma bebida aguada, leitosa (ou com toque de limão) e, possivelmente, açucarada. Da mesma forma, o amor essencial deve ser entendido como "ingrediente" crucial de nossa natureza básica.

Um gostinho de amor essencial

Você quer experimentar um gostinho de amor essencial?

Apenas feche os olhos por um momento e faça uma respiração profunda.

O que é isso que você deseja?

Não pense, apenas sinta.

É provável que você deseje voltar a um período de paz, tranquilidade e bem-estar, com frequência concebido em termos de algo que experimentou quando era muito jovem. Todavia, se questionados, a maioria de nós não consegue se lembrar de um tempo específico em que experimentou tais sentimentos. A maioria de nós não tem memórias de um tempo de amor incondicional. Todavia, todos nós ansiamos por esse manancial de amor incondicional. E, nesse anseio, a voz do amor essencial sussurra que é possível descobri-lo.

Verifiquei que a conexão com o amor essencial é mais bem descoberta por meio do relaxamento. Claro que você tem que ser capaz de trazer uma atenção gentil ao processo, como acender uma lâmpada suave em um quarto silencioso. Enquanto mantém essa atenção, relaxe...

Relaxe...

Relaxe...

...até sentir uma pequena centelha de bem-estar, ou o que poderia ser chamado de "está tudo bem agora".

Algumas pessoas sentem esse bem-estar na área do peito, onde se situa o coração físico. Outras na testa, um afrouxamento gentil da tensão naquele ponto. Um homem sentiu no tornozelo que o incomodava há anos: por breves segundos, a dor estava ali, mas não incomodou.

"Totalmente inesperado", ele disse. "Virou a minha cabeça. Pensei que talvez fosse ter uma lembrança boa e reconfortante ou coisa assim. Mas o que aconteceu foi que tive essa... *sensação* é o melhor jeito de descrever... de que havia muito mais em mim do que a dor... um eu maior que cercava a dor, que a englobava. A sensação durou apenas uns segundos – mas, uau!"

Esse é um gostinho do amor essencial: uma pequena e radiante experiência de "está tudo bem agora". Talvez seja acompanhado de algum sentimento de alegria, mas não de uma alegria que depende de alguma coisa, pessoa ou condição; nada baseado em elementos externos. Apenas uma sensação intrínseca – ainda que pequena, ainda que tênue – de bem-estar, uma parte dentro de você cordial e contente. Conecte-se com isso.

Mas não se agarre, não tente ficar agarrado. Apenas deixe sua consciência tocar de leve e, então, solte. Se tentarmos nos agarrar a esta sensação, ficaremos apegados a ela tentado defini-la, e ficaremos presos. Então, vira uma coisa congelada, algum jeito novo de nos identificarmos. O processo de relaxar até roçarmos a sensação de bem-estar e a soltarmos é o que de fato permite que a conexão fique um pouco mais forte, um pouco mais radiante, um pouco mais parte de nossa experiência cotidiana.

Cada vez que você se conecta, um pouquinho mais de clareza permanece em volta do amor, um pouquinho mais de espaço se abre em volta dele. Sua mente fica mais clara. Você experimenta possibilidades expandidas. Fica um pouco mais confiante, um pouco mais disposto a se conectar com outras pessoas. Seja para falar sobre as suas coisas ou para ouvir as histórias delas. E, à medida que isso ocorre, um pequeno milagre acontece também: você dá sem expectativa de retorno. O seu ser se torna, de modo consciente ou não, uma inspiração para outras pessoas.

Sua centelha começa a crescer.

Amor ilimitado

Embora se reconectar com o amor essencial possa fazer parte do processo de prática budista de reconhecer a centelha interior, é apenas um passo em uma jornada mais longa e, no fim das contas, mais duradoura e gratificante, para longe do medo, da escuridão, da depressão e de outros desafios. Tudo que aprendi de meus professores, alunos e minha experiência pessoal indica que o motivo por trás dos ensinamentos do Buda era cultivar um interesse profundo e ativo pelo destino de todas as criaturas vivas. Assim, uma vez que provamos o amor essencial – e muitas das práticas descritas nas páginas a seguir fornecem várias maneiras de fazer isso –, o próximo passo é deslocar-se do amor essencial para o amor ilimitado. Um dos métodos mais simples de se fazer isso é uma prática do budismo tibetano conhecida como *tonglen*, termo que pode ser traduzido como "enviar e assimilar". A prática envolve uma combinação de respiração e visualização para enviar qualquer energia positiva que você tenha e assimilar qualquer dor que os outros possam estar sentindo.

Por muito tempo, o *tonglen* foi abstrato para mim: em princípio bacana, mas um pouco sem sentido. Isso foi antes de minha primeira viagem para o Ocidente, aos 22 anos, quando fui dar aulas na Argentina.

Nunca havia feito um voo longo antes e estava curioso sobre o comportamento das comissárias de bordo ocidentais nos aviões que me transportaram primeiro de Délhi para Londres e a seguir de Londres para a Argentina. Os voos longos me deram oportunidade de observar como as comissárias se movimentavam, serviam e agiam com os passageiros. Notei que, sempre que uma comissária se aproximava de mim, ela exibia um enorme sorriso cheio de dentes e perguntava: "Posso ajudá-lo, senhor? Posso lhe oferecer algo para comer ou beber?". Tão logo ela se afastava, o sorriso desaparecia. Fiquei indagando a razão disso – por que ela sorria por um segundo, afastava-se e parava de sorrir. Depois de algumas horas daquilo, devo admitir que fiquei um pouco irritado. Os sorrisos pareciam falsos, não uma expressão genuína de envolvimento, mas uma atuação.

Aí aterrissei na Argentina e fui recepcionado no aeroporto por cerca de quarenta pessoas. Todas me deram dois beijos no rosto, o que me deixou um pouco desconfortável, pois não estava habituado com contato físico tão íntimo com estranhos. Mais tarde perguntei a meu tradutor se isso era a prática usual, e ele disse: "Sim, é assim que nos cumprimentamos". Pedi-lhe que dissesse às pessoas que aquele tipo de comportamento me deixava desconfortável. Então, em vez de me beijarem, começaram a me oferecer presentes.

Uma pessoa, por exemplo, trouxe uma pena e deu uma longa explicação de como a pena caiu em seu colo quando ele ouviu que eu estava vindo ensinar. Cada presente ofertado era acompanhado de uma longa história semelhante. No começo, eu apenas aceitava os presentes sem ouvir as histórias. Às vezes, as pessoas colocavam um presente em minhas mãos, mas continuavam a segurá-las, sem soltar até eu ter ouvido a história e dado uma resposta. Claro que eu sorria quando as pessoas se aproximavam com esses presentes. Mas, depois de um tempo, senti minha boca e bochechas começando a congelar em uma posição que não era necessariamente genuína, mas parecia ser esperada e desejada pelos que ofereciam presentes.

Durante a viagem, uma pessoa que me acompanhava tirou fotos. Quando voltei para o Nepal, olhei o álbum e vi no meu rosto o mesmo tipo de sorriso radiante e cheio de dentes que tinha visto nas comissárias de bordo, e minha irritação se derreteu. Pensei: "Puxa, elas só estavam ocupadas. Andando de um lado para o outro, lidando com turbulência, passageiros descontentes, mas ainda tentando sorrir e ser agradáveis mesmo em circunstâncias difíceis".

Foi uma grande lição para mim. Não posso saber, não posso julgar, não posso ensinar até conhecer e entender as experiências das outras pessoas. Então, tento ao máximo entender não apenas as grandes diferenças culturais, mas também as experiências individuais das pessoas que encontro.

Depois disso, o *tonglen* assumiu uma dimensão mais pessoal para mim como prática. Antes que possa realmente começar a entender os desafios enfrentados por outra pessoa, você precisa entendê-los por si, não apenas intelectual, mas visceralmente. Àquela altura, eu havia experimentado algumas coisas – ansiedade, doença, depressão, ridículo, humilhação –, mas foram as graciosas tentativas das comissárias de bordo de parecerem agradáveis em circunstâncias muito difíceis que me deram uma sensação prática do *tonglen*.

Nas instruções do *tonglen*, muitas vezes, ignora-se que o período mais fértil para praticá-lo é quando estamos nos sentindo mal – quando somos consumidos por raiva, desespero, ciúme ou algum outro sentimento negativo. Tomamos esses sentimentos e nosso desejo de superá-los como ponto de partida.

Comece encontrando uma posição relaxada para seu corpo e permita-se repousar por alguns momentos em *shinay* sem objeto.

Inspire, expire.

Deixe-se sentir o peso do que quer esteja experimentando.

Deixe-se reconhecer que você está sendo rude consigo mesmo, que de algum modo você bloqueou sua sensação inata de bem-estar.

Inspire e expire de novo, mas dessa vez acione sua imaginação.

Leve a atenção para a pessoa ou as pessoas que lhe causaram uma situação dolorosa – pode ser um ser amado, cônjuge, colega de trabalho ou filho.

Inspire toda a escuridão e dor que possa ter levado tal pessoa a agir daquela maneira. Imagine-as como uma nuvem gordurosa e escura de fumaça oleosa.

Expire cintilação – a essência da sua centelha – e imagine-a enchendo aquela pessoa de confiança, luz, de conexão com o amor essencial.

Continue fazendo isso até estar seguro de que a pessoa por quem você nutre pensamentos e sentimentos difíceis vai reconectar-se com sua própria centelha ao longo de seu caminho.

De início essa prática pode ser difícil. Muita gente com quem falei ao longo dos anos foi emocional, física ou sexualmente abusada por pessoas em quem confiavam, que traíram ou fizeram mau uso de suas posições de confiança. E não dá para negar os horrores que infligiram às pessoas que confiavam nelas.

O *tonglen* não é uma prática de perdoar ou esquecer. É uma prática que proporciona condições de nos elevarmos além da dor pessoal e restaurarmos a confiança em nossa capacidade de encarar desafios, de ir adiante e aprender a viver uma vida produtiva e gratificante.

O passo seguinte no processo do *tonglen* é levar a atenção ao seguinte pensamento: "Assim como eu quero reconectar-me com minha centelha, outros seres também o querem". Você não precisa visualizar seres específicos, embora possa começar com uma visualização específica se achar que ajuda.

O *tonglen* se estende àqueles que você não conhece pessoalmente, indivíduos que experimentaram ou vão experimentar dor de alguma forma. O ponto, conforme fui ensinado, é simplesmente lembrar que o mundo é preenchido por um número infinito de seres e pensar que todos eles, à sua maneira, são criaturas vivas que querem apenas viver e prosperar. Assim como você deseja viver sem dor, todas as criaturas vivas buscam o mesmo objetivo. Assim como você deseja evitar dor, decepção, ciúme, doença e morte, todos os seres desejam evitar o mesmo tipo de desilusão proveniente da perda de conexão com o amor essencial. Ao permitir que esses pensamentos surjam em sua mente, você de fato começará a se ver ativamente engajado a desejar aos outros felicidade e liberação da dor.

O próximo passo é focar na respiração como meio de enviar qualquer felicidade que você possa ter experimentado ou esteja atualmente experimentando para todos os seres vivos e absorver o sofrimento deles. Ao expirar, imagine toda felicidade e os benefícios que você adquiriu durante a vida jorrando para fora na forma de clara luz. Essa luz se estende para todos os seres e se dissolve neles, preenchendo todas as necessidades e eliminando a sua dor. Ao inspirar, imagine a dor e sofrimento de todos os seres vivos como uma fumaça escura e oleosa sendo absorvida por suas narinas e se dissolvendo em seu coração. Ao expirar, imagine uma luz brilhante cercando e preenchendo todos os seres vivos. Imagine que todos esses incontáveis seres são libertados de seus padrões e têm condições de se conectar com o amor essencial.

Depois de praticar dessa maneira por alguns momentos, simplesmente deixe sua mente descansar em *shinay*, sem objeto, permitindo-se apenas observar o que quer que você esteja experimentando. Talvez você sinta uma pequena realização e alívio, uma pequena abertura do coração, um reconhecimento de que, qualquer que seja a sua condição, qualquer que seja o desafio, você não está sozinho.

Bodhicitta

O amor ilimitado é mais um passo na direção de pôr nosso pleno potencial em prática. O último passo envolve tornar-se plenamente desperto, plenamente capaz de fazer o que possamos para cessar os terríveis bate-bocas que levam a guerras, tanto globais quanto pessoais, e inaugurar uma era de paz e contentamento que a maioria de nós considera uma fantasia distante.

Esse estado desperto incondicional é descrito pelo termo sânscrito *bodhicitta*, uma palavra composta por dois vocábulos. O primeiro é *bodhi*, que, conforme anteriormente mencionado, é uma palavra sânscrita e páli, derivada do termo raiz *budh*. *Bodhi* costuma ser traduzida como "desperto" ou "despertado" – um estado alerta profundo e vibrante que transpassa totalmente todos os resíduos mentais e emocionais que tendem a obscurecer nossa consciência normal. É um estado de consciência no qual vemos com bastante clareza as várias estratégias que tipicamente adotamos para passar os dias.

Todos experimentamos pequenos despertares desse tipo – poderíamos chamá-los de "momentos de buda". Por exemplo, quando estamos num engarrafamento e nos vemos xingando outros motoristas, podemos experimentar um reconhecimento-relâmpago de como temos sorte por ter um carro, de estarmos indo a algum lugar encontrar alguém. Quando resmungamos por causa de filhos que necessitam de atenção (por qualquer motivo: refeições, mensalidade escolar), despertamos de repente para a realização de como somos afortunados por essas pessoas brilhantes, jovens e capazes fazerem parte de nossa vida.

Os momentos de buda às vezes podem ser desconfortáveis na superfície, mas, no fim das contas, são deveras libertadores. Oferecem uma oportunidade de conhecer os pensamentos e sentimentos raivosos que dirigem nosso comportamento e acolhê-los como amigos que sinalizam áreas de pensamentos e sentimentos limitantes em vez de rejeitá-los como inimigos. Se prestamos atenção nesses momentos de buda, muito gradualmente podemos começar a expansão para um estilo de vida maior, mais radiante e mais amplo.

O coração da questão

A segunda parte desse interesse profundo e ativo é *citta* (pronunciado "tchita"), palavra em geral traduzida em nível literal como "mente". Entretanto, em nível mais sutil, a palavra *citta* também pode ser entendida como "coração" – não o órgão físico que bombeia o sangue por nosso corpo, mas sim o aspecto de nossa natureza que dirige nossos pensamentos, humor e comportamento.

Deixe-me explicar.

Em alguns idiomas, "mente" e "coração" são termos intimamente relacionados, usados indistintamente. Por exemplo, as pessoas podem referir-se a alguém que age segundo boas intenções como uma pessoa que tem "o coração no lugar certo".

Na linguagem tibetana, a semelhança entre "mente" e "coração" fica ainda mais evidente mediante a confusão que causa em pessoas de outras culturas. Há muitos anos, por exemplo, um aluno meu acompanhou uma médica em uma viagem ao Tibete. Muitos pacientes que apareceram para as consultas gratuitas descreveram um problema de que sofriam como "baixo *sem*" – *sem* é a palavra usada costumeiramente para descrever todo o sistema de pensamento e percepção. Eles apontavam para a zona do coração como fonte das dificuldades. A médica, depois de medir a pressão arterial e usar um estetoscópio para avaliar a frequência cardíaca, não encontrava irregularidades. Apenas depois de longas discussões com os tradutores ela começou a entender que o problema descrito não se relacionava ao órgão coração. O "baixo *sem*" que as pessoas descreviam era na verdade uma forma de depressão – o que poderia ser descrito como "coração pesado".

Além disso, nos rituais budistas, aponta-se para o coração ao recitar a palavra "mente". Mesmo na conversação casual, muitos tibetanos apontam para o coração quando se referem à mente.

Para mim, o fato de as palavras "mente" e "coração" poderem ser usadas indistintamente em muitos idiomas sugere uma ampla aceitação cultural de que ambos são entendidos como a localização central de todas as nossas ideias, julgamentos, opiniões etc. Assim, quer estejamos falando de *bodhicitta* como "mente desperta" ou "coração desperto", na realidade, falamos da mesma experiência, de algo essencial despertando e clamando por atenção.

Quando minhas filhas acordavam chorando no meio da noite, minha esposa – ou eu – corria até o quarto delas, pegava, ninava e, dependendo da situação, trocava as fraldas ou alimentava (ou ambas). Era uma resposta instantânea do coração ou da mente para acalmar e confortar um ser em aflição.

Às vezes, ninar, alimentar ou trocar as fraldas não bastava para fazer minhas filhas pararem de chorar, mas fazíamos o nosso melhor – verbalmente (repetindo os mantras calmantes conhecidos por todos os pais, em todos os idiomas) e não verbalmente (segurando, acarinhando, balançando, ações físicas que aliviavam a aflição delas).

Para mim, esse é verdadeiro significado de *bodhicitta*: despertar para um grito na escuridão e responder com o máximo de nossas aptidões.

A única diferença é que, no caso de *bodhicitta*, com frequência somos *nós* que gritamos na escuridão. Infelizmente, temos a tendência de dormir em meio aos conflitos que encaramos em nossa vida. Ignoramos nossos momentos de buda e não deixamos que eles despertem nosso coração. Fracassamos em ver que reconhecer, admitir e entender claramente os padrões que experimentamos em nossa vida têm um efeito transformador no modo como operamos no mundo e na forma como nos relacionamos com os outros.

Absoluto e relativo

De acordo com o Buda e os grandes mestres que seguiram seus passos, existem dois tipos, ou níveis, de *bodhicitta*: absoluta e relativa. *Bodhicitta* absoluta é um reconhecimento espontâneo de que todos os seres sencientes, independentemente de como agem ou se parecem, já estão completamente livres de quaisquer limites que os padrões de vida impõem. É uma visão profunda e penetrante da natureza da existência, um reconhecimento de que, a despeito do que acreditamos a nosso respeito, em essência já somos iluminados. De fato, a abertura e a liberdade de nossa natureza iluminada são o que, de modo peculiar, nos permitem manifestar os padrões que parecem tão debilitantes.

Uma pessoa que atingiu *bodhicitta* absoluta vê a todos, no fundo de suas naturezas, como seres despertos por completo e naturalmente trata-os com profundo respeito. Dentro de *bodhicitta* absoluta, ou do coração absolutamente desperto, não existe distinção entre sujeito e objeto, eu e outro. Todos os seres sencientes são reconhecidos de forma espontânea como manifestações perfeitas da natureza básica.

Quando nos deparamos com pessoas que atingiram esse nível de coração desperto, sentimos um grau de bondade, generosidade e paciência que agita algo no fundo de nós mesmos. Sentimo-nos mais leves, radiantes, um pouquinho mais abertos aos outros e mais indulgentes com o que tipicamente consideramos faltas ou falhas em nós e nos demais.

O desenvolvimento de *bodhicitta* absoluta em nossa experiência evolui através do cultivo de outro aspecto mais acessível, conhecido como *bodhicitta* relativa. Entendido de maneira mais simples, *bodhicitta* relativa envolve nos dedicarmos sinceramente a ajudar todos os seres sencientes a ficarem livres do sofrimento pelo reconhecimento de sua verdadeira natureza. Esse esforço é referido como relativo porque ainda se baseia em uma percepção dualista da realidade na qual sujeitos e objetos, eu e outro – bem como várias características da experiência, como boa e má, agradável e desagradável – são definidos e experimentados em relação uns aos outros.

Para usar uma analogia, *bodhicitta* absoluta é como a copa de uma árvore, enquanto *bodhicitta* relativa pode ser comparada às raízes, ao tronco e aos galhos inferiores. Todos fazem parte da mesma árvore, mas cada um se situa em uma relação com os galhos da copa. Se quisermos alcançar os galhos da copa, temos que galgar todas as partes de baixo.

Aspiração e aplicação

Devo mencionar aqui que *bodhicitta* relativa se divide em mais dois aspectos: *bodhicitta* de aspiração e *bodhicitta* aplicada. No início de cada sessão de meditação, aspiramos despertar com o objetivo de ajudar todos os seres sencientes a atingir o mesmo estado de abertura. Na tradição budista, é comum começar recitando uma pequena prece para que quaisquer esforços que façamos sejam de algum benefício para os outros.

No fim de nossa prática, é tradicional também transmitir para os outros a força, a paz ou a tranquilidade que tenhamos despertado.

Claro que algumas pessoas podem relutar em fazer isso. "Por que devo doar o trabalho que fiz para pessoas que não conheço?"

Tudo que posso dizer é que você não perde nada por compartilhar. A força aumenta quando você se doa.

Você pode ver por si da próxima vez que entrar em uma lanchonete de fast-food e olhar nos olhos de quem anotar seu pedido. Talvez a pessoa pareça um pouquinho mais viva e alerta ao entregar seu pedido. Ou talvez, ao agradecer de verdade a quem enche seu tanque de gasolina, você possa ver os olhos da pessoa se iluminarem, seu corpo se endireitar por ela reconhecer que alguém a está enxergando como um ser humano. Talvez ela fique mais propensa a se dirigir à próxima pessoa que atender como um ser humano – agindo de forma mais gentil e cortês –, o que pode influenciar o comportamento da pessoa atendida para tratar a próxima pessoa que ela encontrar com uma dose extra de cortesia e respeito. Também já vi pessoas que agradecem ao motorista ao descer do ônibus. Às vezes, não há reação, mas, à medida que outras pessoas reparam na ação e também agradecem, uma atmosfera de bom sentimento se espalha pelo ônibus e, quem sabe, pela cidade.

Nesse sentido, *bodhicitta* de aspiração é como enfocar a meta de transportar todo mundo a certo destino – por exemplo, Londres, Paris ou Washington, D.C. No caso da *bodhicitta* de aspiração, o "destino", claro, é o despertar total da mente – ou *bodhicitta* absoluta.

Bodhicitta aplicada envolve dar os passos para chegar ao destino pretendido. Enfoca o caminho para se atingir a meta da *bodhicitta* de aspiração: libertar todos os seres vivos do sofrimento pelo reconhecimento de sua natureza básica.

Relembrando

Muitos indagam: se somos capazes de tanta coisa, por que não estão todos vivendo juntos em alegria, abertura e paz? Por que existem tantas guerras, violência e tragédia no mundo? Por que alguns de nós se sentem vazios por dentro? Por que nos sentimos ciumentos, raivosos, amedrontados, deprimidos e até com intenções suicidas? Por que discutimos com as pessoas mais próximas? Por que corremos tanto por aí, pulando de relacionamento em relacionamento, de emprego em emprego, sempre à procura da próxima melhor coisa, da mais nova bugiganga? Por que recorremos ao álcool, às drogas, ao sexo ou à comida? Por que punimos a nós mesmos, nossos filhos, nossos amigos? Por que nos sentimos tão limitados e impotentes?

A resposta mais simples é que esquecemos quem somos. Essa base de abertura, clareza e amor fica recoberta por camadas, em parte pelo modo como somos estruturados como seres humanos e em parte por nossas experiências e pelas lições que aprendemos ao longo da vida.

Existe uma velha história budista sobre um lutador que usava uma joia no cabelo. Durante um embate com outros lutadores, ele levou um golpe na cabeça e, sem que percebesse, a joia caiu dentro do ferimento. Quando o ferimento sarou, a joia ficou coberta pela cicatriz. O pobre lutador passou o resto de seus dias à procura da joia, sem jamais perceber que todo aquele tempo ela estava dentro dele.

Essa é a posição em que a maioria de nós se encontra. Acreditamos profundamente que perdemos alguma coisa preciosa e estamos à procura dela externamente, sem jamais perceber que a carregamos conosco.

Mas, se apenas olharmos por baixo das cicatrizes, dos ferimentos que experimentamos na vida, podemos redescobrir a joia – o amor básico e incondicional. Podemos limpar e polir a joia até que cintile. Da mesma maneira que podemos redescobrir o amor essencial, podemos nutri-lo e cultivá-lo até que se torne *bodhicitta*, um interesse profundo e ativo pelo bem-estar dos outros.

É claro que o desenvolvimento de *bodhicitta* requer algum sacrifício, uma decisão de colocar o bem-estar do outro acima de nossos desejos, necessidades, esperanças e medos. Significa conceder às pessoas o direito de tomar suas decisões mesmo que não concordemos com elas. Significa permitir que as pessoas cometam seus erros e aprendam com eles. Significa aceitar o que podemos considerar "falhas" na nossa personalidade e na dos outros e aceitá-las como parte de um processo maior de aprendizado em longo prazo. Significa cultivar em nós um lugar de interesse profundo, uma noção de "lar" para o qual sempre possamos voltar, ser acolhidos e redescobrir a capacidade de cura de qualquer ferida que tenhamos causado a nós e aos outros. Por meio dessa cura, começamos a nos aproximar de um potencial maior como seres humanos que jamais poderíamos ter imaginado.

Todavia, restam perguntas. Como despertamos? Como nos iluminamos?

As respostas podem ser encontradas nos próximos capítulos. Eles fornecem alguns insights básicos sobre o entendimento budista de como o desenvolvimento humano em geral e os acontecimentos em nossa vida se juntam para recobrir nossa centelha com camadas. Também fornecem práticas que podem começar a tratar essas camadas de forma gentil e bondosa e ajudar a integrar o que aprendemos em vez de rejeitar na mesma hora. Aprendemos tanto com a vida que levamos que seria uma vergonha simplesmente jogar tudo fora por causa das perdas sofridas, da dor que experimentamos. Cada um de nós aprendeu algumas coisas que poderiam ajudar outras pessoas.

Essa é uma das metas fundamentais do caminho budista: ajudar as pessoas a viver de modo mais aberto, sábio e generoso, consigo e com os outros. Tanto o entendimento quanto a prática são necessários para se reconectar com a centelha na base do ser e encorajá-la a crescer. Um velho ditado budista afirma que, para voar, um pássaro precisa de duas asas. A fim de romper as camadas de identificação errônea que nos prendem à ideia de que somos vulneráveis, fracos, indignos, feios e tudo mais, precisamos tanto de um entendimento sobre nossa natureza básica (e os padrões que nos impedem de expressá-la), quanto dos meios de trabalhar com nossos padrões de forma bondosa e gentil.

Enquanto isso, eu gostaria de lhe dar outra amostra de como pode ser essa experiência de clareza e cordialidade.

Penas

Tive a sorte de encontrar e ser ensinado por pessoas que verdadeiramente cultivaram *bodhicitta*. Um dos exemplos mais evidentes foi meu pai, Tulku Urgyen Rinpoche, um grande professor que possuía um tipo de sabedoria raramente visto nos tempos modernos. Gente do mundo inteiro ia visitá-lo em seu eremitério de Nagi Gompa, um convento e centro de retiro no alto das encostas do norte do vale de Katmandu. Construído em meados dos anos 1960, o Nagi Gompa foi um dos primeiros centros de aprendizado e prática a surgir no Nepal após as mudanças políticas no Tibete forçarem muitos professores reverenciados a deixar a terra natal a fim de preservar, proteger e transmitir o ensinamento e as tradições do budismo tibetano.

Meu pai já era conhecido no Tibete como um dos grandes professores do século XX. Nascido no Kham, no Tibete oriental, foi reconhecido pelo 15º Karmapa como a reencarnação tanto de Chöwang Tulku – um dos principais *tertöns* do século XIII – quanto de Nubchen Sangye Yeshe, um dos principais alunos de Guru Rinpoche. Foi treinado nos ensinamentos Kagyu e Nyingma e ficou famoso pela capacidade de transmitir em um estilo muito simples, lúcido e bem-humorado a essência dos ensinamentos originais do Buda e os comentários escritos por mestres posteriores. Seu conhecimento enciclopédico era impressionante. Conseguia citar praticamente qualquer texto como exemplo para ilustrar um ponto importante. Mas o que eu considerava mais notável em seu estilo – além da grande paciência e prazer genuíno em transmitir os ensinamentos – era a sua capacidade de sintetizar tantos pontos diferentes e apresentá-los sem esforço de maneira adequada à inclinação de qualquer aluno que o escutasse.

Quando souberam que Urgyen Rinpoche havia sobrevivido ao turbilhão político no Tibete e se estabelecido em segurança no Nepal, ele se tornou um dos professores "obrigatórios" para qualquer pessoa em viagem pelo Nepal. Sua reputação residia não apenas no brilhantismo pessoal e na profundidade de seu entendimento, mas também no coração extraordinariamente aberto e na disposição para transmitir tudo que sabia para o novato mais inculto. Ele fazia isso sem qualquer senso de urgência, mas com a sensação de que qualquer coisa que transmitisse ajudaria aqueles que o procuravam em busca de entendimento e ajudaria a disseminar os preciosos ensinamentos do budismo tibetano.

Grandes mestres da tradição budista, peregrinos espirituais e alunos ocidentais do budismo estudariam com ele no Nagi Gompa porque sua mente era muito ampla e seu entendimento muito profundo. Ele atraiu até mesmo estudantes de neurociência e psicologia, como Francisco Varela e Daniel Goleman, não porque fosse um cientista conforme a tradição ocidental, mas porque seus insights sobre a natureza da mente e a sua generosidade em compartilhar abriram linhas de investigação que propiciaram o desenvolvimento das atuais pesquisas sobre o impacto da meditação budista na alteração do funcionamento e estrutura do cérebro e o desenvolvimento de métodos de tratamento na área da psicologia.

Meu pai jamais se recusou a ver um aluno ou visitante, especialmente os que viajavam longas distâncias para vê-lo. Perto do fim da vida, ele ficou mais magro e mais fraco; não obstante, era bondoso e risonho. Embora os médicos insistissem para que repousasse e conservasse sua energia, ele continuou a receber visitantes. Ele deixava uma monja na varanda para vigiar a chegada de médicos, atendentes e filhos. Quando um de nós se aproximava, a monja corria para avisá-lo e o visitante era rápida e silenciosamente despachado.

Na maioria das vezes éramos enganados por essa manobra. Quando entrávamos no quarto, víamos um idoso moribundo e amável repousando confortavelmente em seu leito, o sorriso gentil escondendo uma colossal gargalhada nascida nas chamas do amor ilimitado. Acho que todos nós sabíamos que ele nunca deixaria de ensinar, nunca pararia de doar. Ele tinha no coração o primeiro ensinamento do Buda: embora para a maioria de nós a vida seja cheia de desconforto, dor e tristeza, existe um meio muito prático de transcender essas experiências. Tal meio nem sempre é fácil – requer esforço. Mas meu pai acreditava de todo coração que bem no fundo de nós jaz uma centelha de abertura, amor e clareza que não pode ser esmaecida e que pode ser acesa para aquecer não só a nossa própria vida e a vida das pessoas de quem nos sentimos próximos, mas o mundo inteiro.

Há muito tempo, ele ensinou um exercício que me ajudou a sentir a centelha, e que eu agora lhe ofereço. Você pode experimentar em qualquer lugar, mas provavelmente no início é melhor tentar em um local silencioso, sem muita distração. Você pode fazer sentado, em pé ou deitado, não importa. A meta não é se tornar um meditante perfeito, mas apenas conectar-se com seu amor, abertura e clareza básicos.

Normalmente, nossa consciência é sobrecarregada por centenas de diferentes pensamentos, sentimentos e sensações. Estamos atrelados a alguns porque são fantasias atraentes ou preocupações apavorantes; alguns tentamos enxotar porque são por demais perturbadores ou porque nos distraem do que quer que estejamos tentando realizar no momento.

Em vez de enfocar algum deles e afastar os outros, apenas os olhe como penas voando ao vento. O vento é a sua consciência, a sua abertura e a sua clareza inatas. As penas – os pensamentos, emoções e sensações físicas – são inofensivas. Algumas podem ser mais atraentes, outras menos, mas em essência são simplesmente penas. Olhe para elas como coisas felpudas, aneladas, flutuando no ar.

Ao fazer isso, você começa a se identificar com a consciência que observa as penas e se permite ficar em paz com quaisquer penas que esvoacem na ocasião. Você aceita as penas sem se atrelar a elas ou tentar enxotá-las. Esse simples ato de aceitação – que pode durar poucos segundos – oferece uma amostra daquele espaço aberto de amor essencial, uma aceitação da cordialidade que é sua natureza básica, o coração de seu ser.

Esse coração, essa abertura, essa clareza são completamente destituídos de "eu": um centro desprovido de centro, bastante difícil de explicar em palavras, pois não se identifica com nenhum ser específico, criado em determinada cultura, em determinada localidade, com qualquer conjunto de condições.

Entretanto, ao nascermos em um corpo, numa cultura e dentro de relacionamentos familiares, ficamos condicionados e, por consequência, começamos a experimentar limitações. Perdemos nosso senso de abertura e liberdade. Nossa centelha não se apaga, mas parece ficar um pouco tênue.

Felizmente podemos começar a remover tais limitações. Podemos nos reconectar com nossa abertura e nossa clareza inatas e experimentar o calor e o brilho plenos de nossa centelha. A fim de fazer isso, precisamos primeiro entender como conseguimos perder contato com nossos aspectos essenciais.

4. "Eu", uma identificação errônea

Muitos têm a tendência de ver certas coisas como mais sólidas e reais do que de fato são. Especialmente nesses tempos difíceis, ouço muita gente dizer que fica aterrorizada em ligar para a empresa do cartão de crédito ou agências de cobrança de impostos para discutir saldos pendentes. Mas, quando reúnem coragem para contatar essas empresas e agências, muitas vezes se deparam com alguém muito compreensivo, que diz: "Entendo o que você está passando e quero ajudar".

Os desafios sociais e econômicos que muita gente sofre hoje em dia são bastante similares aos desafios que muitas pessoas enfrentaram no passado. No fim, tais desafios produziram pessoas que romperam rígidas muralhas de entendimento e crença a fim de intensificar e expandir o relacionamento com *pessoas*, não como indivíduos presos a circunstâncias, mas como seres vivos, em movimento, imaginativos. Por ao menos considerar a possibilidade de abrir o coração e a mente, você se tornou um daqueles indivíduos extraordinários que fazem uma mudança positiva, não só na própria vida, mas na dos outros.

Ao longo de milênios, sempre existiram muralhas em muitas diferentes sociedades. Mas, de vez em quando, muralhas aparentemente sólidas – às vezes, em nível pessoal, às vezes, em nível de comunidade, cultural – podem desmoronar.

Deixe-me dar um pequeno exemplo pessoal.

O trem

Por quatro anos depois de meu pai ter recebido a carta do Karmapa identificando-me como um *tulku*, minha infância continuou praticamente igual. Eu passava os verões em Nubri, onde o tempo era fresco, comparado a boa parte do Nepal. Durante os meses de inverno, meu avô, meu irmão mais moço e eu viajávamos para o Nagi Gompa, eremitério de meu pai, ao sul de Nubri, lugar em que o clima invernal era menos intenso.

Então, certo dia, quando eu tinha doze anos de idade, meu pai recebeu outra carta, dessa vez do oitavo Khamtrul Rinpoche, líder do mosteiro de Tashi Jong, no norte da Índia. A carta indicava em termos bastante fortes que eu devia ser mandado ao mosteiro de Tashi Jong para treinamento. Não era bem um convite, e sim uma ordem.

Para colocar essa ordem em contexto, devo explicar que, de acordo com a tradição budista tibetana, um grande mestre transmite tudo que aprendeu – inclusive seus insights pessoais e particulares – para um ou dois alunos sêniores, que depois atuarão como tutores da próxima encarnação de seu professor.

Sei que esse tipo de conhecimento pode parecer estranho para muita gente, mas faz certo sentido em termos de um contexto mais amplo de pais transmitindo aos filhos, verbal e não verbalmente, suas experiências e valores. Algo vital é transmitido nesse tipo de comunicação, uma conexão que é intelectual e emocional, e que ao mesmo tempo transcende ambas as categorias.

No meu caso, o sexto Khamtrul Rinpoche, Tenpa Nyima, havia sido o principal aluno do primeiro Tsoknyi Rinpoche e tinha recebido todos os seus ensinamentos e instruções. O segundo Tsoknyi Rinpoche foi aluno de Tenpa Nyima e dele recebeu os principais ensinamentos transmitidos e preservados pelo primeiro Tsoknyi Rinpoche. Assim, havia uma profunda conexão entre as linhagens dos Khamtrul Rinpoches e dos Tsoknyi Rinpoches. Portanto, o oitavo Khamtrul Rinpoche sentiu como um firme dever orientar meu treinamento.

Depois de poucas semanas de preparação, meu avô e eu, junto com vários anciãos da vila onde cresci, partimos na longa jornada para a Índia. Levamos oito dias de Nubri para Katmandu a pé, depois cerca de um dia de ônibus de Katmandu até a fronteira com a Índia. Dali, pegamos um trem para avançar pela Índia.

Eu nunca tinha visto um trem antes. Tinha ouvido falar, porque meu avô viajara de trem há muitos anos. Ele descreveu como uma espécie de fileira de casas, cada uma mais ou menos do tamanho da nossa em Nubri, que andava sobre rodas ao longo de trilhos de metal.

A imagem me assustava. Como poderia uma casa andar sobre rodas sem rachar e quebrar? Encarei a possibilidade de viajar em uma casa sobre rodas com alguma ansiedade, influenciado pela imaginação.

Quando vi o trem, percebi que era feito de metal, não de madeira e pedra, e minha ideia de viajar em uma casa móvel foi extinta pela experiência real.

Foi ali que comecei a discernir a diferença entre imaginação e realidade – o início de um longo processo que me levou a entender que as ideias sobre quem somos e o que somos capazes de realizar se baseiam em concepções errôneas, em histórias contadas por outros, aumentadas pela fertilidade da imaginação, que é um dos dons da abertura e da clareza.

O "Eu" e a imaginação

Depois da viagem de trem, pegamos outro ônibus que nos levou para mais perto do Tashi Jong. O ônibus nos deixou a uns vinte minutos do mosteiro, mas, mesmo àquela distância, pude ouvir fracamente o som de uma concha sendo soprada como um trompete – anunciando o início de uma prática em grupo. Ao nos aproximarmos, caminhando por uma planície gramada, ligeiramente umedecida pela chuva, pude ouvir os monges cantando. Após dias de viagem, ao ouvir aqueles sons familiares pelos anos que passei em comunidades monásticas e arredores, meus medos de algum modo começaram a se abrandar.

O Tashi Jong – que em tibetano significa "vale auspicioso" – é um complexo de mosteiros esparramados, cercado por uma grande comunidade de tibetanos no exílio. É bastante famoso por seus *tokdens*, mestres de meditação que passam longos anos em retiro solitário aperfeiçoando a prática, de modo que os ensinamentos do Buda se tornem mais do que meras palavras bonitas e conceitos interessantes e sejam uma parte viva de seu ser. Durante os períodos em que saem do retiro, muitos deles atuam como professores, alguns desempenham outras tarefas necessárias na gestão de um grande mosteiro. Em meu período lá, comecei a ver que eles também serviam como exemplos extraordinários de realização do potencial humano. Sábios, bondosos e pacientes, não apenas haviam nutrido a centelha interior, como a haviam transformado em uma chama ardente que servia de inspiração aos alunos do mosteiro e à comunidade ao redor.

O Tashi Jong era famoso por outro motivo também. Foi fundado pelo oitavo Khamtrul Rinpoche – o mesmo homem que enviara a carta a meu pai ordenando que eu fosse para lá para ser treinado. Um dos grandes mestres de meditação do século XX, Khamtrul Rinpoche também era um erudito e artista brilhante que supervisionava os maiores mosteiros do Tibete oriental, bem como mais de duzentos mosteiros pequenos. Ele permaneceu no Tibete oriental durante boa parte do turbilhão que irrompeu nos anos 1950, mas, após perceber que os vários movimentos de resistência que haviam surgido ali seriam aniquilados, tomou a difícil decisão de partir para a Índia com dezesseis monges e *tulkus* a fim de preservar a preciosa linhagem de ensino transmitida a ele.

Khamtrul Rinpoche não estava no local quando chegamos; por isso, ficamos dez dias com uma família na comunidade vizinha de Bir. Eu estava aterrorizado porque iria encontrá-lo. Era uma figura legendária. Quando ele voltou e o conheci, admito que fiquei aturdido. Ele tinha uns 45 anos naquela época. Um homem alto, com cabelo escuro cortado rente, tinha uma presença imponente e o tipo de carisma que se associa à realeza. Ao mesmo tempo, seu vigor pessoal era temperado pela compaixão que irradiava pelos olhos, as expressões, a forma gentil de se movimentar, sentar-se e gesticular, e pelo som suave e aveludado da sua voz. Com requintada cortesia, dirigiu-se a meu avô, indagando da viagem. De tempos em tempos, olhava e sorria para mim, como se soubesse que o primeiro encontro de um menino de doze anos com uma das figuras mais poderosas do budismo tibetano poderia ser um pouco desconfortável.

E foi, mas não pelos motivos que você poderia imaginar.

Eu não queria ser monge. Não queria ser um *tulku*. Mais do que tudo eu queria voltar para o Nepal e brincar com meus amigos da aldeia.

Mas, de vez em quando, eu vislumbrava um cintilar nos olhos dele, uma curva bem-humorada no sorriso que pareciam dizer: "Prepare-se para aprender como brincar para valer. As brincadeirinhas a que você está acostumado não são nada comparadas às de quem vai participar na aldeia a que chamamos de mundo".

Pouco depois do retorno de Khamtrul Rinpoche ao Tashi Jong, fui formalmente entronado: uma espécie de cerimônia de posse, na qual o *tulku* é sentado em um trono que é símbolo de sua autoridade para ensinar. Na jornada para a Índia, eu me preocupava com o que a cerimônia envolveria. Mas se revelou muito simples: fui vestido em trajes monásticos especialmente grandiosos, e minha cabeça foi raspada, exceto por um pedacinho que seria cortado durante a cerimônia como símbolo de meu compromisso. Então, tomei assento no trono e Khamtrul Rinpoche ofereceu preces e bênçãos, anunciando formalmente que eu era a reencarnação do segundo Tsoknyi Rinpoche. Depois, os residentes do mosteiro e o povo das aldeias vizinhas ofereceram presentes cerimoniais, e foi isso. Não foi o tipo de cerimônia pela qual muitos *tulkus* têm que passar. Foi muito simples, no estilo tranquilo e direto de Khamtrul Rinpoche.

Terminada a cerimônia, ele disse o quanto estava feliz por eu finalmente ter chegado. "Conheço seu pai", ele falou, "e estou muito feliz por continuar o relacionamento com ele por seu intermédio". Abraçou-me e me ergueu no ar. Sua bondade, jovialidade e alegria eram muito reconfortantes. Já naqueles primeiros dias com ele, senti como se estivesse em família.

Imediatamente após o entronamento, fui colocado em uma casinha com um monge, três outros *tulkus* e um *tokden* altamente reverenciado chamado Tselwang Rindzin, que atuou como meu principal tutor nos anos que passei no Tashi Jong. Um homem minúsculo, com cabelo curto branco, barba rala e bigode, Tselwang Rindzin quase nunca sorria. Ele nos exercitava constantemente em ortografia, gramática, vocabulário e memorização de milhares de páginas de textos. Mas mostrava sua bondade de várias maneiras – lavando nossas roupas, fazendo nossas camas, cuidando de todas as nossas necessidades como uma mãe preocupada. Durante a noite ele fazia a ronda no quarto para se certificar de que estávamos bem cobertos com nossas mantas.

Aos doze anos de idade, não acolhi nenhum dos acontecimentos por vir com alegria ou expectativa; em vez disso, senti um medo que beirava o terror. O que eu imaginava tomou conta de minha mente e coração. Entretanto, quando fui confrontado pela realidade de certas situações, fiquei confuso. Por exemplo, um trem não era uma casa de pedra; Khamtrul Rinpoche me girou em seus braços e falou que estava feliz por me ver; Tselwang Rindzin, apesar da carranca perpétua, era uma das pessoas mais atenciosas que já tive o privilégio de conhecer.

As perguntas me consumiram durante boa parte do tempo que passei no Tashi Jong. Lentamente. Porém, mediante a paciência de meus professores, o entendimento e as práticas que aprendi no período em que lá estive, comecei a distinguir entre realidade e imaginação – ou, para colocar em termos budistas clássicos, entre realidade e o que nos *parece* realidade, que inclui, entre outras coisas, nossa imagem de nós mesmos.

O "Eu" e as histórias

Muitos acreditam que somos "casas de pedra", propensas a desmoronar tão logo comecemos a nos mover. Quando encaramos situações desconhecidas, temos medo de nos depararmos com oposição, até mesmo com crueldade. No decorrer da vida, acumulamos camadas de ideias sobre quem somos e o que somos capazes de executar. Na maioria dos casos, essas camadas se acumulam de modo inconsciente: em parte como resultado da forma como nossos cérebro e corpo são estruturados, mas também, como resultado do condicionamento cultural e ainda como resultado da estrutura da linguagem em si, construída com base em distinções.

À medida que essas camadas se sobrepõem, tendemos a ficar cada vez mais rígidos em nossa identificação com certas visões de nós mesmos e do mundo ao redor. Gradativamente perdemos a conexão com abertura, clareza e amor básicos, que são a essência de nosso ser. Aprendemos a nos definir e nos agarramos a tais definições mesmo que sejam desagradáveis ou autodestrutivas. Esse programa de manutenção do "eu" pode influenciar nossos pensamentos, sentimentos e comportamentos por muitos anos.

Por exemplo, um aluno recentemente confessou: "Cresci nos anos 1950, sendo constantemente provocado, intimidado e levado a sentir que havia algo terrivelmente errado comigo. Por toda parte, as pessoas cochichavam a meu respeito ou, às vezes, até me agrediam fisicamente. Só entendi por que aquilo acontecia aos quinze anos e percebi: 'Oh deus, sinto atração por *garotos*. E todo mundo sabe.

"Fiquei com ódio de mim. Até então, tudo que eu havia aprendido dizia que tal atração não era natural. Que eu sofreria por causa disso e arderia no inferno.

"Então, peguei o caminho que me parecia mais simples. Neguei. Fingia que a atração não estava ali. Em vez disso, desenvolvi uma personalidade hétero, de 'macho'. Casei-me, tive dois filhos e depois me divorciei.

"Tenho sorte em muitos aspectos, pois minha esposa era compreensiva e meus filhos também. Mas não consigo me desvencilhar da sensação de que há algo de errado comigo. Não consigo me desvencilhar da culpa de ter mentido para uma mulher maravilhosa, dois garotos brilhantes e um monte de amigos e parentes por tantos anos. Não consigo me desvencilhar da vergonha de ter criado uma 'falsa persona' e tentado viver com ela por décadas.

"Ainda sinto medo, quando passo por duas pessoas cochichando no escritório onde trabalho, medo de que estejam falando de mim.

"Claro que isso provavelmente é puro egocentrismo", ele continuou. "Meus colegas podem estar cochichando sobre muitas coisas. Duvido que eu esteja muito no alto na 'lista da fofoca'. Mas parece que não consigo me livrar da vergonha, do medo e da sensação de baixa autoestima, de que não sou 'normal'".

Quando ouço essas histórias de vida, tenho vontade de chorar por causa da quantidade de vergonha, medo e tristeza que as pessoas experimentam. Mas essas pessoas não vêm a mim em busca de lágrimas. Querem conselhos. Querem saber tocar a vida adiante, conectar-se com a cordialidade, a abertura e a possibilidade que, em nível intuitivo, sabem que é possível. Elas querem – como a maioria de nós – um remédio para a dor que experimentam. Mas aplicar o remédio envolve, antes de mais nada, algum entendimento de como e por que chegamos a situações tão difíceis.

Equilibrando duas realidades

Muitos dos conflitos e desafios que experimentamos surgem porque, sabendo ou não, estamos constantemente equilibrando duas realidades diferentes. A primeira é conhecida na tradição budista como "realidade absoluta", que pode ser entendida como vacuidade

– o potencial indefinível, infinitamente aberto, para qualquer coisa aparecer, desaparecer, mudar e reaparecer. Os fenômenos – um termo genérico que inclui pensamentos, emoções, sensações e até objetos materiais – podem aparecer, deslocar-se, mudar e, enfim, desaparecer porque a base ou natureza absoluta da realidade é ilimitada.

Um jeito de entender a realidade absoluta é pelo uso da analogia do espaço tal como era entendido no tempo do Buda – uma vasta abertura que não é uma coisa em si, mas sim um plano de fundo infinito e não caracterizado onde e através do qual o sol, a lua, as estrelas, bem como os animais, seres humanos, rios, árvores e tudo o mais aparecem e se movem. Sem espaço, não haveria lugar para nada aparecer, nenhum plano de fundo contra o qual as coisas pudessem ser vistas.

Ao mesmo tempo, seria absurdo negar que vivemos em um mundo onde as coisas aparecem, mudam e desaparecem no tempo e no espaço. As pessoas vêm e vão, os relacionamentos se alteram, pensamentos e emoções se movem infindavelmente por nossa consciência; alguém bebe um copo d'água, e a água é absorvida pelo corpo, nutre as células e, depois, é eliminada. Em termos budistas, esse nível de experiência infindavelmente cambiante é conhecido como "realidade relativa" ou, às vezes, "realidade convencional". É um nível de experiência fundamentalmente caracterizado pela percepção dualista: sujeito e objeto, amigo e inimigo, eu e outro, bom e mau. Nesse nível de realidade, os fenômenos são entendidos como relativos porque são definidos em relação a outros fenômenos. Um pensamento "positivo" é distinguido pela diferença em relação a um pensamento "negativo", assim como uma pessoa pode ser definida como "baixa" apenas em relação a alguém mais alto. Sozinha, a pessoa não é alta, nem baixa. De modo semelhante, um pensamento ou um sentimento não podem ser descritos como positivos ou negativos, exceto pela comparação com outro pensamento ou sentimento. Segundo fui ensinado, esse nível de realidade é convencional porque é a forma como a maioria dos seres experimenta a realidade.

A relação entre realidade absoluta e relativa pode ser um pouco difícil de entender em termos filosóficos abstratos. Acho mais fácil explicar com a analogia simples de assistir um filme ou programa de TV em que mergulhamos na história. Sentimos um envolvimento emocional e talvez intelectual e sensual. Ao mesmo tempo, no fundo da mente, *sabemos* que é um filme ou programa de TV, de modo que há um pouco de distanciamento, um pouco de consciência de que o filme não é a sua vida. Entretanto, se o sentimento de "oh, é apenas um filme" dominasse, não seríamos capazes de desfrutar tanto dele, não mergulharíamos nele.

Uma situação semelhante ocorre com a maioria de nós na vida cotidiana – com uma exceção significativa. Enquanto levamos a vida cotidiana, aquela pequena consciência do "fundo da mente" é anuviada. Ficamos completamente mergulhados no filme da realidade relativa.

Entretanto, como é que isso acontece, e por quê?

O "mero eu"

Quando passamos a existir em nível físico, somos vestidos com um corpo que inclui não só nossa forma física, mas também a capacidade de sentir e discernir. Nos primeiros meses de vida, entretanto, todos esses aspectos do ser corporificado são bastante vagos e indistintos. Nossa centelha esmaece um pouquinho ao nos identificarmos com nossos sentidos e com as nossas primeiras tentativas tateantes de nos identificarmos com as sensações que passam pela consciência.

Em termos budistas tibetanos, esse estado é referido como *lhen-kyé-ma-rig-p*a, uma ignorância fundamental que emerge simultaneamente com a percepção sensorial e leva à confusão e à incerteza sobre o modo de ser das coisas. Sabemos, por exemplo, que *algo* está ocorrendo, mas não necessariamente conseguimos definir o que é. O exemplo budista clássico é ver uma coisa multicolorida enrolada à distância ou no escuro. Não sabemos se é uma corda ou uma cobra multicolorida até as condições ficarem mais favoráveis.

Essa situação é uma boa descrição da primeira camada do "eu", referida em tibetano como *dak tsam*, ou "mero eu". *Dak* é uma palavra tibetana tradicional para "eu". *Tsam* tem uma variedade de significados, como "aproximadamente" ou "cerca de".

Porém, quando ligada a *dak*, *tsam* adquire um significado mais específico de "mero" ou "quase". Quando olhamos o termo *dak tsam*, portanto, estamos olhando para uma experiência que é quase "eu", uma noção fluida de ser que poderia ser mais bem descrita como um fluxo de experiências, tais como cordialidade e frieza, conforto e desconforto, sonolência e alerta.

Nesse estágio de nosso desenvolvimento, não temos palavras ou rótulos para as coisas que experimentamos ou para o "eu" que experimenta. Todavia, ao nível de "mero eu", temos condições de discernir alguma diferença: por exemplo, entre estar com fome ou saciado, o som da voz da mãe e da voz do pai, se estamos parados ou sendo transportados ou nos movendo, se estamos sozinhos ou não.

Mas as distinções feitas no nível do "mero eu" são muito tênues. Transcorrem em uma espécie de filme contínuo e continuamente cambiante no qual estamos plena e vividamente imersos. Pessoas, objetos, sons, aromas e tudo o mais não possuem existência independente por si, tampouco nossas experiências são independentes de nós.

A própria leveza do "mero eu" deixa muito espaço para o amor essencial e a abertura fluírem. Houve ocasiões em que, ao pegar minhas filhas pequenas no colo, me senti confortado por elas. Maravilhava-me com a facilidade com que sorriam, com o modo pacífico com que dormiam. Quando ficaram um pouco maiores, estavam sempre buscando, tocando e observando, absorvendo e explorando tudo o que encontravam com curiosidade desinibida – que pode ser entendida com um aspecto ativo da inteligência inata antes referida como clareza.

Mas, mesmo como pai apaixonado, eu podia ver que essa corporificação, essa imersão na experiência sensorial possivelmente poderia causar problemas. Tentei ao máximo deixar que minhas filhas se desenvolvessem com liberdade. Minha filha mais velha deixava o quarto uma bagunça, com roupas e outras coisas esparramadas por toda parte. Pensei que, quando ela encontrasse um namorado, começaria a limpar o quarto. Ela era uma criança de espírito livre, muito parecida comigo. Nem suspeitava que ela viraria monja, com poucos pertences e um enorme senso de disciplina. Às vezes me preocupo com minha filha mais nova, porque ela é um pouco selvagem. Mas é muito aberta e amigável. Não tenho ideia do que se tornará: talvez cientista ou professora. No momento, ela adora cachorrinhos, gosta de conversar com visitantes em nossa casa no Nepal e de jogos. Empenho-me ao máximo para permitir a liberdade de que ela necessita para crescer e se tornar a adulta que por fim será.

Mas a mudança é imprevisível, as aparências são indeterminadas, e temos que respeitar todas as possibilidades. A fim de entender como a próxima camada do "eu" se desenvolve, precisamos examinar a mudança – e nossa reação a ela – um pouco melhor.

Mudança

Ao longo dos anos, desenvolvi profundo respeito pela vacuidade e as condições que produzem mudanças no reino da realidade relativa. Tudo que experimentamos no cotidiano está sujeito à mudança. Algumas mudanças são óbvias. Mudança no preço dos alimentos. Mudança nas mensalidades escolares. Mudança no preço da gasolina. As escolhas de vida dos filhos mudam. Roupas e lençóis ficam amarfanhados ou manchados. A pintura da mobília descasca. Alguém bate no seu carro e causa um amassado ou arranhão.

Algumas mudanças, é claro, são menos perceptíveis de imediato: as células de nosso corpo, por exemplo, mudam a cada momento. A física moderna demonstrou que músculos, átomos e partículas subatômicas se reorganizam constantemente e que os objetos que parecem sólidos, como uma mesa, lápis ou folha de papel, estão em constante estado de fluxo.

Nossa perspectiva emocional também muda, dependendo de uma discussão com um sócio, cônjuge, filho ou colega, ou das mudanças hormonais que ocorrem em estágios de transição, como entre a infância e a adolescência ou entre a idade adulta e o que é educadamente chamado de meia-idade.

Uma mulher que conheci recentemente confessou: "Depois que comecei a passar pela 'mudança', meu humor ficou completamente imprevisível. Num momento posso estar aberta e feliz; no seguinte, me torno uma completa megera. Odeio tudo e todos. Posso discutir por qualquer coisa e meu raciocínio me parece totalmente lógico. Às vezes fico furiosa sem motivo. Para completar, num minuto estou gelada e, em seguida, estou suando. Tenho que ligar o ar-condicionado no meio do inverno, o que enlouquece meu marido e apenas faz com que eu, às vezes, o deteste mais. Grito com ele: 'Estou mudando', mas parece que ele não capta a mensagem. E ele não admite que também está passando por mudanças. Ele fica cansado mais depressa. Está irritadiço. Ganhando peso. Às vezes desejo que ele pudesse sentir 'a mudança' de modo tão dramático quanto eu. Mas aí penso que ainda bem que não, porque, do contrário, seria impossível convivermos".

Pois bem, uma mulher de certa idade pode ter condições de compreender as mudanças em seu ser físico e os efeitos em seus relacionamentos. Perceber que tais mudanças, ainda que desconfortáveis, são naturais e fazem parte de um processo bioquímico. Alguém que entenda um pouco do funcionamento do universo material consegue entender que os átomos e moléculas que compõem os objetos de nossa vida também estão mudando, geralmente de modo sutil, mas, às vezes, de maneira bastante óbvia, como quando aparece uma rachadura numa parede ou telhado, ou uma pintura começa a descascar. Um empresário consegue entender que os desafios que ele encara em determinado dia podem ter a ver com os desafios que a pessoa do outro lado da mesa está enfrentando.

Além disso, em certo momento da primeira infância passamos a perceber que algumas coisas, algumas experiências, chegam ao fim. Brinquedos são perdidos ou estragam de modo permanente. Pais se divorciam. Animais de estimação – e pessoas, claro – morrem. Em diferentes níveis, perdas são especialmente difíceis de processar, intelectual e emocionalmente.

Existe uma velha história budista sobre uma mulher cujo filho morreu. Contudo, ela se recusou a acreditar e correu de casa em casa pela aldeia em busca de um remédio para reanimá-lo. Claro que ninguém pôde ajudá-la. O menino estava morto, assinalavam, tentando fazê-la aceitar a situação. Uma pessoa, reconhecendo que a mente da mulher estava perturbada pelo pesar, aconselhou-a a procurar o Buda, que estava em um mosteiro nas redondezas.

Segurando o corpo do filho junto ao peito, ela correu até o Buda e pediu um remédio para ajudar a criança. O Buda estava no meio de um ensinamento diante de grande número de pessoas, mas a mulher abriu caminho e, vendo sua aflição, o Buda atendeu ao pedido.

"Volte à aldeia", disse em tom gentil, "e me traga algumas sementes de mostarda de uma casa onde ninguém jamais tenha morrido".

Ela correu de volta à aldeia e começou a pedir sementes de mostarda para todos os vizinhos. Os vizinhos ficavam felizes em dar as sementes, mas aí ela tinha que perguntar: "Alguém já morreu aqui?". Eles olhavam para ela de um jeito estranho. Alguns apenas acenavam afirmativamente, outros diziam que sim, e outros contavam quando e em que circunstâncias a morte de um membro da família ocorrera.

Ao término do giro pela aldeia, por meio de uma experiência que calou mais fundo que palavras, a mulher chegou ao entendimento de que ela não era a única pessoa no mundo que havia sofrido uma terrível perda pessoal. Mudança, perda e pesar eram comuns a todos.

Embora ainda sob o impacto do pesar pela morte do filho, ela reconheceu que não estava sozinha e seu coração se abriu. Terminadas as cerimônias fúnebres do filho, ela juntou-se ao Buda e seus discípulos e dedicou a vida a ajudar os outros a obterem o mesmo grau de reconhecimento.

Bem, essa mulher era adulta. Para uma criança, mudanças nas condições devido à interdependência e impermanência apresentam um dilema amedrontador. O jeito mais simples de lidar com isso é desenvolver o que parece uma sólida noção de eu e um entendimento dos outros como igualmente firmes, coisa que, na maioria das vezes, evolui tão lenta e sutilmente que é quase imperceptível.

O "eu sólido", o "outro sólido"

O nível de existência aberto e inteligente conhecido como "mero eu" é altamente impressionável e muito sensível ao que quer que atravesse sua experiência – sendo que nem tudo é confortável ou agradável. É muitíssimo suscetível à noção de *diferença*, a distinção entre o eu e o outro, sujeito e objeto.

O processo de distinção geralmente evolui quando somos bastante jovens. Desenvolve-se de forma espontânea enquanto exploramos nosso mundo, esbarrando literal e figuradamente nas coisas; quando tropeçamos e caímos; quando nos sobressaltamos com ruídos; quando reconhecemos um senso continuado de solidão ou medo se os pais ou outros cuidadores não estão por perto.

Somos ajudados nesse processo pelos adultos à nossa volta que, com as melhores intenções, começam a nos ensinar a fazer distinções em tenra idade. "Essa é a vovó", dizem nossos pais, apontando para a estranha na sala. "Dê um sorriso para a vovó." Ou quem sabe: "Isso é uma colher. Consegue dizer *colher*?". E, como pais, ficamos eletrizados quando nossos filhos sorriem para a vovó ou fazem um esforço para pronunciar a palavra *colher*.

Não há nada de inerentemente falho nessa fase de nosso desenvolvimento na infância ou na energia despendida por nossos pais e outros adultos para nos ensinar a fazer distinções. Afinal de contas, vivemos em um mundo repleto de carros que passam zunindo, facas afiadas e estranhos mal-intencionados. Precisamos aprender a diferença entre uma faca e uma colher, entre a vovó e uma estranha que parece a vovó. Precisamos de algum suporte de referência, algum jeito de transitar por – e se relacionar com – uma ampla variedade de experiências.

Ao começarmos a emergir da experiência fluida do "mero eu" para um reino de distinções, começamos a aceitar tais distinções como sólidas, verdadeiras ou reais. E é aí que entramos numa confusão, porque nada em nossa experiência – colheres, vovó, nem mesmo nosso "eu" – é sólido, verdadeiro ou real como imaginamos que seja.

Gradativamente, ao nos deslocarmos da experiência fluida de filme em que estávamos imersos – à medida que pessoas, lugares e coisas ao redor assumem uma forma mais distintiva –, começamos a buscar algum tipo de estabilidade, algo prontamente definível ou confiável, um lugar onde possamos repousar. Tendemos a "reificar" nossas experiências – de nós mesmos, nossos sentimentos, nossos pensamentos – para dotá-las da solidez de "coisas".

Do processo de reificação emerge o que é conhecido em tibetano como *dak tenpar dzin* – ou *dak dzin*, abreviado. Como mencionado antes, *dak* corresponde à palavra tibetana "eu", *tenpar* significa "como verdadeiro", e *dzin* é uma forma do verbo "agarrar-se" ou "fixar-se". Estamos literalmente buscando algum senso de "eu" a que nos agarrarmos como um centro sólido em meio ao desenrolar do drama da experiência.

As sementes das futuras dificuldades são semeadas se esse período de transição da fluidez do "mero eu" para o "eu sólido" não é manejado com delicadeza. Se os elementos básicos de nossa natureza – abertura, clareza e amor – não são nutridos, provavelmente ficaremos congelados. Pense na água se transformando em cubos de gelo. A natureza básica da água não é modificada, mas fica mais rígida, separada em pequenos nacos de sujeitos e objetos, coisas boas e coisas más, coisas que queremos e coisas que não queremos.

No começo, o "eu sólido" é muito identificado com nosso corpo. Mas, à medida que vamos amadurecendo, esse "eu sólido" fica abstrato ou conceitual. Evolui para um senso de "eu" separado, vagamente situado dentro de nosso corpo ou talvez em nossa imaginação. Nossos pensamentos, emoções e sensações físicas desenvolvem uma espécie de qualidade de peso, de "coisa", ao passo que aplicamos rótulos mais firmes e rijos a nossas experiências. Começamos a identificar nossos pensamentos e sentimentos como dimensões de experiência que são parte inerente de nós. À medida que a noção de "eu" se torna mais sólida, os efeitos dessa identificação ficam mais poderosos e complicados.

Ao mesmo tempo em que atribuímos qualidades aparentemente sólidas ou verdadeiras a nosso eu, tem início um processo correspondente pelo qual começamos a atribuir os mesmos aspectos ao que (ou a quem) é "não eu", é "outro". Começamos a perceber e catalogar nossas experiências em termos de amigos e inimigos, "coisas" que temos e que não temos, "coisas" que queremos e "coisas" que não queremos.

Nesse estágio de nosso desenvolvimento, começamos a experimentar uma espécie de tensão. Começamos a nos identificar em termos de vencedores ou perdedores, "tem" ou "não tem". A abertura, a inteligência e o amor com que conduzimos nossos relacionamentos se tornam condicionais. Começamos a olhar os outros em termos de como podem nos ajudar ou prejudicar. Começamos a desenvolver histórias sobre nós e as pessoas com que lidamos, o que determina as escolhas que fazemos em nossas experiências cotidianas, bem como as consequências.

O "eu precioso"

Nossas tentativas de nos identificarmos com e como o "eu sólido" proporcionam a base para a terceira camada de nossa identificação, que, em muitos casos, nos inibe de realizarmos nosso potencial. Em tibetano, essa camada é chamada de *dak ché dzin*, traduzido literalmente por "agarrar-se ao eu como precioso". O termo muitas vezes é traduzido como "o autoestimado eu". Infelizmente, embora ambas as traduções possam estar tecnicamente corretas, nenhuma delas transmite o entendimento profundo dessa camada da identidade.

Dak ché dzin realmente aponta para uma terrível e aterrorizante noção das consequências da separação-em cubos-de-gelo estabelecida no nível do "eu sólido", que nos impele a focar nas "*minhas* necessidades", "*meus* desejos", "*meus* problemas", "*minha* história", passando por cima das necessidades, desejos e problemas dos outros. Nosso "eu" se torna "precioso" ou "estimado", o principal canal pelo qual se direcionam todos os nossos pensamentos, sentimentos e ações.

Esse sentimento de separação nos incita em duas direções relacionadas, mas aparentemente conflitantes. A primeira é um impulso de proteger nossas ideias a respeito de nós mesmos, mesmo quando são desagradáveis ou destrutivas para nós ou outros.

Como uma mulher recentemente confidenciou: "Faz anos, minha mãe me levou para um check-up anual no pediatra. Na época, eu estava um pouco acima do peso considerado 'normal' para uma garota daquela idade. O doutor fez um comentário indelicado para minha mãe, que ele provavelmente achou engraçado: 'Melhor não deixá-la chegar muito perto do forno, pois ela pode derreter'".

"Fiquei horrorizada, mas minha mãe riu – uma risadinha constrangida, na verdade –, talvez porque pensasse que meu tamanho era de algum modo culpa dela, uma falha na criação da filha. Talvez fosse na tentativa de corrigir essa falha, quando me via andando pela casa, minha mãe resmungava um refrão rude: deve ser gelatina, porque geleia não balança desse jeito.[2] Às vezes ela me olhava e dizia que eu parecia um salsichão.

"Então, ao longo dos últimos anos, entrei numa dieta e aderi a um programa de exercícios. Perdi mais de vinte quilos. Minha mãe morreu, de modo que não está presente para fazer comentários, e eu sei que os 'refrões' que repito são produtos da minha mente. Mas olho no espelho e vejo 'gelatina'. Vejo um 'salsichão'. Meus amigos e minha família falam o quanto estou maravilhosa e do quanto estão orgulhosos de mim, mas bem no fundo da minha mente ouço-os pensando: 'Você poderia fazer mais.'. Ainda vejo uma menina gorda que poderia derreter se chegasse muito perto do forno".

Isso não soa particularmente "precioso" ou "estimado", não é?

---

[2] "Must be jelly, 'cause jam don't shake like that", música gravada por Glenn Miller na década de 1940. (N.T.)

O que nos traz ao significado mais profundo do termo *estimado*, que, em nível sutil, refere-se a agarrar algo muito tempo depois de sua necessidade ou utilidade.

Quando "estimamos" o "eu" ou nos agarramos a ele como precioso, estamos nos agarrando a uma imagem que não se aplica mais, que não é mais útil e que em alguns casos é francamente doentia.

Por que fazemos isso?

À medida que os relacionamentos condicionais baseados em imagens sólidas de nós e dos outros evoluem, começamos a ter uma sensação de solidão ou incompletude. Em algum nível, sabemos que perdemos uma conexão essencial, não só com nosso próprio coração, mas com o coração de todos os seres com quem compartilhamos esse planeta. Criamos histórias sobre como e por que ocorreu a desconexão. Essas histórias se tornam parte de nossa identidade "sólida". São a base pela qual justificamos nosso entendimento de nós mesmos e do modo como entendemos e reagimos aos outros.

Não importa o quanto essas ideias ou histórias sobre nós sejam desconfortáveis; elas são familiares. Existe um ditado que ouvi dos alunos ocidentais: "Familiaridade gera desprezo". Não sei se é tão bem traduzido em outras línguas, mas o significado básico é que, se você experimenta algo com um excesso de constância, para de levar aquilo a sério e começa a sentir desrespeito pela experiência. Pelo que vi e aprendi com os anos, porém, parece mais provável que a familiaridade traga *satisfação*: quanto mais frequentemente alguém experimenta algo, mais apto fica a aceitá-lo como um aspecto normal e natural da vida com o passar do tempo.

Essa "familiaridade satisfeita" ficou especialmente óbvia entre pessoas viciadas em álcool ou drogas com quem falei. Mesmo em meio ao vício, elas sabiam que aquelas substâncias as estavam matando, destruindo seus meios de vida e suas famílias. Porém o conforto experimentado enquanto se entregavam ao comportamento danoso (prejudicial a elas e aos outros) superava o estrago causado por tal hábito e reforçava a sensação de que precisavam mantê-lo, mesmo que isso estivesse destruindo as suas vidas.

"Sentia-me amado", uma pessoa contou recentemente. "Sentia-me poderoso. Capaz de qualquer coisa. Podia conversar com as pessoas. Só mais tarde fiquei sabendo que a maioria mal me tolerava.

Podiam sentir o meu bafo. Acenavam com a cabeça, polidamente, e davam o fora o mais rapidamente possível. Eu não notava. Tudo que eu sentia naquele tempo era o conforto, a segurança, o poder..."

O que nos leva a outro aspecto do "eu precioso" – a disposição para buscar satisfação, confirmação, ou identidade em qualquer coisa que nos ajude a preservar um senso de estabilidade diante de circunstâncias sempre cambiantes.

Assim, um melhor entendimento do "eu precioso" ou do "eu autoestimado" talvez seja o de "eu viciante" – o aspecto do eu que fica apegado e sente necessidade de algo além da centelha básica de cordialidade, abertura e curiosidade para experimentar uma sensação de conexão, familiaridade e conforto.

Podemos ver isso com facilidade nos relacionamentos românticos. Conhecemos alguém e pensamos: "Uau, essa pessoa é maravilhosa! Perfeita! Tudo que sempre sonhei!". Começamos a sair juntos e a cada encontro é como se todo o espaço ao redor estivesse repleto de arco-íris. Não poderíamos estar mais felizes. Mas, depois de um tempo, começamos a achar uns pequenos pontos de discordância, arestas entre as personalidades que não se encaixam bem. Talvez haja uma briga. Aí fazemos as pazes e depois brigamos de novo. Culpamos a outra pessoa por ser mal-humorada ou barulhenta, ou ainda por não nos entender. Ou talvez nos culpemos por não sermos atrativos ou compreensivos o bastante. O relacionamento por fim acaba e voltamos a nos sentir incompletos. Começamos a olhar para os lados, em busca de alguém ou de alguma coisa para nos curar e nos completar, para confirmar nossa noção de solidez.

Às vezes esta necessidade de confirmação também pode ser vista em nosso impulso para colecionar "coisas", e caio nessa tanto quanto qualquer um.

Há uns anos, experimentei o que algumas pessoas poderiam chamar de "crise da meia-idade". Estava sentado num quarto de hotel em Délhi, aguardando para pegar um voo a Paris, e vi um anúncio que me fascinou. Era um rapaz com barriga musculosa (eu, ao contrário, tenho um pneu que se derrama por cima do cinto). O cara do "tanquinho" estava ao lado de uma moça muito atraente com cabelos esvoaçantes e um sorriso enorme que exibia um número quase assustador de dentes brancos perfeitos. Eles seguravam entre si um modelo específico de laptop. Pareceu bastante claro o que o anúncio dizia: caso comprasse aquele computador, você também poderia ter uma barriga tanquinho e uma namorada com cabelos esvoaçantes e dentes extremamente brancos.

Não fiquei imediatamente impressionado.

Quando cheguei a Paris, vi um outdoor mostrando o mesmo cara do tanquinho e a moça de cabelos esvoaçantes e dentes brilhantes segurando o mesmo modelo de laptop. De Paris voei para um compromisso de ensino em Cingapura e vi o mesmo outdoor. De lá, voei para os Estados Unidos e a caminho do aeroporto encontrei o mesmo outdoor.

Admito que, depois de ver as mesmas pessoas felizes segurando o mesmo laptop, comprei um. Achei que ajudaria a me comunicar melhor com o mundo nos vários lugares por onde eu viajo ao longo do ano. Fico um pouco envergonhado de admitir, mas fui influenciado pela felicidade aparente das pessoas do anúncio. Não pensei realmente que comprar o laptop transformaria meu "pneu" num "tanquinho", mas no fundo da mente havia um pensamento: "Ei, nunca se sabe".

Infelizmente, o manual de instruções e a garantia do fabricante do laptop não informavam que a poeira e a areia do Tibete estragariam o computador. E ele estragou. Duas semanas após levá-lo para o Tibete, a máquina simplesmente parou de funcionar. Ao voltar para casa, no Nepal, comprei outro laptop.

Não culpo os fabricantes pela incapacidade de construir computadores que consigam aguentar os rigores de um clima hostil. Como quase todo o resto do mundo, eu havia me tornado um "eu viciado". Acreditava que um produto, uma "coisa", podia preencher meu lado nervoso e inseguro, deixando-me feliz e satisfeito.

Contudo, foi uma grande lição: até *tulkus* são humanos. Podemos aprender um monte de textos e filosofias e nos beneficiarmos de lições transmitidas por homens e mulheres ao longo dos tempos, mas somos tão suscetíveis quanto qualquer pessoa aos vários tipos de tentação.

Talvez a única vantagem de ser um *tulku* seja o treinamento desde tenra idade para fazer o máximo possível para ajudar os outros a romper com as ideias que aprenderam e, levando-os a redescobrir a centelha com que nasceram. Somos treinados para amar cada criatura viva até que ela consiga se amar. Até cada pessoa na terra parar de ver uma à outra como inimiga; até cada pessoa, em cada emprego, cada relacionamento e cada encontro, conseguir ver a maravilha, a beleza e o potencial de todos com quem entra em contato. Até mostrarmos às pessoas como largar as histórias e se preencher com o senso de desconexão, nosso trabalho não estará concluído.

Não é um trabalho que eu teria desejado, mas é o trabalho que recebi e, no fim, optei por executar. Mas o faço do meu jeito, baseado em minhas experiências como marido e pai, bem como em outra camada de "eu" que demorei um tempo para entender.

O "eu social"

Uma das maneiras pelas quais buscamos satisfação ou confirmação é agradar aos olhos das outras pessoas. Buscamos nos outros a confirmação de quem somos, de quem gostaríamos de ser ou do que acreditamos sobre nós mesmos.

Essa é uma camada a que me refiro como o "eu social", o aspecto ou camada do eu que desenvolvemos ao lidar com outras pessoas. Diferentemente de outras camadas do eu, o "eu social" não faz parte do modelo budista tradicional de "eu" ou das camadas do ego. Meu entendimento fundamenta-se em minha experiência, bem como em conversas com psicólogos ocidentais, e levei uns anos para identificá-lo e descrevê-lo.

Meu confronto com o "eu social" começou depois que cheguei ao mosteiro de Tashi Jong para começar meu treinamento.

A fim de que entenda o tipo de treinamento de um *tulku*, peço-lhe que imagine o melhor e o pior daquilo que em alguns países poderia ser chamado de sistema de ensino particular e, em outros, de sistema de ensino público. Você tem a oportunidade de estudar com grandes professores. Além de ortografia, gramática, vocabulário, história, astronomia e caligrafia, recebe um curso rigoroso sobre os fundamentos filosóficos do budismo, estudando as palavras não só do Buda, mas de todos os grandes mestres indianos e tibetanos que o sucederam. Você aprende não só o valor da empatia, tolerância, paciência e generosidade, mas também métodos práticos de cultivo dessas qualidades. Você aprende uma ampla gama de técnicas de meditação e rituais associados ao budismo tibetano.

Entretanto, a maior parte dos primeiros anos de treinamento de um *tulku* envolve memorização por repetição de textos e gestos rituais, de modo que o *tulku* possa concluir um ensinamento ou cerimônia se falta luz e fica todo mundo mergulhado na escuridão (um acontecimento nada incomum em lugares como Índia e Nepal). Você memoriza certo número de páginas – talvez duzentas por ano – e, então, sua memória dessas páginas é testada. Você tem três chances de passar no teste. Caso fracasse, volta para os livros.

Ao mesmo tempo, você é doutrinado no sentido de que seu *dever* é não só dominar as filosofias e práticas, mas também preservar uma cultura à beira da extinção. A sabedoria de homens e mulheres acumulada em mais de dois mil anos será perdida se você não prestar total atenção. Se você não tiver a postura adequada ao sentar, se não se portar, nem falar adequadamente e se não vestir perfeitamente seu uniforme – os mantos vermelhos e amarelos de um monge budista tibetano –, você é um fracasso para esta nobre tradição. Você é um fracasso com seus professores, sua família e um número infinito de seres que habitam um número infinito de universos e que contam com *você* no desempenho de seu papel tradicional: uma responsabilidade deveras pesada para ser colocada nos ombros de um menino de doze anos de idade.

Cheguei ao Tashi Jong mais tarde do que a maioria dos outros *tulkus*, que começam o treinamento com cerca de oito ou nove anos. Por isso, me senti pressionado a recuperar o tempo perdido. Suponho que, como muitas crianças, eu quisesse agradar a meus professores, de modo que me apliquei com vigor nos estudos e tentei ao máximo emular o comportamento de minha "pré-encarnação". Se eu agradava a meus professores, eles ficavam felizes; e, quando eles ficavam felizes, eu ficava feliz também. Eu gostava que ficassem satisfeitos com minha disciplina, que me apontassem como modelo para os outros, dizendo: "Olhem Tsoknyi Rinpoche. Que bom *tulku* ele é. Sigam o exemplo dele". Agradar a meus professores se tornou uma espécie de vício, uma suscetibilidade ao tipo de amor condicional anteriormente descrito.

Todavia, de tempos em tempos, eu sentia um descontentamento irritante, uma sensação de que eu não era a reencarnação de um velho e de que, ao agradar a meus professores agindo como um, eu estava de certa forma suprimindo a abertura e cordialidade básicas de meu eu criança – o garoto que gostava de brincar, conversar, rir, fazer troça, andar por aí, pular rios e, às vezes, cair dentro d'água. Eu estava, muito gradativamente, perdendo a conexão com o senso profundo de espontaneidade, cordialidade e brincadeira que havia sentido na maior parte de minha jovem vida. O elogio era bom, mas o comportamento que gerava o elogio não era. Uma parte de mim sabia que eu estava fingindo, mesmo assim eu continuava fingindo porque gostava dos elogios.

Depois de mais ou menos um ano, até os elogios perderam um pouco de seu brilho. Eu sabia que estava fingindo, me comportando de um jeito que não era coerente a forma como, no fundo, eu realmente me sentia. Comecei a sentir como se estivesse vivendo duas vidas ao mesmo tempo: o *tulku* bem-comportado e diligente e o adolescente que não gostava de ficar sentado imóvel como uma estátua, que queria brincar, perambular pela aldeia e fazer amizade com crianças de sua idade. Por fora eu era um modelo de disciplina; por dentro, minha mente voava e meu corpo ardia com hormônios adolescentes.

Essa é a armadilha do "eu social". É quase uma configuração para conflito porque o que sentimos por dentro pode não ser o que somos treinados para projetar do lado de fora. Se eu me comportasse exatamente como um *tulku* deveria, não haveria problema. Mas eu não conseguia seguir as "normas de *tulku*" o tempo todo. Não estava na minha natureza. Eu era um menino sociável, brincalhão. Gostava de conversar com garotas, fazer piadas, descontrair, não ser tão formal o tempo todo. Em consequência, desenvolvi um pouco de ressentimento – e aí me senti culpado pelo ressentimento.

Mas a preocupação em agradar, o ressentimento e a culpa pelo ressentimento estavam embrulhados num mesmo pacote. E, ao crescer, comecei a perguntar: por quê?

Sementes

Embora as várias camadas do "eu" pareçam desenvolver-se em estágios separados de acordo com a época e as circunstâncias, essas camadas na verdade evoluem e apoiam umas às outras em um processo contínuo. O "mero eu", para usar uma analogia, é como uma semente, dentro da qual está contido o potencial para o desenvolvimento do "eu sólido", que, a partir de certa combinação, pode desenvolver raízes e um broto que crescem em um tronco, folhas e alguma espécie de flores ou frutos com potencial para criar novas sementes.

Essa analogia não é perfeita, claro. Algumas plantas duram apenas uma estação, enquanto outras continuam a se regenerar ano após ano. Talvez uma analogia melhor seja a combinação de vento e clima que ocasionam "a tempestade perfeita". Em outras ocasiões, as condições produzem um "arco-íris perfeito", como o arco-íris duplo visto depois de um clima tempestuoso recente no sul da Califórnia.

Quando olhamos a natureza da experiência em profundidade, descobrimos que ela não pode de fato ser nomeada ou descrita, ou que os nomes que usamos de algum modo ficam aquém da verdadeira experiência. Embora a semente de nossa personalidade possa jazer na fluidez do "mero eu", o coração dessa semente é vacuidade, a grande e assombrosa capacidade de experimentar qualquer coisa e estar ciente do que estamos experimentando. Sentimos algo ou pensamos algo e percebemos: "Ei, tem alguma coisa acontecendo aqui".

Como definimos essa *alguma coisa* com frequência depende das circunstâncias em que fomos criados e dos desafios que enfrentamos. Mas, entre os milhares de circunstâncias que enfrentamos ao longo da vida, podemos ter certeza de duas coisas: primeiro, que desenvolveremos um "eu" para lidar com essas circunstâncias; segundo, que o "eu" – o ego, ou a individualidade (como queira chamar) – recebeu muito do que se poderia chamar de "publicidade ruim" nos últimos anos.

O "eu útil"

Em torno de movimentos sociais se desenvolvem mitos – e é isso, em essência, que o budismo é: um movimento. O Buda nos incitou a levantar da cadeira, do sofá, da almofada e nos mexermos: começar a viver como se nossa vida significasse alguma coisa, "despertar" para o conhecimento de que o modo como pensamos, sentimos e agimos tem efeito sobre o mundo ao redor. Um monte de gente pensa que o budismo promove a ideia de extinção total da ideia de "eu", ou "individualidade", ou "ego". Mas ideia de extinguir o "ego", a "individualidade" ou o "eu" é imprecisa. Você pode tentar também "extinguir" seus pés ou mãos.

Mãos e pés são úteis. Ajudam a digitar, dirigir, caminhar, mexer no bolso para pegar dinheiro para a comida. E, a menos que os percamos em um acidente ou tragédia, contamos naturalmente com nossas mãos e nossos pés.

Entre seus muitos ensinamentos, o Buda insistiu para não contarmos com nosso "eu" com tanta certeza. Muito do que aprendemos sobre o "eu" pela experiência de vida, por exemplo, pode ser bastante valioso. Existem ocasiões em que o "eu social" é bastante útil. Muita gente ao longo da história usou o "eu social", alcançando os outros mediante uma persona pública carismática e propondo uma abordagem de vida mais aberta e compassiva. Muitos médicos, enfermeiros, professores, funcionários de corporações e outros heróis anônimos ao redor do mundo usam o "eu social", o "eu sólido" e até as histórias embrulhadas no "eu precioso" na atividade cotidiana. Mas não o fazem por *eles*. Longe da vista do público, muitos dos heróis do nosso mundo abandonam suas identidades sociais, suas histórias, até mesmo o apego ao eu verdadeiro ou sólido e voltam, gentil e gratamente à abertura, cordialidade e fluidez do "mero eu".

O desafio proposto por Buda foi aprender a repousar na abertura do "mero eu" mesmo enquanto se usam os outros vários "eus", manter um senso de cordialidade e abertura mesmo ao encarar alguém que discorda de você, por exemplo.

Pense no desenvolvimento dessa capacidade de usar seus "eus" como algo tipo escovar os dentes. Você precisa comer e beber para sobreviver. Mas alimentos e bebidas costumar deixar resíduos nos dentes. Por isso, em vez de apenas pararmos de comer ou beber, escovamos os dentes após as refeições. Se não escovássemos, os resíduos de comida e bebida se acumulariam, e os dentes apodreceriam. Temos, portanto, que desempenhar as duas atividades: nos nutrirmos com comida e bebida e cuidarmos dos dentes.

De modo semelhante, não precisamos nos livrar dos vários "eus". Precisamos apenas escovar os resíduos que pegamos ao longo do caminho.

Ao contemplarmos a enorme variedade de fatores que precisam ser reunidos para produzir uma noção específica de eu, os resíduos afixados às várias camadas de "eu" podem espontaneamente começar a se soltar e depois dissolver. Ficamos mais dispostos a abandonar o desejo de controlar ou bloquear nossos pensamentos, emoções, sensações e todo o resto e começamos a experimentá-los sem dor ou culpa, simplesmente absorvendo sua passagem como manifestações de um universo de infinitas possibilidades.

Ao fazer isso, começamos a nos reconectar com a centelha básica de nosso ser. O amor essencial começa a brilhar com mais força, e nosso coração se abre aos outros. Tornamo-nos ouvintes melhores, mais cientes de tudo que acontece ao redor e mais aptos a reagir de modo espontâneo e adequado às situações que costumavam nos perturbar ou confundir. Lentamente, talvez em um nível tão sutil que podemos nem notar que esteja acontecendo, nos vemos despertando para um estado mental livre, claro, amoroso.

Mas requer prática aprender a distinguir entre o que é resíduo e o que é útil. Requer prática aprender como viver de forma confortável e aberta como um ser corporificado e encarar os desafios que acompanham esse estado. Requer prática lidar com outros seres corporificados, que podem não ter tido o conhecimento ou a oportunidade de se reconectar com sua centelha básica, ou sequer saber que ela habita dentro deles.

E assim, ao longo dos próximos capítulos, vamos enfocar as práticas. Algumas você vai achar fácil de entender e executar desde o começo, outras vão exigir um pouco de tempo e paciência. Não desanime caso se veja nessa situação. Essas práticas foram desenvolvidas e aprimoradas ao longo de séculos por mestres que levaram muitos anos para trazê-las à fruição. Seja bondoso consigo enquanto prossegue nessa jornada. A bondade em si é uma maneira de despertar a centelha de amor dentro de você e ajudar os outros a descobrir a centelha dentro deles.

Um velho ditado tibetano diz: "Se andar com pressa, você não chegará a Lhasa. Caminhe suavemente e alcançará sua meta". Esse ditado é do tempo em que as pessoas do Tibete oriental faziam uma peregrinação a Lhasa, a capital, na região central do país. Quando os peregrinos queriam chegar logo à cidade, caminhavam o mais rápido possível, mas, por causa do ritmo que se impunham, ficavam cansados ou doentes e tinham que voltar para casa. Aqueles que viajavam num ritmo suave, montavam acampamento à noite, desfrutavam a companhia uns dos outros e seguiam adiante no dia seguinte de fato chegavam a Lhasa antes.

5. Método

Uma coisa é entender certas coisas sobre nossa natureza, outra é fazer algo com esse entendimento.

Para dar um pequeno exemplo, nos anos que passei no Tashi Jong vivi de modo bastante frugal em uma dieta monástica. Como muitos alunos de lá, eu era bastante magro. Quando voltei para o Nepal, aos 21 anos, após concluir o treinamento no Tashi Jong, minha dieta mudou de forma considerável. De repente havia Coca-Cola! E muito arroz, um prato básico da dieta nepalesa. Devorei ambos – que delícia!

Um ano depois de eu ter voltado para o Nepal, um amigo do Tashi Jong veio me visitar. "Rinpoche", ele exclamou, "você cresceu!".

Logo percebi que ele não estava se referindo à minha altura, e sim à minha largura.

"O que você está comendo?", ele perguntou.

Contei que bebia seis ou sete garrafas de Coca-Cola por dia e comia um monte de arroz.

Ele ficou horrorizado.

"Você tem que parar com isso", advertiu. "Essa dieta vai matá-lo!"

Ele explicou muita coisa sobre os efeitos do açúcar dos refrigerantes que eu estava consumindo e dos carboidratos do arroz que eu comia. Não entendi nada do que ele falou, mas o semblante sério e o tom da voz me convenceram de que eu tinha que fazer mudanças em minha vida, tinha que agir.

Foi bem fácil cortar o arroz, pois eu, de fato, não era apegado a ele como parte da minha dieta. Entretanto, levei sete anos para cortar a Coca-Cola. Embora fosse uma adição recente aos meus hábitos, era algo de que eu gostava tanto que cultivei um apego; tornou-se parte de minha nova identidade de não monge, por assim dizer. Sete anos é um tempo relativamente curto, por isso consigo me solidarizar com quem acha difícil lidar com padrões e apegos criados em idade muito mais tenra e mantidos por um período muito mais longo.

Em outras palavras, uma coisa é largar a Coca-Cola; outra coisa bem diferente é largar o que você pensa ser.

Felizmente, o Buda e os grandes professores que seguiram seus passos propuseram uma variedade de métodos para lidar com esse desafio específico.

Atenção plena

Um dos mais efetivos desses métodos é a *atenção plena* – uma prática, ou melhor, um conjunto de práticas planejado para ajudar a desvendar ou descongelar as várias camadas do "eu" que nos impedem de experimentar a centelha básica que repousa no coração de nosso ser.

A atenção plena foi descrita e explicada por muitas pessoas mais sábias do que eu. Meu entendimento talvez seja um pouco mais singelo do que o de outros, mas se fundamenta em minha experiência e na experiência de muitos alunos que conheci ao longo dos anos.

Como muitos ensinamentos budistas, todo esclarecimento que eu posso oferecer envolve uma breve história, porque, a fim de entender a atenção plena, você tem que entender um pouco da mente em si – uma conversa entre cientistas e eruditos que ocorre há um tempo e provavelmente continuará por muitos anos.

Mente

Anos atrás, Dilgo Khyentse Rinpoche esteve no Tashi Jong. Ele era um dos maiores mestres do budismo tibetano do século XX – um homem grande, de extraordinária serenidade e graça, com uma das vozes mais gentis que já ouvi. Quando de sua visita meu tutor nos arrebanhou e praticamente nos rebocou até o local onde ele estava ensinando. Eu tinha apenas treze anos na ocasião e, passados mais de trinta, é difícil me lembrar de metade das coisas que ele falou. Porém algumas ficaram.

"O que é a mente?", ele perguntou. "Onde está? Ela tem uma cor? Tamanho? Formato? Localização?"

Bem, essas não são perguntas que consumiriam a atenção de um menino de treze anos de idade, pelo menos não como foram articuladas na fala de Rinpoche. Mas suponho que aos treze anos alguns de nós já comecem a indagar por que pensamos do jeito que pensamos, por que sentimos do jeito que sentimos – o que, para usar uma expressão ocidental, nos "bota a funcionar".

Aqui precisarei confessar outra pequena desobediência que cometi no Tashi Jong. Para tentar solucionar as perguntas de Dilgo Khyentse Rinpoche, comecei a pegar "emprestados" da biblioteca do mosteiro livros que de fato não eram autorizados para alunos da minha idade. Não livros inteiros – a maioria dos livros tibetanos é composta de páginas soltas agrupadas em coleções conhecidas como *pechas*, e eu devolvia as páginas mais ou menos rápido para a biblioteca, ao terminar de ler.

Um dos conjuntos de páginas que peguei emprestado foi de Patrul Rinpoche, um grande professor budista tibetano do século XIX, respeitado por todas as escolas desta vertente do budismo. Sua obra-prima, *As palavras do meu professor perfeito*, é um dos guias mais perspicazes para a realização de nosso potencial como seres humanos.

As páginas que peguei não eram desse livro, mas de uma obra menor e menos conhecida sobre meditação. Uma frase em particular me impressionou profundamente, acionando o que se poderia chamar de "reconhecimento relâmpago" – experiência em que, em nível emocional, intelectual e até sensorial, simplesmente "captamos" o que as pessoas estão falando. Em tradução aproximada, a pequena frase dizia o seguinte: "Aquilo que procura a mente é a mente".

Levei uns anos para apreender esse reconhecimento-relâmpago em palavras que pudessem ser compreendidas por outros. Nos termos mais simples possíveis, o que chamamos de "mente" não é uma coisa, mas um evento em movimento perpétuo, operando em níveis diferentes e ainda assim relacionados. Um nível, a consciência normal (ou cotidiana), enfoca os tipos de experiência relativa que temos ao dirigir um carro, gerenciar o relacionamento com sócios, cônjuges, filhos e colegas de trabalho, e administrar as difíceis escolhas em um mundo agitado por desafios sociais, políticos e econômicos. Essa consciência relativa, ou mente relativa, tende a correr em círculos, repetindo as mesmas mensagens.

O outro nível mais expansivo é uma consciência de nossa consciência relativa, idêntica à abertura e à clareza fundamentais anteriormente descritas.

Os dois aspectos da mente estão conectados, como irmãos indo na direção um do outro. Em momentos de grande desafio, a mente relativa busca orientação e assistência de uma consciência mais ampla e aberta que "vê" soluções que nossa consciência cotidiana talvez não consiga discernir.

Em algum nível, nossa mente cotidiana ou relativa pode não perceber as possibilidades disponíveis para lidar com os desafios do dia a dia. Mas, às vezes tênue, às vezes radiantemente, reconhece a possibilidade de uma consciência mais aberta, mais sábia e, ainda que relutantemente, vai em sua busca.

Ficamos cientes dessa consciência pela prática da atenção plena.

Consciente e atento

O termo *atenção plena* costuma ser considerado tradução do termo tibetano *drenpa*, "ficar consciente de um objeto, condição ou situação". Mais precisamente, *drenpa* é o aspecto da consciência que leva a atenção para um objeto. Mas apenas ficar consciente não é de fato toda a prática de atenção plena.

Com frequência, ficamos cientes do que prende a nossa atenção; às vezes, os pensamentos e sentimentos de que ficamos conscientes são tão desconfortáveis que os empurramos para baixo de tudo com que temos que lidar no decorrer da vida cotidiana. Dessa forma, estamos "atentos" boa parte do tempo. Por exemplo, temos ciência quando remoemos um desafio específico, como alimentar nossa família, pagar as contas ou lidar com um relacionamento que azedou. Mas esse tipo de ciência, que poderia ser chamado de "consciência cotidiana", é na verdade apenas a primeira metade da prática de atenção plena.

Não basta estarmos conscientes. Também temos que estar alertas. Quando experimentamos desconforto, perturbação ou dor, devemos nos perguntar: o que está acontecendo aqui?

Esse aspecto da atenção plena é conhecido, em tibetano, por *shezhin*, que pode ser traduzido como "conhecer a própria consciência".

Shezhin é o coração da atenção plena, o aspecto atento da consciência com que observamos a mente em si no ato de estar consciente de um objeto. Embora muitos de nós enfoquemos pensamentos, emoções, sensações e todo o resto enquanto desempenhamos várias tarefas ao longo do dia, raramente estamos *atentos* à mente que está consciente dessas experiências.

Em minha primeira viagem aos Estados Unidos, na década de 1990, alguns amigos me levaram para jantar em um hotel chique de São Francisco. Entrei no restaurante vestindo meus mantos, o que teria atraído olhares curiosos no Nepal ou na Índia. Monges e lamas geralmente não saem para jantar em restaurantes. Não é exatamente "proibido", mas não é visto como "apropriado".

Em São Francisco, os garçons e garçonetes foram muito atenciosos. Conduziram-nos à mesa, anotaram nossos pedidos e aí desapareceram – uma diferença e tanto do que eu havia experimentado em outros países, onde não se conseguia achar um garçom por nada deste mundo ou tinha-se que aguentar alguém parado junto à mesa à espreita, esperando para atender a qualquer necessidade antes mesmo que você se percebesse necessitado de algo.

Quando fui ao restaurante em São Francisco, estava um pouco ansioso, achando que as pessoas ficariam me encarando por estar trajado com os mantos, pensando que eu era uma espécie de alienígena. Para minha surpresa, não mostraram interesse especial. Receberam-nos, fomos levados à mesa e, então, anotaram os pedidos. Quando eu reparava que precisava de algo – por exemplo, mais água, ou um tempero (sou aficionado em pimentas fortes, admito) –, e começava a procurar pela mesa, em segundos uma garçonete aparecia, perguntando: "O senhor precisa de alguma coisa?". Eu dizia o que queria, ela providenciava e sumia em seguida.

Os garçons não estavam parados em volta de nós, à espreita – mas estavam alertas e cientes, tinham *drenpa* e *shezhin*.

Observei-os também enquanto levavam os pratos para diferentes mesas. Cada um deles estava atento ao espaço ao seu redor, aos pratos e bandejas que carregavam, aos outros colegas com quem trabalhavam e às pessoas que serviam. Em outras palavras, eram praticantes bastante perfeitos de atenção plena: conscientes do entorno e alerta às exigências de seu trabalho. Aposto que poucos deles diriam ser budistas, mas estavam praticando princípios básicos do budismo, exibindo consciência do ambiente ao redor e um estado alerta simpático às necessidades dos outros. Estavam conscientes de uma forma muito específica.

Mente e consciência

Na tradição budista existem oito tipos diferentes de consciência. Parece um bom bocado, eu sei. Temos a tendência de pensar de forma bastante vaga e imprecisa. Mas os mestres budistas do passado, como os cientistas contemporâneos, estavam decididos a entender como percebemos e reagimos ao mundo à nossa volta, bem como às nossas experiências internas. Após investigação e debate minuciosos, determinaram oito caminhos ou tipos de consciência com que percebemos, processamos e interpretamos experiências.

As cinco primeiras são conhecidas como *consciências sensoriais*. Em termos modernos, provavelmente nos referimos a elas simplesmente como os cinco sentidos: visão, olfato, audição, paladar e tato. Mas os mestres budistas, assim como os cientistas contemporâneos, buscaram enfatizar o *processo* pelo qual os diferentes órgãos dos sentidos reconhecem, distinguem e retransmitem mensagens sobre suas experiências para níveis superiores de consciência e interpretação. Cada uma das cinco consciências sensoriais, de maneira específica, está ciente de que *alguma coisa* está acontecendo. Os olhos ficam "cônscios" do que veem quando ficam cientes de ver alguma coisa, os ouvidos ficam "cônscios" do que ouvem quando ficam cientes de ouvir alguma coisa, e assim por diante.

Cada uma dessas consciências sensoriais envia mensagens para "cima". E é aí que a coisa fica interessante.

As mensagens enviadas pelas cinco consciências sensoriais são recebidas pelo que conhecemos como *sexta consciência* – não confundir com "sexto sentido". É mais fácil pensar na sexta consciência como um receptor de informações, parecido com uma telefonista. Não julga nem interpreta as mensagens passadas para ela. Sua função é basicamente dizer à mente consciente que está acontecendo *alguma coisa*. "Ei, tem um cheiro 'acontecendo' aqui." "Ei, tem um som 'acontecendo' aqui".

Interpretar o cheiro, o som e todo o resto como bons ou maus, agradáveis ou desagradáveis e assim por diante – conforme fui ensinado – é a função da *sétima consciência*, que pode ser moldada de muitas formas por influências sociais, culturais e pessoais, de modo semelhante a como modificamos programas de computador e adotamos ou rejeitamos opções disponíveis em sites de redes sociais.

A *oitava consciência* é uma espécie de depósito de todos os padrões e programas já "instalados" em nossos sistemas vivos e um registro completo de todas e quaisquer modificações que fizemos sob pressão social ou pessoal. A oitava consciência armazena cada aspecto de toda a nossa experiência – cada ideia, cada padrão emocional, cada memória sensorial –, tipo um disco rígido de computador.

O propósito da atenção plena

Um dos propósitos da prática da atenção plena é estabilizar a consciência no sexto nível, simplesmente observar, sem julgamento ou interpretação. Poderíamos chamar isso de consciência inocente ou autêntica, que ajuda a desvendar os padrões elaborados pelas percepções sensoriais, memórias, pensamentos e sentimentos, e a começar a reconexão com a centelha básica.

Por exemplo, há muito tempo conheci uma mulher que havia passado por um divórcio muito doloroso após descobrir que o marido tinha um caso com uma mulher que usava uma determinada marca de perfume. Anos depois do divórcio, cada vez que sentia o cheiro do perfume – fosse numa loja de departamentos, num elevador ou em uma colega de trabalho –, ela tinha uma reação negativa terrível. Mas o perfume em si não era intrinsecamente ruim.

Claro que esse é um exemplo simples. Pode-se viver sem certa marca de perfume e a exposição a este odor pode ser bem curta. Mas podemos experimentar outras condições inevitáveis – por exemplo, estar no meio de uma multidão ou ter que falar diante de um grupo – que podem desencadear reações desafiadoras mais complicadas.

Quando estabilizamos a consciência no sexto nível, permitimo-nos uma pequena pausa antes de as interpretações do sétimo nível chegarem, por assim dizer. E essa pequena pausa pode fazer uma grande diferença no modo como interpretamos nossa experiência.

Despertando o coração

Quando comecei a viajar pelo mundo ensinando, ouvi muita coisa sobre a atenção plena. Pareceu-me que muita gente descrevia a atenção plena como uma espécie de exercício mental ou emocional calmante, destinado a abrandar uma inquietação ou agitação pessoal. Ouvi falar de todos os tipos de aplicação – atenção plena ao comer, atenção plena ao falar, atenção plena ao caminhar e por aí afora. Tais práticas pareceram muito úteis para ajudar as pessoas a desacelerar e focar, mas não consegui conciliá-las com o significado mais profundo de atenção plena que me ensinaram.

Veja bem, na tradição tibetana não ensinamos a atenção plena como uma prática de simplesmente se mover mais devagar – não basta, por exemplo, tomar chá com atenção plena: a mão se move lentamente na direção da xícara, toca a xícara, leva-a à boca, prova-se o chá, enfocando muito lentamente na deglutição, e solta-se a xícara.

Quando voltei para a Ásia, contei minhas experiências para Adeu Rinpoche, um de meus professores. Pedi conselhos. Adeu Rinpoche foi um dos grandes mestres budistas a pisar nesta terra recentemente. Envolto pelas dificuldades políticas e culturais que demoliram o Tibete na última metade do século XX, ficou preso por quase vinte anos. Espantosamente, descreveu os anos de cárcere como um dos melhores retiros de meditação que tivera a oportunidade de experimentar. O trabalho que lhe atribuíram foi muito árduo, mas, conforme admitiu, ele teve o privilégio de conhecer outros grandes professores também capturados no caos e, no silêncio das barracas, aprendeu muito com eles.

Eu tinha vinte anos quando encontrei Adeu Rinpoche pela primeira vez, durante minha primeira visita ao Tibete, logo após a sua soltura. Era um homem muito alto, com uma presença dominante – poder-se-ia dizer até "régia" –, inalterada pelos anos limpando privadas na prisão e realizando outras tarefas servis. Fiquei próximo dele na ocasião e, naquele período, comecei a ver que o poder de sua presença não se baseava na voz, na altura ou em outras características físicas. Ele emanava uma espécie de cordialidade e abertura emocionais que inspiravam um profundo senso de serenidade e segurança em todos ao redor. Claro que, tendo dominado praticamente cada aspecto dos ensinamentos budistas, era um indivíduo brilhante; mas também era uma daquelas pessoas raras que fazem você se sentir igualmente brilhante quando está perto delas.

Em parte, a dádiva do brilhantismo que ele concedia a todos que se aproximavam vinha de sua disposição para responder perguntas (e, claro, do acúmulo de conhecimento sobre os ensinamentos budistas e da extraordinária sensibilidade para fornecer respostas adequadas ao temperamento de cada aluno). Ele jamais considerava uma pergunta estúpida ou irrelevante. Jamais mandou alguém procurar a resposta em algum livro.

Assim, uns anos depois de minha primeira turnê de ensinamentos, perguntei a ele sobre os tipos de atenção plena de que ouvira falar, e Rinpoche explicou que aquilo que se passa por prática de atenção plena em muitas culturas modernas eram passinhos de bebê muito úteis. Muita gente, ele prosseguiu, havia se acostumado com um estilo de vida corrido, fazendo muita coisa em muito pouco tempo. Esse hábito com frequência resulta em uma desconexão entre *o que* estamos fazendo e *por que* estamos fazendo, um hiato entre nossas ações e a motivação por trás delas.

"Lembre-se sempre", ele disse, "que a meta principal de qualquer prática é despertar o coração".

Quando pedi mais explicações, ele falou que a meta última da atenção plena está em libertar todas as criaturas vivas de seus padrões a fim de experimentarem a abertura, sabedoria e cordialidade, a essência de nosso ser e a essência de *bodhicitta*. A fim de fazer isso, temos que experimentar essa liberdade por nós mesmos. Passinhos de bebê podem ser úteis, mas a maioria das pessoas a quem eu ensinava não era bebê.

Estava na hora de darmos passos de adulto.

Os quatro fundamentos da atenção plena

No nível relativo de consciência, nossa mente é puxada em muitas direções, como um balão empurrado por diferentes correntes de ar. Assim, quando praticamos atenção plena, é importante lembrar que no começo precisamos aplicar um esforço gentil para colocar nossa atenção e estado alerta em uma área de experiência específica. Não podemos simplesmente "ficar atentos"; precisamos ficar atentos *a* alguma coisa. Precisamos de um foco.

No decorrer de mais de quarenta anos de ensino, o Buda identificou quatro áreas de foco por onde podemos ficar mais cientes e alertas, desenvolver familiaridade com a centelha básica e permitir que essa centelha gradativamente se desenvolva em *bodhicitta*, o coração plenamente desperto. Com o tempo, essas áreas de foco ficaram conhecidas como os Quatro Fundamentos da Atenção Plena, que foram interpretados de muitas maneiras por muitos professores.

Os três primeiros são bem fáceis de entender. Atenção Plena ao Corpo é o reconhecimento de que vivemos em um corpo, com todos os seus frutos e fragilidades. Atenção Plena ao Sentimento é basicamente a prática de repousar a consciência alerta na experiência das emoções, sem necessariamente julgá-las. Atenção Plena ao Pensamento consiste em prática semelhante, que nos permite ficar alertas e despertos aos pensamentos quando ocorrem.

O quarto fundamento, muitas vezes traduzido literalmente como Atenção Plena ao Dharma, é um pouco mais complicado de explicar. *Dharma* é um termo sânscrito com uma variedade de significados, incluindo "lei", "norma", "obrigação" ou, mais genericamente, "a verdade", "a natureza das coisas", ou, mais simplesmente, "o jeito como as coisas são". Em termos de prática de atenção plena – como fui ensinado –, o Dharma, como objeto de atenção, tem mais a ver com "o jeito como as coisas são" do que com quaisquer leis ou obrigações específicas. Mas chegaremos nisso mais adiante.

Ao começarmos a jornada por nossas pontes particulares, é mais fácil começar trazendo nossa atenção, nosso estado alerta, nossa bondade e nossa cordialidade para o aspecto de nossa experiência mais obviamente associado com nossa noção de "eu".

6. Atenção no corpo

Se você está lendo este livro, é muito provável que seja um ser corporificado. É surpreendente quantos de nós se esquecem desse pequeno fato enquanto tratam das atividades cotidianas. É tão fácil ficar preso em pensamentos e sentimentos e ignorar esse extraordinário sistema de músculos, ossos, órgãos e tudo o mais que serve de suporte físico para nossos pensamentos, sentimentos e comportamentos.

Ao praticar a Atenção Plena ao Corpo, começamos de modo gentil, com uma simples apreciação de que *temos* um corpo, um campo básico de experiência. A prática é tipo um aperto de mãos entre a mente e o corpo. "Mente, esse é o corpo. Corpo, essa é a mente. Oh, olá. Como vai?"

Podemos começar simplesmente observando: "Uma perna aqui. Um dedo do pé ali". Também podemos simplesmente observar que existe um coração batendo, pulmões se expandindo e contraindo, sangue circulando pelas veias. Também podemos observar as sensações físicas, como estar com frio ou calor, sentir dor nos joelhos, costas ou ombros e por aí vai. O ponto da prática da Atenção Plena ao Corpo é simplesmente permitir que fiquemos alertas ao aspecto físico de nosso ser de maneira muito calma e gentil, sem julgá-lo ou se identificar com ele.

A simples observação desses aspectos de nossa experiência pode induzir a um estado relaxado, aterrado, uma sensação de simplesmente ser, da qual muitas vezes não estamos cientes.

Com a prática da Atenção Plena ao Corpo, o que realmente estamos fazendo é dedicar um momento para simplesmente apreciarmos o fato de estarmos em um corpo. "Essa é a sensação quando ele está repousando... essa é a sensação quando ele está se movendo... essa é a sensação de sentar... essa é a sensação de ficar em pé... essa é a sensação de pousar minha mão em cima de uma mesa." Sua mente fica realmente envolvida no aqui e agora, conectando-se com a consciência desnuda de ter um corpo em repouso ou movimento... o simples fato de estarmos presentes é algo em que muitos de nós há bastante tempo não pensamos. O simples fato de termos dedos pode tornar-se uma fonte de fascínio e apreciação quando nos libertamos de qualquer julgamento a respeito de serem dedos bonitos, curtos ou compridos.

Postura

Então, como começamos a prestar atenção ao nosso corpo?

Uma maneira de começar a prática é assumindo, se tivermos condições, uma postura física confortável e estável.

Quando começamos a nos envolver em qualquer tipo de prática de atenção plena, podemos achar difícil focar. Nossa atenção pula ao redor como um coelho nervoso. Muito da inquietação que experimentamos se deve à inexperiência. Mas podemos compensar adotando uma postura física gentil e favorável, que permita não só ficarmos mais alertas ao corpo físico, mas também a focar nossa atenção.

Existem duas abordagens de postura física: formal e informal. O método formal é descrito em termos de sete "pontos" ou posições físicas.

O primeiro ponto envolve o estabelecimento de uma base sólida que ancore no ambiente onde se está praticando. Cruze as pernas, de modo que cada pé repouse sobre a perna oposta. Se não for possível, cruze apenas um pé sobre a perna oposta e repouse o outro pé embaixo da perna oposta. Se nenhuma das posições for confortável, você pode apenas cruzar as pernas. E, caso se sentar de pernas cruzadas no chão ou numa almofada (até mesmo no sofá ou na cama) seja doloroso ou impossível, apenas mantenha os pés repousando de maneira uniforme no chão.

O segundo ponto é repousar as mãos no colo, com as costas de uma mão repousando na palma da outra. Realmente não importa qual mão fica por cima e você pode trocar esta ordem a qualquer hora. Também é bom colocar as palmas das mãos em cima das pernas. O terceiro ponto, entretanto, envolve permitir algum espaço entre os braços e o tronco – erguer e abrir os braços permite respirar o mais plena e livremente possível.

O quarto ponto é manter a coluna tão reta quanto possível, o que se poderia considerar a expressão física mais importante do estado alerta. Não faça pressão sobre a coluna a ponto de se curvar para trás, nem assuma uma postura desleixada. Em vez disso, pense em empilhar cada vértebra em cima de outra, formando uma bela coluna reta.

O quinto ponto envolve deixar a cabeça, em equilíbrio, repousada sobre o pescoço, de modo que o queixo não esmague a garganta, nem fique tão para trás que tensione os sete ossinhos no topo da coluna. Você precisa de um pequeno "respiro" entre esses ossos e, se o permitir, é provável que experimente uma sensação de liberdade ao longo de toda a coluna e em outras partes do corpo.

O sexto ponto se refere à boca. Se pararmos um momento para examinar como mantemos nossa boca, podemos descobrir um hábito de deixar os lábios, dentes, língua e maxilares muito rigidamente fechados. Alguns são tão tensos nessa região que rangem os dentes, apertam os lábios em linhas estreitas ou desenvolvem linhas de expressão. Claro que o sexto ponto não significa deixar a boca escancarada como se estivéssemos engolindo algo enorme. Significa, isso sim, permitir à boca repousar naturalmente, como quando estamos prestes a adormecer, talvez um pouquinho aberta, talvez totalmente fechada, mas sem qualquer tipo de tensão.

O sétimo e último ponto envolve os olhos. Ao começar a prática, muita gente acha mais fácil experimentar um senso de foco ou firmeza mantendo os olhos fechados. Pode ser assim no começo. Entretanto, vi que pessoas que mantêm os olhos fechados tendem a deslizar para um estado tão tranquilo que sua atenção começa a vaguear. Algumas de fato adormecem. Por isso, depois de uns dias de prática, é melhor manter os olhos abertos, de modo que você possa permanecer alerta e vivaz. Isso não significa olhar fixo à frente sem piscar. Apenas deixe os olhos abertos como ficam normalmente durante o dia. Lembre que o importante da atenção plena é permanecer alerta e ciente.

Ao praticar a atenção plena, você também pode adotar uma postura informal de três pontos, que poderá ser utilizada em ocasiões em que a postura formal for inadequada (por exemplo, enquanto está dirigindo, cozinhando ou fazendo compras) ou fisicamente impossível. Os três pontos são simples: mantenha a coluna tão reta quanto possível, os músculos do corpo relaxados e os pés no chão.

Existe um último ponto, muitas vezes não mencionado: respire.

Em momentos desafiadores, é frequente nos esquecermos de respirar e, quando isso acontece, ficamos um pouco desatentos. Nossa atenção tende a se fixar no desafio em mãos. Esquecemos nosso corpo. Esquecemos nossa mente. Esquecemos nosso coração. Esquecemos qualquer noção do que somos capazes de ser e nos tornamos fantoches das circunstâncias.

Varredura

Assumir uma postura estável e confortável é um bom começo em termos de alinhamento de mente e corpo. A verdadeira prática envolve uns poucos métodos diferentes, o primeiro dos quais é um exercício fácil do que pode ser chamado de "varredura", um aperto de mãos bem simples entre a mente e o corpo.

Leve sua atenção ligeiramente para o seu corpo, do topo da cabeça à ponta dos pés. Não foque com excessiva atenção em nenhuma parte. Apenas leve a atenção pura a cada região.

Claro que, às vezes, surgirá uma sensação física de desconforto, é normal. Mas durante esse exercício não é necessário se deter nessas sensações ou buscar as causas. Em vez disso, apenas repare na experiência e siga para a próxima parte do corpo – cumprimentando, por assim dizer, cada uma delas: "Essa é a minha testa. Como vai, testa?"; "Esse é o meu nariz. Como vai, nariz?"

Para a prática conhecida como atenção plena ter algum efeito, precisamos aprender a ser polidos em relação às experiências que descobrimos no processo de varredura. Talvez um dia a palavra polidez seja usada em vez de atenção plena. Mas, antes que isso possa ocorrer, precisamos transpor as ilhas de descontentamento dentro de nós e cumprimentar as experiências e as histórias que cercam nossas experiências.

Observação

A varredura é uma forma de praticar. Como alternativa, podemos apenar observar a primeira coisa que captura nossa consciência quando levamos a atenção ao corpo: por exemplo, nossa mão, nossa perna ou nosso pé. Para mim, o simples ato de observar funciona muito bem. Vejo alguma coisa e então deixo minha atenção absorver todos os detalhes. Apenas reparar nos detalhes e apreciar a capacidade de observá-los exercita alguma apreciação, um reconhecimento de que não havia realmente reparado naquelas coisas durante muito tempo.

Observar não implica qualquer tipo de esforço extremo. Não temos que ficar sentimentais por notar linhas em nossas palmas, rugas em torno dos nossos olhos ou calos em nossos pés. Nem temos que nos concentrar realmente com força. Apenas deixamos a mente acariciar nossas mãos, nossos pés, nosso nariz.

Tente isso por cerca de um minuto.

Acaricie seu corpo com atenção.

Você pode experimentar algum retorno: narrativas a respeito do corpo estar cansado, velho, enrugado, dolorido ou não estar funcionando como deveria. Mas essa revisão vai confirmar que você *tem* um corpo, o que ainda comprova o milagre de estar vivo.

Conheci gente que por vários motivos ficou confinada a cadeiras de rodas e em alguns casos incapaz de mover boa parte do corpo físico. Contudo, graças às maravilhas da tecnologia moderna, conseguem respirar, nutrir-se e se comunicar com os outros, e o brilho nos olhos delas me inspira. Ao longo de suas provações, elas descobriram um senso de triunfo só em estarem vivas. Essa é a essência da prática da atenção plena. Trata-se de apreciar o fato de estarmos *vivos*. Existe certo tipo de alegria que brota desse simples reconhecimento – um senso de possibilidade e uma conexão visceral com os outros seres. Por estarmos vivos, podemos fazer certas escolhas que afetam não só a nossa vida, mas as vidas de incontáveis outros seres.

Independentemente do que você observar, apenas repouse ali por um instante – não se agarre firme demais nem trabalhe para manter a atenção de alguma maneira; isso vai ocorrer gradativamente, à medida que sua mente se acostumar com essa abordagem da atenção.

Movimento

Se houver condições, outra forma de praticar a Atenção Plena ao Corpo é simplesmente observar nossas mãos se movendo, meneando ou gesticulando pelo espaço. Quando cansarmos de observar as mãos, poderemos voltar nossa atenção para outra coisa, como o movimento dos braços ou ombros.

Não sou muito bom em ficar sentado imóvel. Talvez seja o resultado de ser pai. Crianças estão sempre se movimentando, muitas vezes de um jeito que deixa os pais um pouco nervosos. Sei que, quando criança, não facilitei a vida dos meus pais por estar constantemente em busca de aventuras.

Mas a atenção plena em si é uma aventura, e realmente acho mais fácil praticar a Atenção Plena ao Corpo quando envolvido em algum tipo de movimento, simplesmente observando meu corpo quando chega perto de outras formas que estão presentes no ambiente, aqui e agora. "Certo, meu pé está nessa parte do piso... uau... minha perna está perto da mesa... uau... está perto da cadeira..." e por aí vai.

Manter o foco na experiência de movimentar-se desenvolve um senso de simples gratidão por ter condições de se movimentar. Você também pode desenvolver um estado alerta e a consciência do espaço físico pelo qual o corpo se movimenta e onde outras formas aparecem e pode começar a desenvolver naturalmente uma espécie de harmonia com o ambiente ao redor, quase como se você estivesse dançando com a realidade física.

Tente fazer isso por cerca de um minuto.

Às vezes, a atenção plena nesse nível pode ser levada um pouco a sério demais. Tempos atrás, observei alguém caminhando muito devagar e perguntei se ele estava bem. (Essa é uma das vantagens de ser um cara baixinho, quase careca, de óculos e vestindo um manto: você vai lá e faz perguntas).

O homem respondeu: "Estou praticando caminhada atenta".

Não achei que coubesse a mim corrigi-lo naquele momento, mas lembrei que, no Tashi Jong, havia muita gente que passava anos sentada em cavernas, mal se movendo. Mas, quando voltavam para o mosteiro, caminhavam bastante rápido enquanto faziam suas coisas. O coração delas estava focado em gerir o mosteiro, ensinar os alunos, servir as pessoas que vinham buscar ajuda. Nunca erravam um passo e pareciam deslizar pelas trilhas para os diferentes prédios. Eram guiadas pela intenção de ajudar os outros. Essa é a intenção por trás da atenção plena: ajudar, servir, amar.

Podemos caminhar devagar ou comer devagar se isso nos ajuda a ter atenção ao nosso corpo. Mas não devemos esquecer o significado por trás de nosso movimento: ajudar, servir e amar.

Forma

Atenção plena ao corpo, às vezes, é traduzida como Atenção Plena à Forma, uma prática que estende a atenção a todos os tipos de forma: a mobília e outros elementos que encontramos em uma sala, na rua, num restaurante, num trem etc. É essencialmente uma prática de nos aterrarmos na realidade relativa em que operamos.

Normalmente, nosso hábito de percepção visual é um pouco impreciso. Na realidade, não vemos a mesa da cozinha muito claramente, não vemos nossas mãos muito distintamente. Tornam-se objetos generalizados. Assim, além de ajudar a nos aterrar, a Atenção Plena ao Corpo – ou, em termos mais gerais, Atenção Plena à Forma – também oferece a oportunidade de aguçar nossas aptidões perceptivas.

Então, dedique um minuto para focar em alguma forma neste momento, onde quer que você esteja. A forma não importa. Pode ser sua mão, uma mesa, o livro que você segura numa mão ou o iPod na outra.

Apenas observe...

Apenas veja...

Certo, passou um minuto.

Como foi a experiência?

Você se sentiu um pouco mais presente? Um pouco mais aterrado? Ou talvez um pouco menos apavorado?

Qualquer uma dessas reações é possível quando você começa a se relacionar com atenção plena ao corpo e ao mundo das formas. Afinal de contas, leva-se algum tempo para quebrar velhos hábitos. Essa simples disposição para ver, para colocar a atenção pura no que vemos, pode ser um pouco desafiadora de início. Mas, depois de um tempo, tais experimentos ficam mais fáceis.

E, tendo começado, podemos estender a atenção, a apreciação, à sala, ao mundo, a todo o universo da forma: às árvores do lado de fora da janela, ou à grama, ou aos canteiros de flor. Mesmo sentados em uma cadeira na sala, podemos começar a apreciar o fato de fazermos parte de um reino muito maior de formas nítidas e presentes. E, quando levantamos da cadeira, podemos começar a carregar essa consciência, esse estado alerta e essa apreciação conosco.

Recordando o deslumbramento

Quando crianças, nos apaixonamos pelo assombro de estarmos vivos. Nosso corpo nos fascina, as coisas ao redor nos fascinam. De certo modo, a prática da Atenção Plena ao Corpo é um grande passo para se reapaixonar pelo puro deslumbramento de estar vivo. Mas não podemos efetuar isso de uma vez só, assim como não podemos atravessar uma ponte em uma passada. Temos que conduzir nossas experiências um passo de cada vez, aprendendo a caminhar antes de aprender a correr.

Como pai, é claro que vi que não levou muito tempo para minhas filhas tentarem correr após terem aprendido a caminhar. Com grande frequência elas se encrencavam, como a maioria de nós. Quando crianças, podemos correr atrás de uma bola numa rua movimentada. Quando adultos, podemos nos ver correndo atrás de uma pessoa que não nos quer bem ou correndo atrás de um papel na sociedade para o qual podemos não ser talhados.

A Atenção ao Corpo ajuda a reagir à tendência de correr – ou pelo menos questionar do que estamos correndo ou para onde estamos correndo. É o primeiro passo para parar e olhar nossa identidade de "eu", e para transpor as histórias que nos contamos a nosso respeito e que em muitos casos podem inibir nossas tremendas possibilidades.

Por exemplo, recentemente fiquei sabendo de um aluno que correu para a sala de seu professor em um dia de grande aflição.

"Minha lombar está toda tensionada", ele exclamou, "e sou tão travado que nunca serei capaz de me relacionar com outras pessoas, serei sempre um pária, não consigo me comunicar".

O professor olhou para ele e disse: "Sua lombar está tensa".

"Sim! Sim!", o aluno gritou. "Por isso simplesmente não consigo me relacionar com as outras pessoas. Não consigo sentir compaixão. Vou ficar sozinho para sempre."

O professor olhou para ele de novo e disse: "Suas costas estão tensas".

"Foi o que eu disse", replicou o aluno, ansioso. "Por isso estou isolado das outras pessoas. É terrível."

Depois de outro minuto, o professor olhou para ele e disse: "Suas costas estão tensas. O resto que você está dizendo é história".

Mas onde vivem essas histórias?

7. O corpo sutil

Eu era jovem, ainda nos estágios iniciais de meu treinamento, quando meu principal tutor, Tselwang Rindzin, me introduziu a um aspecto existencial que ajudou a explicar a inquietação que eu havia começado a sentir no Tashi Jong.

Por muitos anos, tive dor de estômago, úlceras na boca e feridas no couro cabeludo. Não conseguia dormir. Não conseguia comer. Não conseguia decidir entre fazer o que fosse preciso para acabar com a doença ou rastejar até um buraco e morrer.

Finalmente Tselwang Rindzin começou a explicar que as dificuldades que eu experimentava provinham de um aspecto de estar vivo que na tradição budista é conhecido como corpo sutil, que pode ser mais bem entendido como o lugar de onde as emoções emergem e onde habitam, exercendo com frequência um efeito tangível sobre o corpo físico.

Era fim de tarde quando ele me fez sentar para uma conversa. Os outros *tulkus* que moravam na pequena cabana estavam conversando com alguns monges do lado de fora. Podia ouvir as vozes alegres, enquanto eu e meu tutor nos sentamos na cama dele, observando a luz dourada do sol penetrar por uma janelinha.

"Andei observando você de perto", ele começou, "e talvez eu tenha sido mais duro com você do que com os outros alunos porque você chegou aqui atrasado e a linhagem Tsoknyi é muito importante".

Comecei a suar, esperando pelo que ele diria a seguir. Eu tinha absoluta certeza de que ele me aplicaria uma reprimenda. Afinal, ele havia me flagrado fugindo para a aldeia vizinha para ver filmes e tinha ouvido as histórias de que eu conversava com as meninas de lá.

"Seus estudos foram muito bem", ele continuou, "e você possui um entendimento intelectual razoável do eu e de como ele pode limitar a capacidade de uma pessoa de realmente absorver de coração os ensinamentos do Buda. Mas..."

Fez uma pausa.

O sol se punha lentamente e senti um arrepio na espinha.

"Posso ver também", ele enfim continuou, "que você está infeliz, e essa infelicidade deixou você doente e também fez com que fosse um pouco desobediente".

O rosto dele estava severo como de costume e esperei pela reprimenda.

Em vez disso, após um momento a expressão dele se abrandou um pouco, e pude ver pelos pequenos sinais no modo como movimentou o corpo que ele tinha outros planos.

"Então, agora", ele disse, "acho que está na hora de ensinar uma coisinha que não faz parte do treinamento tradicional".

Não movi um músculo, com receio de revelar minha ansiedade, quando ele deu um de seus raros sorrisos.

"Você sabe que tem um corpo físico", ele começou, "e você avançou muito no entendimento de como a mente atua para criar uma noção de eu. Mas existe uma camada de" – ele procurou a palavra – "experiência entre os dois. Essa camada é o que chamamos de corpo sutil".

Ele suspirou.

"Descrever o corpo sutil é tão difícil quanto tentar descrever o gosto da água. Você sabe quando está bebendo água. Você pode necessitar dela quando tem sede. Pode sentir o alívio quando seu corpo recebe sua umidade. Mas pode realmente descrever o gosto da água para outra pessoa?

"De modo parecido, você pode descrever a sensação de equilíbrio emocional para alguém ou o alívio quando o experimenta? Não sei...", ele murmurou, "mas vou tentar".

Elementos sutis

De acordo com a tradição budista, os padrões emocionais que ditam nosso senso interno de equilíbrio ou desequilíbrio, bem como as manifestações físicas e emocionais de desequilíbrio persistente, são funções do corpo sutil.

O corpo sutil muito raramente é discutido nos ensinamentos públicos. Entende-se que seja um dos ensinamentos mais elevados ou superiores do budismo tibetano. Entretanto, acredito que o entendimento do corpo sutil e sua influência em nossos pensamentos, ações e, em particular, nossas emoções seja essencial para o entendimento das camadas que obscurecem nossa capacidade de nos relacionarmos cordial e abertamente conosco mesmos, com os outros e com as condições que cercam nossa vida. Além do mais, sem entendimento do corpo sutil, a maioria das práticas de meditação se torna um simples exercício de extensão da nossa zona de conforto, uma série de técnicas que resultam na preservação do senso sólido de "eu".

O corpo sutil é essencialmente uma espécie de interface entre a mente e o corpo físico, um meio pelo qual esses dois aspectos do ser interagem. Uma imagem tradicional simples envolve a relação entre o sino e o badalo, a bolinha de metal que bate nas paredes do sino. O badalo representa o corpo sutil, o nexo dos sentimentos, enquanto o sino representa o corpo físico. Quando o badalo bate no sino, o corpo físico – nervos, músculos e órgãos – é afetado e ocorre o som.

O corpo sutil, porém, é um pouco mais complexo do que um sino. É constituído de três características relacionadas. A primeira é composta por um conjunto daquilo que em tibetano é chamado de *tsa*, geralmente traduzido como "canais" ou "caminhos". Pessoas familiarizadas com a acupuntura podem verificar uma semelhança entre esses canais e os meridianos frequentemente descritos em textos de acupuntura. Outras podem achar que é mais fácil reconhecer uma semelhança entre os *tsa* e a rede de nervos que se estende por todo o corpo, com o que eles de fato estão intimamente correlacionados.

Os canais são as vias pelas quais se deslocam o que poderíamos chamar de "centelhas de vida". Em tibetano, essas centelhas são chamadas de *tigle*, "gotas" ou "gotículas" – interpretação que recebemos para poder formar algum tipo de imagem mental daquilo que passa através dos canais.

Hoje em dia, claro, podemos começar a pensar nessas "gotas" como neurotransmissores, os "mensageiros químicos" do corpo que afetam nossos estados físico, mental e emocional. Alguns desses neurotransmissores são bastante famosos: por exemplo, a serotonina, que influencia na depressão; a dopamina, substância associada com a antecipação do prazer; e a epinefrina (mais comumente conhecida como adrenalina), substância geralmente produzida em resposta ao estresse, à ansiedade e ao medo. Os neurotransmissores são moléculas minúsculas, e, embora seus efeitos em nossos estados mentais e físicos possam ser bastante perceptíveis, sua passagem entre vários órgãos do corpo ainda pode ser chamada de sutil.

Os *tigle* são transportados pelos canais por uma força energética conhecida em tibetano como *lung* (pronunciada "loong"), cujo significado básico é "vento", a força que nos sopra para um lado ou outro, física, mental e emocionalmente. Na tradição budista, todo movimento, todo sentimento, todo pensamento é possível por causa do *lung* – não existe movimento sem *lung*. O *lung* está enraizado em uma região cerca de quatro dedos abaixo do umbigo (meio parecido com energia tan-tein na prática de Qigong). Esse é o lar, por assim dizer, de onde ele flui através dos canais carregando as centelhas de vida que transmitem a vitalidade que sustenta nossa condição física, mental e emocional.

Mas, tendo em conta que não podemos ver o corpo sutil, como sabemos que ele está lá?

Acolhendo o constrangimento

Levei muitos anos para descobrir uma resposta para essa pergunta, e isso só aconteceu por meio de um constrangimento ocorrido durante a minha primeira atividade de ensino na América do Norte.

O voo do Nepal para a Califórnia foi longo, e, quando finalmente cheguei, a mulher que coordenava o retiro me olhou de alto a baixo. "Rinpoche, você está horrível!", ela exclamou. "Gostaria que eu marcasse um fisioterapeuta para você?"

Concordei, agradecido.

Levou dois dias para ela conseguir agendar o horário, mas a fisioterapeuta chegou ao local onde eu estava hospedado. Seu aspecto era um pouco assustador, admito, com vestes de couro preto cravejado com tachinhas de metal. Deixei isso para lá. Ela me instruiu a deitar em uma das camas de solteiro do meu quarto e começou a acenar as mãos sobre meu corpo, roçando levemente em mim de vez em quando com um movimento leve de cócegas. Senti uma espécie de formigamento, mas não era o tipo de terapia de tecido profundo que eu esperava para aliviar os nós e torções em meu corpo. Depois de meia hora, ela me pediu para deitar de costas (o que exigiu alguns movimentos, pois meus mantos tinham ficado um pouco emaranhados) e, ao senti-la continuando com seus acenos de mão, comecei a ficar meio irritado. Uma historinha começou a se revolver dentro de mim.

"Ela disse que trabalharia por uma hora", pensei. "Já se passou meia hora e ela ainda não me tocou. Bem, talvez ela esteja tentando descobrir, do seu jeito, onde se encontram meus nós. Daí, quando os identificar, vai desmanchá-los finalmente."

Ela deu mais umas acenadas com as mãos e uns toques leves de cócegas. Aí agarrou minha mão direita e moveu meu braço para cima, para baixo e em círculos, lentamente, e naquele momento eu pensei com raiva: "Que tipo de fisioterapia é essa? Consigo mover meu braço sozinho".

De repente ela gritou para mim: "Rinpoche, ou você faz o trabalho ou o faço eu!".

Fiquei tentando entender do que ela estava falando. Então, abri os olhos e vi que meu braço estava completamente congelado, esticado em ângulo reto em relação a meu corpo. Todo aquele resmungo interno, toda aquela expectativa, todos aqueles sentimentos pessimistas haviam literalmente congelado meu braço. Ela já havia me soltado, mas meu braço permanecia esticado.

Fiquei muito constrangido e no mesmo instante baixei o braço.

Ela trabalhou um pouco no braço; aí chegou a hora de ir embora. Ela perguntou se eu iria querer outra sessão e resmunguei que talvez dali a uns dias.

Mas, depois que a fisioterapeuta saiu, vi realmente a conexão entre o corpo sutil e o corpo físico. Minhas emoções tomaram conta por completo das minhas reações físicas.

Foi uma revelação experimentar em primeira mão os efeitos do corpo sutil. Embora de início fosse constrangedor, depois de um tempo comecei a apreciar o constrangimento e até acolhê-lo – talvez porque eu sou um pouco tímido. Respeito os ensinamentos dos mestres do passado, mas, até experimentar por mim mesmo, eles não fazem muito sentido para mim.

Uma questão de equilíbrio

Em termos ideais, o corpo sutil está em equilíbrio. Os canais estão abertos, o vento está centralizado em sua "casa" e sopra livremente através dos canais, por onde as centelhas de vida fluem com facilidade. Sentimos certa leveza, animação, abertura e cordialidade. Embora possamos ter muita coisa planejada para o dia ou encarar um longo trajeto antes de uma reunião importante, ficamos calmos e confiantes. Aguardamos o que quer que o dia traga pela frente: um estado que poderia ser chamado de "estar feliz sem motivo".

Por outro lado, podemos acordar exatamente nas mesmas circunstâncias – mesma cama, mesmo quarto, mesmos planos para o dia – e nos sentirmos pesados, zangados, deprimidos ou ansiosos. Não queremos sair da cama e, quando finalmente saímos, nos escondemos atrás de um jornal ou da tela do computador. Estamos "infelizes sem motivo". Ou, pelo menos, sem um motivo claro.

Eis o motivo para o corpo sutil ser assim chamado. A interação de *tsa*, *lung* e *tigle* é difícil de detectar até surgir um pleno desequilíbrio na forma de algum tipo de dificuldade ou desafio emocional, físico ou mental. Os padrões que se desenvolvem em nível de corpo sutil em geral se formam sem nossa percepção consciente direta e, se deixados à solta, podem crescer ao longo de alguns anos até irromper em cena, por assim dizer.

As causas de desequilíbrio

Existem duas rotas principais pelas quais o corpo sutil pode ficar desequilibrado.

Uma envolve o *tsa*, que fica bloqueado ou torto, geralmente depois de algum tipo de choque ou trauma. Por exemplo, anos atrás, viajei de avião de Pokhara – uma das regiões baixas no Nepal central – para Muktinath, localidade remota no alto dos Himalaias. Era um aviãozinho pequeno, com uns oito lugares apenas, a maioria ocupada por turistas estrangeiros e, em grande parte, peregrinos religiosos.

Eu estava indo a Muktinath para inspecionar o convento budista de lá. Os templos e outros prédios estavam em ruínas e as condições de vida das monjas eram apavorantes. Simplesmente não havia recursos ou trabalhadores suficientemente capacitados para manter o local.

O avião deveria partir às 8h a fim de evitar os ventos fortes que quase sempre sopram mais tarde. Mas, naquele tempo, as viagens de avião no Nepal eram, na melhor das hipóteses, uma probabilidade incerta, e os aviões com frequência decolavam horas depois do previsto. Deixamos o aeroporto três horas e meia depois do horário agendado e muito depois de os ventos terem começado a soprar.

Ao voarmos na direção de duas enormes montanhas, nosso avião minúsculo foi esmurrado para cima e para baixo pela turbulência por quase meia hora. Muitos passageiros gritavam e choravam, certos de que morreriam. Apliquei um método que ajudou a me estabilizar um pouco: em vez de focar no movimento do avião, olhei pela janela e foquei uma das montanhas. Mas devo admitir que me contaminara pelo mesmo medo que consumia os outros passageiros. Aquele medo – aquele choque no meu sistema nervoso – marcou uma espécie de torção em meu *tsa*. Embora tenhamos aterrissado a salvo, rezei para que houvesse outro jeito de voltar para Pokhara, de carro ou ônibus –, mas a única via naquele tempo era a aérea. Na viagem de volta, socado no mesmo aviãozinho com turistas estrangeiros, suei tanto que meus mantos começaram a ficar molhados. Agarrei firme no apoio dos braços e, embora fazendo isso eu me sentisse um pouco melhor, uma parte de mim sabia que me agarrar firmemente à poltrona não adiantaria de nada se o avião realmente caísse.

Quando acontece um evento apavorante assim, a mente racional fica um pouco insensata, e o *tsa* se entorta, formando padrões que afetam não só nossas reações emocionais, mas também nossas reações físicas.

A repetição de experiências perturbadoras ao longo da vida também pode fazer com que um padrão torto seja gravado no *tsa*. Por exemplo, uma mulher recentemente contou que, quando criança, os adultos em sua vida mandavam-na "ficar de boca fechada... nunca reclamar, nunca explicar". Agora, sempre que tentava falar o que estava pensando ou sentindo, sua garganta fechava e a boca ficava seca. Ela está presa em um casamento onde sofre abuso, mas não consegue falar sobre o assunto. Toda vez que pega o telefone para ligar para a emergência, os dedos amortecem e a voz falha.

O outro tipo principal de desequilíbrio ocorre quando o *lung* fica agitado. Esse tipo de desequilíbrio costuma evoluir junto com o desenvolvimento das várias camadas do "eu". Assim que entramos no reino do "eu sólido" (e, por extensão, do "outro sólido"), ficamos suscetíveis a medo e esperança, atração e aversão, elogio e preconceito.

Como ficamos isolados da centelha básica de amor, clareza e abertura que é a nossa natureza, começamos a buscar satisfação fora de nós mesmos – por meio de realizações, reconhecimento, relacionamentos, aquisições. Mas, como em quase todos os casos ficamos decepcionados com o que buscamos, e como o que encontramos na verdade não preenche o espaço vazio, continuamos a procurar, continuamos tentando com mais força, e aquele *lung* ou energia dentro de nós fica agitado. Consequentemente, ficamos inquietos e acelerados, nosso coração dispara, temos dificuldade para dormir.

Essa energia inquieta se autoalimenta. Sem perceber, caminhamos, falamos, comemos mais rapidamente. Ou sofremos de dor de cabeça, dor nas costas, ansiedade ou nervosismo. Mesmo quando estamos prontos para dormir ou quem sabe tirar uma soneca, somos assolados por uma inquietação – o que aprendi a chamar de "aceleração" interna – que simplesmente não nos deixa descansar. Nosso *lung* pede para fazermos alguma coisa, mas não sabemos o quê.

Por exemplo, um aluno meu descreveu recentemente uma situação em que, embora fisicamente exausto por um projeto de trabalho, teve oportunidade de tirar uma soneca na rede do lado de fora da casa de um amigo em um dia ameno de verão. Ele estava cercado de flores perfumadas e pássaros a gorjear.

"Mas não consegui dormir", explicou. "Alguma coisa seguiu se revolvendo dentro de mim, uma sensação de que eu estava perdendo tempo, de que precisava voltar ao trabalho. Havia telefonemas e e-mails para responder. Eu tinha muito a fazer."

"Aquela coisa", expliquei para ele, "é o seu *lung*. Está preso em um padrão. O *lung* tem uma espécie de cegueira. Uma inquietação sutil interna que não está na mente ou no corpo não vai deixá-lo descansar, não importa o quanto você esteja cansado".

A inquietação sutil interna pode evoluir para uma situação muito perigosa. Se você não tratar, o *lung* perturbado pode instalar-se no coração ou em outros órgãos físicos. Podemos ficar febris, com os olhos ardendo, a pele tensa demais. Podemos suar ao longo de noites de sono interrompido, rolando de um lado para o outro em busca de uma posição confortável, enquanto nosso *lung* segue pulsando, provocando todo tipo de pensamento, sentimento e sensação física. Às vezes, podemos estabelecer uma explicação racional para nossa aflição – um prazo, uma discussão, preocupação financeira ou problema de saúde –, mas mesmo que o tema aparente seja identificado, a inquietação permanece.

Quando a energia fica intensa demais, podemos sentir até exaustão, lerdeza e depressão. Ficamos acabados, apáticos, incapazes de executar até mesmo as tarefas mais simples. Dormimos mais e mais ao longo do dia, ainda que incomodados por sonhos perturbadores.

Somado a isso, quando o desequilíbrio ocorre, o *lung* pode ficar preso em algum lugar, geralmente em áreas correlacionadas à parte superior do corpo – cabeça ou peito, por exemplo. Um bom amigo tinha tanta dor no pescoço e nos ombros que chegava a pedir que caminhassem sobre suas costas. Mas esta era apenas uma solução temporária, que tinha que ser repetida todos os dias.

Em muitos de nós, os desequilíbrios formam padrões que parecem ter vida própria. O *tsa* fica bloqueado. O *tigle* empaca ou move-se em um padrão de espera, como aviões sobrevoando um aeroporto em círculos aguardando para aterrissar. Com o tempo, esses padrões começam a moldar nosso pensamento, sentimento e comportamento sem que sequer percebamos.

Como esses padrões vivem, por assim dizer, no corpo sutil, temos que abordá-los com cuidado, com a mesma atenção bondosa, gentil e alerta com que abordamos nosso corpo físico. Começamos prestando atenção aos alarmes acionados pelo corpo sutil, ao mesmo tempo reconhecendo que representam apenas um único aspecto de nossa experiência.

8. Aprendendo a cavalgar

Uma das analogias que Tselwang Rindzin usou quando nos sentamos à luz crepuscular daquela tarde distante foi que a relação entre a mente e o corpo sutil é como a relação entre um cavaleiro e o cavalo. Quando o cavaleiro fica tenso demais ou pressionado demais, pode deixar o cavalo maluco. Quando o cavalo é selvagem, pode deixar o cavaleiro louco.

Mencionei essa analogia recentemente para um aluno que adora cavalos e costuma cavalgar na mata. Ele respondeu que de fato havia aprendido algo parecido sobre manejar cavalos quando ficam indóceis.

"Os cavalos reagem a qualquer coisa que considerem perigosa, correndo de qualquer jeito", ele disse. "Correm para qualquer lugar. Ficam em pânico e confusos. Então, o cavaleiro tem que tranquilizar o cavalo".

Ele prosseguiu: "O melhor jeito de lidar com um cavalo perturbado é ser gentil e claro a respeito do que você quer e espera dele. Certifique-se de que o cavalo entenda. Vá devagar. Não force quando o cavalo estiver confuso. Quando ele entender, solte. O cavalo se sente bem quando faz corretamente o que você queria. É assim que os cavalos aprendem".

É assim também que o corpo sutil aprende: mediante orientação bondosa e gentil e a disposição para soltá-lo quando ele encontra seu equilíbrio.

Como começamos?

Descolando

No nível dos sentimentos, qualquer desconforto, aceleração, inquietação e outras coisas que experimentamos são tipicamente o resultado de presumir que cavalo e cavaleiro são idênticos. Assim, começamos a trabalhar com o corpo sutil simplesmente estabelecendo algum tipo de distinção, um entendimento de que o que sentimos não define de modo final ou formal quem somos. Nossas identidades ligadas ao eu podem ser influenciadas por padrões do corpo sutil, mas *não somos* esses padrões. O cavalo não é o cavaleiro; o cavaleiro não é o cavalo.

Em muitos casos, nosso senso de quem e do que somos fica preso aos padrões estabelecidos no corpo sutil. Experimentamos tais padrões mais frequentemente como emoções perturbadoras. A condição essencial – a "cola" que torna essa armadilha especialmente grudenta – é o hábito de assumir o "eu sólido" como absolutamente real, em vez de relativamente real.

Como exemplo, segue o relato recente de uma mulher que foi enfermeira do setor de emergência durante muitos anos.

"Com o passar do tempo", ela escreveu, "decidi que deveria fazer alguma coisa para acabar com a dor dos meus pacientes. O raciocínio e a experiência dizem que não sou responsável pela dor deles, é claro. Todavia, depois de 25 anos, de algum modo entranhou-se em mim que, se a dor deles aparece em minha esfera de consciência, de algum modo sou responsável pelo seu desfecho – seja ele o alívio da dor ou o seu aumento, a confusão e até a morte".

"Quando a dor de um paciente aumenta, ou se ele morre", prosseguiu, "sinto que a culpa é minha. Não fiz o bastante. Em outras palavras, o que quer que aconteça ao paciente é minha responsabilidade".

"Com os ensinamentos do corpo sutil aprendi uma forma de estabelecer um diálogo e lançar luz naquela identificação – conversar com os lugares do meu corpo sutil onde 'vivem' os padrões de responsabilidade. Perceber que eles não são 'eu' – ou não 'eu' no todo. São depósitos – ou o que, às vezes, chamamos de resíduos – de memória, que precisam ser reconhecidos, sentidos, cuidados e liberados em um fluxo maior de cuidado franco e sincero."

"Claro que você forneceu um monte de explicações técnicas sobre o corpo sutil, mas o que mais me impressionou foi uma pequena frase que você usou para descrever como lidar com as emoções: 'Querida, precisamos conversar'".

"Lembrei-me de como eu e meu marido lidamos um com o outro e com os nossos filhos. Muito humano. Muito simples. Nunca me ocorreu que eu poderia trabalhar com meus sentimentos da mesma maneira com a qual lido com minha família. Mas isso me abriu os olhos. Meu marido não é eu. Meus filhos idem. Da mesma forma, minhas emoções não são eu. Mas, em vez de tentar confrontá-las de modo raivoso ou ressentido, existe um jeito gentil de começar a conversa.

"Querida, precisamos conversar."

Diálogo

Quantas vezes ouvimos essa abertura? Todavia, quão raramente a acionamos como forma de abordar nossa própria experiência?

Para descolar, para espanar os resíduos que alimentam nossa imaginação ligada ao "eu", precisamos praticar a atenção à tendência de nos identificarmos com e como nossos sentimentos – reconhecer que eles são apenas um aspecto da experiência e não a sua totalidade. Essa é a prática básica de Atenção Plena ao Sentimento. É um método com que tranquilizamos nosso corpo sutil e o alertamos para o hábito de nos identificarmos com e como nossas emoções.

Tente praticar isso da próxima vez que sentir uma emoção forte. Diga a si mesmo: o que estou experimentando, não é o "eu" total, é apenas um pedaço da minha experiência. Diga-o de maneira bondosa e tranquilizadora, sem culpar o sentimento ou o padrão por trás dele, mas oferecendo-lhe a ele um lugar de sua atenção onde possa descansar.

Você poderia começar conversando com seu *tsa*.

Por exemplo, depois do voo sacolejante para Muktinath, comecei a viajar bastante pelo mundo. O mesmo medo, o mesmo suador, o mesmo ímpeto de agarrar os encostos para braços se apoderavam de mim, embora eu viajasse em aviões muito maiores e mais potentes e jamais me deparasse com aquele tipo de turbulência que senti nas passagens pelas montanhas do Nepal. Por três anos tentei de tudo – rezar, meditar, olhar pela janela, ler –, mas aquele medo gravado ainda tomava conta de mim.

Por fim, percebi que eu poderia simplesmente conversar com meu *tsa*, ou seja, reconhecer e aceitar o sentimento como tal, uma parte da experiência, mas não necessariamente meu "eu" no todo. Naquele estágio de reconhecer e aceitar o sentimento, comecei a falar com ele de forma muito bondosa, dizendo: "Olá! Entendo por que você está aqui. Fique à vontade para permanecer, mas gostaria de salientar, caso se importe em saber, que as circunstâncias são completamente diferentes. Fique à vontade para ficar aí se quiser, apenas saiba que não existe motivo para permanecer se não quiser".

Claro que padrões gravados no *tsa* podem ficar muito mais intensos quando o *lung* está agitado ou intenso, por isso devemos aprender a trabalhar com o *lung* também.

O primeiro passo ao trabalhar com o *lung* é entender que, quando ele está agitado ou intenso, não é realmente o *lung* que sentimos, é a sua pressão contra o *tsa*, às vezes experimentada como emoções e às vezes como sensação física. Quando vemos onde ou como ele pressiona, isso nos dá uma indicação de onde o *lung* está mais agitado, intenso ou grudado. Assim, começamos fechando os olhos e dedicando alguns momentos a levar a atenção para onde sentimos maior desconforto ou inquietação.

Seu pescoço está dolorido?
Seus ombros estão tensos?
Seu coração está disparando?
Você está suando muito?
Sua cabeça parece pesada?

Se puder, tente abster-se da tendência de ser um "cavaleiro" estrito nesse estágio. Outro cavaleiro recentemente escreveu: "Muitas vezes penso tanto em todos os sentimentos e pensamentos que telegrafo para minha égua quando cavalgo, e que ela pega cada dica e reage a cada uma. Sei que, quando ela fica nervosa, realmente precisa que eu permaneça calmo para guiá-la, para dar-lhe confiança".

De onde e como emerge essa capacidade de comunicar calma e confiança?

Da centelha.

Conforme descreveu uma mulher que sofre de artrite reumatoide: "Olho a essência do que eu estiver sentindo e reconheço que aquilo que estou experimentando não é o meu eu total, meu eu inteiro. Sim, experimento dor, mas também sinto amor por meu marido, meus filhos e meus netos. Isso ajuda. Qualquer dor que eu esteja sentindo é apenas parte de uma experiência maior. A dor é apenas parte de minha experiência. O amor é muito maior. Quero estar perto de meu marido, meus filhos e netos. Gosto de ficar com eles. Claro que eles percebem que meus ossos e músculos doem e ajudam em certas tarefas domésticas. Mas eles reconhecem que não vou abrir mão de fazer a minha parte e respeitam isso. E eu os respeito por reconhecerem isso. A partir daí, desenvolveu-se algo novo. Eu era uma mãe, exclusivamente devotada a cuidar de todo mundo. Agora todos participam de algum modo".

"Tenho vontade de chorar quando um dos meus netos pergunta: 'Posso tirar a mesa, vó?' ou: 'Posso secar os pratos? Esse sentimento de companheirismo, de consideração, nunca fez parte da nossa casa. Agora tornou-se o novo normal.

"Enquanto essa transformação acontece, sinto a dor em meu corpo diminuir pouco a pouco. Meus ossos não doem mais tanto".

"Talvez eu esteja sendo um pouco egoísta em não deixar minha família saber que não estou sentindo tanta dor. Mas vê-los unidos desse jeito – como posso chamar isso? –, encontrando seus corações, fazendo conexões uns com os outros, me deixa feliz. Como se eu tivesse realizado uma pequena coisa como mãe e avó. Talvez isso fique apenas na família, mas não é bacana pensar que os filhos e netos vão estender essa bondade a outras pessoas no mundo? Estou velha. Talvez não viva para ver isso acontecer. Mas gosto de pensar que seja possível".

A respiração do vaso

Um dos métodos que ajudaram essa mulher e inúmeros outros a lidar com as emoções é uma prática que auxilia a levar o *lung* de volta para seu centro, ou "casa". Para isso, usamos como ferramenta uma técnica especial de respiração, porque a respiração tem uma correlação física com a energia de vento sutil do *lung*.

Essa técnica é chamada de *respiração do vaso* e consiste em respirar ainda mais profundamente do que no tipo de respiração diafragmática ensinado com frequência nas aulas de ioga e em muitos outros tipos de aula com que as pessoas podem estar familiarizadas.

A técnica em si é bem simples. Primeiro, expire lenta e completamente, empurrando os músculos do abdômen para tão perto da coluna quanto possível. Ao inspirar lentamente, imagine que você está levando sua respiração para baixo, para uma região a cerca de quatro dedos do umbigo, logo acima do osso púbico. Essa área tem o formato de um pequeno vaso, por isso a técnica é chamada de respiração do vaso. Claro que você não está realmente empurrando a respiração para aquela região, mas, ao voltar sua atenção para ela, vai verificar que inspira um pouco mais profundamente que o habitual e experimentar uma expansão um pouquinho maior na região do vaso.

Ao continuar a levar sua inspiração e atenção para baixo, o *lung* gradualmente vai começar a seguir para lá e começar a repousar lá. Segure a respiração na região do vaso por uns segundos – não espere até a necessidade de expirar tornar-se urgente –, e então expire lentamente outra vez.

Respire lentamente dessa forma três ou quatro vezes, expirando completamente e inspirando na região do vaso. Depois da terceira ou quarta respiração, tente segurar um pouquinho da respiração – talvez uns 10% – na região do vaso ao final da expiração, focando muito leve e delicadamente na manutenção de um pouquinho do *lung* em seu local de origem.

Tente agora.

Expire completamente e então inspire lenta e gentilmente até a região do vaso três ou quatro vezes e, na última expiração, segure um pouquinho da respiração na região do vaso. Mantenha por uns dez minutos.

Que tal?

Talvez seja um pouco desconfortável. Algumas pessoas dizem que dirigir a respiração desse jeito é difícil. Outras dizem que fazer isso lhes deu uma sensação de calma e centramento que jamais haviam sentido.

Se praticada por dez a vinte minutos todos os dias, a respiração do vaso pode se tornar um meio direto de desenvolver consciência de nossos sentimentos e de aprender como trabalhar com eles mesmo quando estamos envolvidos em nossas atividades cotidianas. Quando nosso *lung* está centrado em seu lugar de origem, nosso corpo, nossos sentimentos e pensamentos gradualmente encontram um equilíbrio saudável. O cavalo e o cavaleiro trabalham juntos de maneira muito relaxada e fácil, sem tentar assumir o controle ou enlouquecer um ao outro. No processo, verificamos que os padrões do corpo sutil associados a medo, dor, ansiedade, raiva, inquietação e tudo o mais gradualmente afrouxam, que existe um espacinho entre a mente e os sentimentos.

A meta final é ser capaz de manter o pedacinho de respiração na região do vaso ao longo do dia, durante todas as nossas atividades

– caminhando, conversando, comendo, bebendo, dirigindo. Para algumas pessoas, essa aptidão se torna automática após pouco tempo de prática. Para outras pode ser preciso mais tempo.

Tenho que admitir que, mesmo depois de anos de prática, às vezes ainda perco a conexão com meu local de origem, especialmente ao encontrar pessoas muito aceleradas. Eu mesmo sou uma pessoa um pouquinho acelerada e encontrar com outras pessoas assim age como uma espécie de estímulo para o corpo sutil. Sou capturado pela energia inquieta e deslocada e, consequentemente, fico um pouco inquieto, nervoso e até mesmo ansioso. Então, faço o que chamo de respiração lembrete: expiro completamente, inspiro até a região do vaso e depois expiro de novo, deixando um pouquinho da respiração na casa do *lung*.

Reorientação

Equilibrar o corpo sutil por meio das práticas discutidas acima de início pode parecer um pouco desorientador porque os padrões de desequilíbrio se tornaram uma grande parte do que pensamos ser.

"Na real, eu curtia ser inquieta e acelerada", admitiu recentemente uma aluna. "Eu sentia que estava fazendo alguma coisa no meu emprego. Não percebia o custo que estava impondo ao meu corpo físico, nem que estava ficando meio impertinente com meus colegas de trabalho. Curtia mandar neles e jamais percebi o clima de mordacidade e tensão que estava criando.

"Então, um dia, uma pessoa com quem eu estava trabalhando me confrontou. 'Você é uma cretina', ela disse. 'Fabrica crises que não existem somente para mostrar sua importância, e eu não vou mais aturar isso'.

"Claro que fiquei chocada – não só pela franqueza dela, mas porque não havia percebido o quanto eu ficara convencida da minha importância.

"Depois de certa consideração, comecei a entender que acreditava que, se não desse vazão à minha energia agitada e intensa, não seria capaz de realizar nada. Não teria condições de me expressar. Talvez não sentisse absolutamente nada. Talvez ficasse tão imóvel e inexpressiva quanto uma pedra.

"Mas, depois daquele confronto – e de outros parecidos –, percebi que estava errada. Minha abordagem e meu foco me transformaram em uma pedra.

"É difícil mudar quando você andou fazendo as coisas de um jeito por muitos anos. É como tentar fazer um navio de guerra dar a volta. E foi assim que eu passei a me ver, como um navio de guerra. Não estou dizendo que tenha me tornado um veleiro. Mas talvez algo um pouco mais leve, mais fácil de manobrar e mudar de direção.

"Não sei se é uma boa analogia, mas lentamente estou chegando à ideia de que fui muito dura comigo e por isso fui muito dura com os outros. Hoje estou mais receptiva às opiniões dos outros. Não sinto que toda decisão seja uma escolha de vida ou morte.

"Na verdade, aquele primeiro confronto, chocante do jeito que foi, me ajudou a reduzir um pouco a minha própria intensidade. Não tenho que ser a pessoa mais importante do pedaço, algo em que acreditei durante muitos anos. Vejo-me relaxando um pouquinho mais só de ouvir os outros e não passando por cima das pessoas com as minhas ideias."

Quando começamos a praticar a Atenção Plena ao Sentimento, lidando gentilmente com nosso corpo sutil, verificamos que fica mais fácil realizar muito mais do que jamais poderíamos acreditar ser possível. O ponto-chave ao trabalhar com o corpo sutil é observar nossos sentimentos e acolhê-los, aceitá-los e nos relacionarmos com eles em vez de permitir que tomem conta, ou de tentar controlá-los ou tirá-los do caminho.

Em termos simples, ao trabalharmos com o corpo sutil, aprendemos que quaisquer emoções que experimentemos não são a totalidade de nosso ser.

Sim, as emoções são parte de nossa experiência – mas apenas uma parte.

Podemos trabalhar com elas, respirar com elas e acolhê-las em nossa "casa". No fim das contas, os sentimentos são nossos hóspedes. Eles surgem e emergem como resultado de várias condições, mas não são moradores permanentes.

O objetivo supremo do Dharma é nos ajudar a perceber o que é verdadeiro. E a verdade é que a vida cotidiana se dá em um reino de realidade relativa que surge, permanece por um tempo e se dissolve à medida que várias causas e condições se reúnem temporariamente. Em termos absolutos, a realidade é inimaginavelmente livre, inimaginavelmente aberta. Ao mesmo tempo, realidade relativa e realidade absoluta se complementam. Não podemos nos considerar algo, alguém definido por essa ou aquela característica, ou por uma combinação de características e atributos. De tempos em tempos precisamos nos dar conta do simples fato de que, afinal, não podemos ser definidos por nossas circunstâncias, e devemos nos permitir repousar nesse estado.

Abordar nossa experiência dessa maneira é parecido com ficar em um hotel. Sabemos que não somos donos do hotel, mas ao mesmo tempo vivemos em um quarto dele por uns dias. Desfrutamos nossa estada, mas somos hóspedes respeitosos. Não queimamos o carpete nem roubamos as toalhas. Do mesmo modo, devemos respeitar a realidade relativa na qual operamos. Pegamos dela o que precisamos, mas não somos realmente os seus donos. Se abordarmos nossa experiência com esse tipo de atitude, a vida fica mais aprazível, não importando quais as nossas circunstâncias. Podemos lidar com a adversidade em nossa vida e ajudar os necessitados com maior coragem e convicção.

O limite interno de velocidade

Sempre curti minhas viagens para cidades universitárias como Boulder, no Colorado. Nos restaurantes e cafés onde os estudantes se reúnem, geralmente posso ver uma "empolgação" – uma sensação de estar vivo e apaixonado por estar vivo – nas moças e rapazes ali reunidos; uma excitação por ter condições de debater, compartilhar as emoções, concordar e discordar.

Mas de vez em quando vejo alguém que parece velho antes do tempo, sentado num canto, curvado sobre anotações ou um livro. Sempre me indago como isso aconteceu. Como pode a centelha da vivacidade enfraquecer em alguém tão jovem?

A resposta veio há anos, quando estava num avião, viajando de Nova York para a Califórnia, e entreouvi a conversa entre um pai e uma filha sentados na fileira atrás de mim. A filha parecia ter uns doze ou treze anos e chorou quase o voo inteiro porque o pai estava dando um sermão sobre responsabilidade. Pelo que ouvi, o pai batia na tecla de que ela não estava sendo responsável, não dedicava tempo suficiente às tarefas da escola, passava tempo demais ao telefone com as amigas, passava tempo demais ouvindo música, blá-blá-blá. Ele parecia estar tentando ser sensato com ela, mas o tom era frio e insistente. "Você precisa ser mais disciplinada na vida", ele ficava falando, "ou não vai conseguir nada, como é que vai chegar a algum lugar? O mundo é um lugar competitivo e se você não der duro agora vai pagar por isso mais tarde".

Ele prosseguiu no sermão por seis horas, todo o trajeto de Nova York à Califórnia. Enquanto ouvia, não pude deixar de pensar que, embora estivesse tentando ensiná-la sobre responsabilidade, ele estava falando sobre medo. E, mesmo com a melhor das intenções, medo é o que assimilamos junto com as lições sobre metas e realizações. O medo se torna parte do padrão gravado no corpo sutil.

Claro que é difícil resistir a essa lição dual, especialmente quando somos jovens. Mas, mesmo adultos, muitos de nós acham difícil descobrir um equilíbrio entre as exigências do intelecto e o funcionamento sutil das emoções. De muitas maneiras, nosso ambiente social ou cultural não se limita a moldar os padrões que definem nossa experiência – também os reforça.

Dia a dia, a cada momento, recebemos muita informação. São muitas as exigências colocadas sob nossa atenção. Nossa vida de certa forma virou uma espécie de programa de notícias moderno que tem telas divididas mostrando o apresentador numa janela, alguém sendo entrevistado noutra, informações sobre o mercado acionário noutra, talvez mais uma notícia passando em outra e, embaixo, uma tarja com a notícia mais recente.

Enquanto tentamos absorver todas essas informações, nossa mente, nosso corpo sutil e nosso corpo físico ficam um tanto desequilibrados. Sentimos que, se não estamos olhando todas essas coisas ao mesmo tempo, estamos perdendo algo, por isso nos pressionamos. Operamos em modo multitarefa. Corremos, corremos, corremos para terminar o que quer em que estejamos envolvidos no momento para podermos pegar o próximo projeto do dia, e o próximo e o próximo. E toda essa correria exaure uma dose de nossa energia mental, emocional e física – o que tende a nos deixar menos produtivos, mais voláteis em termos emocionais e mais atrapalhados em nosso pensamento.

Dirigindo para o trabalho

Por isso torna-se importante encontrar um equilíbrio entre pensamentos, sentimentos e experiências físicas – descobrir aquilo a que me refiro como nosso "limite interno de velocidade", uma margem de atividade confortável que nos permite concluir as tarefas que encaramos diariamente sem receber uma "multa por excesso de velocidade" mental, emocional ou física.

Para usar um exemplo da minha própria vida, já há muitos anos Adeu Rinpoche pediu que eu trabalhasse em um projeto que reunisse todos os ensinamentos possíveis da linhagem Drukpa Kagyu. Os textos desses ensinamentos haviam se espalhado ao longo de muitos anos por diferentes regiões do Tibete, bem como diferentes países, como Nepal, Índia e Butão. Muitos estavam apenas parcialmente completos ou foram copiados e recopiados ao longo de anos com erros ou ambiguidades que precisavam ser pinçados e reajustados nos contextos apropriados. Ao todo, havia cerca de 113 volumes, cada um composto de umas trezentas páginas que precisavam ser classificadas, reformatadas e recombinadas.

Eu dirigia todos os dias até um prédio de escritórios decadente em Boudhanath, um trajeto de 45 minutos desde minha casa por estradas sinuosas, algumas não pavimentadas, abarrotadas de carros, caminhões, riquixás, gente, cabras e vacas.

No decorrer desse projeto, comecei a sentir grande dose de estresse. Meu "eu social" começou a tomar conta de todas as minhas interações. Eu queria concluir o projeto, não só para preservar os ensinamentos, mas também porque queria causar boa impressão aos meus professores. Talvez houvesse um pouquinho de "eu precioso" envolvido, pois completar o projeto envolvia uma espécie de gratificação pessoal.

Com o tempo, porém, percebi que comecei a me sentir sobrecarregado pela tarefa. Ela estava interferindo em meus deveres no mosteiro, na supervisão e no esforço de reconstrução de vários conventos aos meus cuidados no Nepal e no Tibete, e no tempo dedicado à minha família. Eu cometia erros, de modo que as coisas tinham que ser recopiadas, reescritas, reimpressas.

Um dia, enquanto dirigia para Boudhanath, percebi o quanto eu estava "acelerado" internamente – mental, emocional e fisicamente tenso, enquanto corria para chegar ao escritório. Quando cheguei lá, já estava exausto. Por isso comecei a dizer para mim mesmo: "Certo, você está apenas dirigindo. Por mais que demore a chegar lá – 45 minutos, uma hora, duas horas – você não tem que se deixar acelerar por dentro. Pode seguir no limite normal de velocidade e não se afligir com o trânsito, as vacas ou as cabras. Por mais que demore, não importa". Decidi dirigir sem pressa, sem a pressão para chegar lá – e cheguei ao escritório exatamente na mesma hora que costumava chegar, mas sem a sensação de estar exausto ou apressado.

A experiência de me acalmar com uma conversa foi um grande momento de buda. Percebi que não era a quantidade de trabalho ou os prazos que exauriam minha vitalidade, era o hábito de exceder meu limite interno de velocidade. Isso não significava ter que dirigir mais devagar, largar os prazos ou mudar meu ambiente externo de algum modo. Eu tinha apenas que aprender a gerir a maneira como os padrões do meu corpo sutil eram intensificados ou exacerbados pelas exigências e desafios da minha vida.

Creio que todos nós sintamos pressão em algum momento. Um homem que trabalhava numa firma de contabilidade recentemente descreveu como a chefe do escritório exigia todos os dias fatos e números que ele não conseguia apresentar de imediato – basicamente porque era preciso repassar vários tópicos, incluindo despesas de marketing, custos de publicidade e vendas em si. Ele começou a ressentir-se da tal chefe (como muita gente faz). Mas aí ela teve câncer e, embora tenha se submetido a várias cirurgias e tratamentos, morreu.

"Se eu sabia que ela estava doente?", ele replicou quando questionado. "Sim. Será que pensei que a doença provinha da pressão das pessoas que avaliavam o desempenho dela? Talvez. Talvez houvesse outros fatores envolvidos, como uma predisposição ao câncer, exacerbada pelo estresse. Se eu queria que ela morresse? Não. Esperava que ela se aposentasse. Esperava que ela reconhecesse que estava numa situação difícil e quem sabe forçasse o pessoal acima dela a reconhecer que estavam fazendo exigências irracionais.

"Na maior parte do tempo não era fácil lidar com ela, mas uma parte de mim reconhecia que ela estava fazendo o máximo para responder aos chefes. Sua exigência consigo mesma, aparentemente, não era o bastante. E aquilo a matou".

"Tenho que confessar que por muito tempo eu a detestei, mas não queria que ela morresse. Ela estava sob tanta pressão, causou tanta dor de cabeça nas pessoas abaixo dela. Estávamos todos trabalhando além de nossa capacidade, mais e mais rápido, e cometíamos erros. Ela assumiu aqueles erros de modo excessivamente pessoal e penso que foi isso que a matou."

Encontrando o limite de velocidade

Descobri que, seguindo meu limite interno de velocidade, as pessoas com quem eu trabalhava ficavam mais calmas e mais produtivas. Minhas instruções eram mais claras, menos erros eram cometidos, e as pessoas envolvidas no projeto começaram a curtir o trabalho para valer. Quando parei de correr, as pessoas ao meu redor também pararam de correr. Parecia que todo mundo havia começado a encontrar seu limite interno de velocidade. Uma espécie de suspiro de alívio coletivo percorreu o escritório agora que "o chefe" se tornara um cara menos exigente. Notei ainda uma descontração física na maneira como trabalhavam.

Nem todo mundo tem o mesmo limite interno de velocidade, é claro. Descobrir nosso limite interno envolve primeiro reconhecer nossos pensamentos, sentimentos e sensações físicas como parte do processo de estar vivo e então aprender a descobrir um equilíbrio entre eles.

Ao buscar nosso limite interno de velocidade, em vez de nos concentrarmos no grau de esforço que costumamos despender para realizar determinadas tarefas ou no número de tarefas que realizamos, uma abordagem mais produtiva seria considerar a forma como desempenhamos tais tarefas. Consideramos as oportunidades e os desafios diante de nós com gentileza e cordialidade ou apenas seguimos em frente de maneira brusca e impessoal? Quando entramos no carro e encaramos outro motorista no cruzamento, deixamos que passe primeiro com um leve aceno de mão ou sondamos se ele vai nos deixar passar primeiro levantando um polegar? Essas pequenas gentilezas podem influenciar o modo como lidamos conosco e com os outros, aprendendo a balancear o foco em nossa vida ocupada e multitarefa, desenvolvida ao longo de anos, para acomodar, ainda que em pequenas coisas, as necessidades dos outros, que também estão tentando realizar muitas coisas ao mesmo tempo.

Temos a capacidade de descobrir nossos ritmos internos por meio de práticas de atenção plena – aquelas já discutidas e outras a serem discutidas – e lenta, gentil e bondosamente reconectar com a centelha de abertura, clareza e cordialidade que é o centro desprovido de centro de nosso ser. Sabemos que começamos a encontrar um equilíbrio saudável quando sentimos nossa inquietação, aceleração ou tensão começar a diminuir, quando começamos a adotar uma atitude mais relaxada a respeito de qualquer projeto de que estejamos encarregados. Por exemplo, quando um aluno meu que trabalha numa firma de relações públicas era incumbido de um projeto de grande urgência, ele tinha crises de alergia cutânea. Gradualmente, ele aprendeu que, se dedicasse um pouco mais de tempo ao projeto, detinha a crise alérgica e produzia um trabalho de fato melhor, o que resultava em melhores resultados para a empresa onde trabalha.

"Eu também ficava menos raivoso", disse ele, "com menos medo de perder o emprego. Eu focava no projeto, não no prazo e, ao fazer isso – mesmo que não produzisse algo para 'cinco minutos antes de ontem' – o que eu entregava era mais limpo, mais claro, com menos erros. Também me sentia um pouco orgulhoso do que entregava.

"Percebi também que minha atitude em relação às pessoas com quem eu trabalhava em parte mudou. Com excessiva frequência eu as ignorava por completo. Achava que havia pouco tempo para interagir. Detestava a tagarelice entre elas, o que considerava uma distração. Agora consigo ouvir as conversas e até participar – e, ao fazer isso, aprendi umas novas técnicas de pesquisa na internet e novas palavras para expressar certas ideias.

"Mas talvez o mais importante seja que vi uma mudança da atitude delas em relação a mim. Não me evitam quando estou trabalhando em um projeto. Perguntam se podem ajudar. Oferecem sugestões. E eu escuto. Dedico um momento para agradecer pela ajuda.

"Existe menos tensão no escritório agora, e a sensação de que estamos todos trabalhando juntos por uma meta comum".

Ciclos

O hábito de exceder o limite interno de velocidade pode se tornar um ciclo autodestrutivo se continuar por tempo excessivo. Em um nível muito sutil, pode ser emocional e intelectualmente inibidor e improdutivo. A maioria de nós não repara nesses ciclos até alguém apontá-los para nós.

A essa altura, somos confrontados com uma escolha: podemos mudar nosso padrão, podemos reduzir nosso limite de velocidade, ou podemos seguir adiante como de costume.

Algumas pessoas optam por seguir igual. Curtem a raiva, a tensão e a perturbação que criam. Algumas pessoas reconhecem que o conflito que engendram não serve a seus interesses pessoais e profissionais e escolhem – talvez relutantemente, talvez lentamente – corrigir a abordagem.

Tal escolha poder mudar a vida. Uma moça, que era chefe de uma organização beneficente, veio a perceber que sua ambição de se tornar chefe conflitava com as metas da organização.

"Eu queria ser importante", disse ela. "Queria ser famosa. Mas isso ajudaria a organização? Percebi que não. Depois de olhar para o que eu queria e o que as pessoas ajudadas pela organização precisavam, percebi que as pessoas necessitadas eram mais importantes do que eu. Eu havia engrenado numa marcha acelerada para assumir o controle da organização. Estava me esgotando todos os dias tentando me tornar a chefe da organização e ignorava as metas do grupo".

A exaustão é uma das formas de reconhecer que excedemos nosso limite interno de velocidade. Somos incapazes de repousar, dormir e até de sonhar. Outro sintoma é nos fecharmos a interações casuais. Achamos que não temos tempo para conversas no bebedouro ou no café. Damos desculpas para não encontrar amigos para almoçar ou jantar.

Como um aluno colocou: "Minha vida social estagnou. Eu dava belas desculpas para recusar convites de almoço ou jantar, dizendo às pessoas que estava enrolado em um projeto. Mas na verdade eu estava acelerado.

"Por que estava acelerando? Porque estava apavorado. Tinha medo que alguém me ultrapassasse no trabalho e, nesse ambiente, perder o emprego é uma coisa assustadora. Se eu perdesse o emprego, perderia minha casa. Talvez meus filhos fossem levados para lares adotivos. Essas preocupações me mantinham acordado à noite. Provavelmente tomei decisões que não eram as melhores para a empresa onde trabalhava. Mas eu tinha minha casa a considerar, meus filhos e o sustento de todos.

"Comecei a procurar as pessoas. Aceitar convites para almoçar e jantar. E, quando fiz isso, vi que não estava sozinho. Muita gente estava apavorada. Conversávamos, comíamos e bebíamos sem gastar muito. A melhor coisa é que nos unimos. Decidimos que nossa vida pessoal era mais importante do que a profissional. Que 'chegar à frente' não significava apenas conseguir uma promoção – boa sorte nesse ambiente de trabalho –, mas desenvolver relações com as pessoas próximas. Fizemos uma promessa de reduzir a velocidade, passar mais tempo uns com os outros e com nossos parceiros, cônjuges e familiares".

Achei inspiradora a forma como esse cara e os seus amigos conseguiram reconhecer e admitir um padrão emocional comum, ajudar uns aos outros a trabalhar com esse padrão e encontrar uma nova abertura e energia em suas vidas. Também fui lembrado da facilidade com que pensamentos e sentimentos podem ficar comprimidos, fazendo com que nos comportemos de modo nocivo para nós e para os outros.

Em tais casos, um pouquinho de clareza pode ajudar muito.

Esperança e um hambúrguer

Há alguns anos, estava indo a uma cafeteria perto da Union Square em São Francisco. Gosto muito de São Francisco porque é um dos poucos lugares onde posso andar sem os mantos formais de um professor budista tibetano, só de jeans e camiseta. Quando ensino é claro que visto meus mantos, mas quando não estou ensinando ando como uma pessoa comum, o que me dá a chance de ter conversas menos formais, que me ajudam a entender as esperanças, os medos e as preocupações de outras pessoas comuns. Isto, por sua vez, melhora meu ensinamento, ajudando-me a "tirar a temperatura" de qualquer lugar que eu visite. Quando estou com os mantos, mesmo em encontros privados com indivíduos ou pequenos grupos de alunos, há um pouco de formalidade: as pessoas com quem me reúno não se abrem tão livremente. As suas perguntas tendem a enfocar pontos filosóficos e práticos do budismo. Quando ando por aí em trajes comuns, verifico que as pessoas ficam muito mais soltas na conversa, o que me ajuda a tratar de suas preocupações mais profundas e a aprender um pouquinho de idiomas diferentes. Ao longo dos anos, verifiquei que as pessoas que comparecem aos ensinamentos apreciam o fato de eu saber cumprimentar e dizer umas poucas palavras ou frases no seu idioma. Isso abre um caminho direto para os seus corações e mentes.

Naquela manhã específica deixei meu hotel e rumei para a cafeteria mais próxima. Ao me aproximar da entrada, ouvi uns berros e gritaria. Olhei em volta e vi um sem-teto caminhando na minha direção aos gritos, rolando e batendo em uma lata de lixo. Não fiquei assustado, apenas fiquei ali, olhando para ele, que olhou para mim e falou: "Você parece uma pessoa decente".

Ele estava completamente louco no instante anterior. Mas, quando olhou nos meus olhos, vi que tinha um olhar bastante lúcido, e ele perguntou: "Pode me dar algum dinheiro?".

Pensei que simplesmente dar dinheiro poderia ser desperdício, então perguntei: "Quer alguma coisa para comer ou beber?".

"Sim", ele respondeu.

"O que você quer?", perguntei.

"Um hambúrguer", ele respondeu.

Infelizmente, só havia hambúrgueres numa lanchonete mais adiante na rua.

"Não tem hambúrgueres aqui nesse lugar. Quer vir comigo e pegar outra coisa?"

"Tudo bem", ele respondeu.

Assim que entrou na cafeteria, ele abandonou o comportamento louco e barulhento. Exceto por estar um pouco desalinhado, poderia ser um cliente comum.

Havia uma longa fila à nossa frente, como de costume nas manhãs de sábado ou domingo. Então, por uns cinco minutos ele apenas ficou atrás de mim, sem olhar para nada, sem fazer nada, parado.

Aí perguntei: "O que você quer comer?".

De novo ele disse: "Um hambúrguer".

"Não", repliquei pacientemente, "aqui não tem hambúrguer. Pegue um sanduíche".

A essa altura éramos os primeiros da fila, e pude ver que o atendente estava se impacientando com nossa discussão e estava mais do que desconfiado do meu acompanhante. Assim, escolhi rapidamente um sanduíche dentre as opções disponíveis e entreguei a ele. Na mesma hora ele correu porta afora e, uma vez na rua, tornou a berrar e bater nas paredes. Enquanto isso, paguei minhas compras e me sentei à mesa bebendo um café.

De repente bateram na janela. Era o mesmo sem-teto, dizendo algo que eu não conseguia ouvir e acenando para mim. Saí para ver o que ele queria.

"Água", ele resmungou.

Dei-me conta de que, ao encarar a impaciência e desconfiança do balconista, esqueci-me de pegar algo para ele beber. Mas já havia outra fila comprida dentro da cafeteria, e não consegui reunir compaixão suficiente para entrar nela de novo. Dei três dólares a ele e perguntei: "Pode comprar você mesmo?".

"Sim", ele respondeu e foi embora com o dinheiro.

Quando voltei para a mesa, comecei a pensar em como ele mudava tanto e tão rapidamente. Sua capacidade de pensar, de organizar a fala e o comportamento funcionavam muito bem por um tempo. Mas então, em algum nível – emocional, mental ou, quem sabe, físico – ele excedia o limite interno de velocidade e se envolvia em uma espécie de acidente de trânsito, que se repetia vez após vez, numa espécie de ciclo autodestrutivo.

Muitos podem ficar presos nesses ciclos, mas isso não significa que tenhamos que ficar perdidos neles para sempre. Vimos como podemos começar a desenredar certos padrões ao trabalhar com o corpo sutil e as emoções, mas podemos trazer clareza e abertura ainda maiores para nossa experiência mediante o exame de nossos pensamentos.

10. Prestando atenção na mente

Para a maioria de nós, os pensamentos parecem muito sólidos, muito verdadeiros. Ficamos apegados a eles ou com medo deles. De um jeito ou de outro, damos a eles poder sobre nós. Quanto mais sólidos e verdadeiros acreditamos que sejam, mais poder damos a eles.

O terceiro fundamento da atenção plena – muitas vezes referido como Atenção Plena no Pensamento – envolve a prática de reparar nos nomes e rótulos que afixamos em nossas experiências. Com que frequência falamos a nós mesmos: "estou gordo", "sou feio", "estou cansado", "sou um perdedor", "essa pessoa com quem trabalho é uma completa babaca"?

Enquanto enfrentava uns anos difíceis no Tashi Jong, rotulei-me de "doente". Os médicos – bem-intencionados – confirmaram o diagnóstico, embora não conseguissem concordar sobre a causa de minha "doença". Sim, eu tinha sintomas físicos devido ao estresse e me prescreveram vários remédios. Nenhum deles funcionou até eu ter uma longa e boa conversa com Tselwang Rindzin, que me ajudou a entender que minha "doença" jazia em um desequilíbrio do corpo sutil.

Seu conselho e instrução me tiraram de um estado emocional desesperadoramente confuso. Tenho que admitir que depois "peguei emprestados" outros livros da biblioteca e com eles aprendi que temos uma tendência de rotular nossos sentimentos e opiniões e, ao aplicar esses rótulos, ficamos propensos a nos fixar em nossas situações, tornando-as mais sólidas do que de outra forma seriam.

Por exemplo, uma mulher que participou de uma série de ensinamentos confessou em uma conversa privada que, embora tivesse realizado muitas coisas na vida, sentia um profundo anseio por um relacionamento duradouro. O anseio era tão intenso que ela não conseguia sequer olhar para isso em meditação.

Quando perguntei que tipo de pensamento aparecia quando ela experimentava esse anseio por um relacionamento, a mulher ficou em silêncio por alguns instantes e então respondeu: "Sou indigna de ser amada".

Depois de outra pausa, acrescentou num sussurro: "E talvez eu tenha a ideia de que outras pessoas vão pensar que sou uma fracassada porque nunca tive um relacionamento duradouro".

Seguindo nessa linha de questionamento, ela desvendou uma variedade de diferentes pensamentos e memórias, como o pai e a mãe dizendo em sua primeira infância que ela era desajeitada, que seu nariz era grande demais, que as sobrancelhas eram tão grossas que se uniam em uma linha única e a deixavam vesga. "Você nunca vai atrair um garoto", eles diziam, "e esse é o seu principal objetivo na vida. Vamos tentar arranjar um bom casamento com alguém que não lhe bata muito. Mas isso é o máximo que você pode esperar, porque basta uma olhada em você e nenhum casamenteiro terá esperanças de lhe conseguir alguma coisa".

No íntimo, ela queria ser professora ou médica. "Mas quem iria querer casar com uma mulher assim?", ela disse, mais como uma afirmação do que uma pergunta.

Certos acontecimentos no país em que vivia possibilitaram a realização de alguns dos seus sonhos. Tornou-se professora. "Mas não existem muitos homens que queiram se envolver com mulheres tão feias e desajeitadas quanto eu."

Havia de fato toda uma história relacionada ao seu "eu" por baixo do anseio por um relacionamento. E, quando essa história foi quebrada em suas várias partes, o peso do anseio começou a se abrandar. Não de imediato, é claro, mas em alguns momentos ficou mais fácil de aguentar.

Pelo que eu podia ver, ela não era feia, não era desajeitada. Na verdade era bastante inteligente e, embora pudesse não ser bonita pelos padrões de sua sociedade, sua inteligência, atitude e capacidade de falar sobre seu dilema com tanta clareza conferiam-lhe uma atratividade singular. Em muitos aspectos, era como o lutador que perdeu sua joia na testa. Havia nela beleza, cordialidade e abertura óbvias para quase todo mundo, exceto para ela.

Enquanto falava, a mulher entrou em uma espécie de meditação, examinando sua mente para ver o que esta lhe mostrava. Sem esforço, começou a aplicar método e sabedoria de forma espontânea em sua solidão. Esse é um ponto crucial. Enquanto considerava cada aspecto de sua agrura, ela meditava, reconhecendo em nível direto os pensamentos e sentimentos que haviam lançado sombra sobre ela na maior parte da vida. Ao reconhecê-los, parte do seu julgamento sobre esses pensamentos e sentimentos começou a aliviar, e ela teve condições de quebrá-los em pedaços cada vez menores.

No transcorrer de nossa conversa, ela experimentou, pelo menos momentaneamente, uma mudança de perspectiva. Não era alguém trancada dentro do espelho de sua solidão e anseio. Ela *era* o espelho.

Perto do fim da conversa, ela respirou fundo.

"Acabo de pensar uma coisa", ela disse. "Talvez minha mãe se sentisse igual. Talvez se achasse feia e indigna. Não lembro de jamais vê-la feliz ou sorrindo. Não lembro de ver meus pais rindo juntos ou se abraçando, ou beijando. E todas aquelas outras meninas com quem cresci, as bonitas, se casaram..."

A voz dela falhou por um momento.

"Será que a vida delas era essa maravilha toda?", ela perguntou.

Ela fechou os olhos por um momento, considerando.

"Será que estão felizes hoje? Sentem-se sozinhas?"

Foi extraordinário observar o desenrolar desse processo. Admitir a dor secreta permitiu à consciência dela expandir-se de tal forma que a habilitou a simplesmente olhar com menos julgamento do que enquanto mantinha a dor escondida. A consciência, por sua vez, ajudou a romper o rótulo que ela havia recebido e adotado e a quebrá-lo em pedaços menores, de modo que não parecia tão fixo. Pelo menos naqueles poucos instantes, sua "eu-stória" começou a se dissolver.

"Talvez eu não seja indigna de ser amada", ela disse. "Talvez eu não seja feia. Talvez eu tenha acreditado porque ouvi essas coisas por muito tempo."

O sorriso dela, que durou apenas um instante, foi radiante. Ainda que apenas por um momento, ela rompeu um bloco que pesara sobre si por anos. Foi maravilhoso vê-la transformar, ainda que por um momento, a crença de que era feia e indigna de ser amada e começar a experimentar uma conexão com outras pessoas que transcendia desejo, ciúme e medo. Naquele momento, ela foi capaz de mudar a sua perspectiva e, por um instante, reconectou-se com sua centelha, tocou a abertura, a clareza e o amor essencial.

Esse processo é a base da prática da Atenção Plena no Pensamento, pela qual começamos a voltar a atenção para a tendência de conferir rótulos rudes a nossas experiências. Enquanto as sensações físicas e as emoções tendem a ser bastante poderosas e podem proporcionar objetos vívidos de foco e alerta, os pensamentos tendem a ser um pouco mais elusivos.

Barra de notícias

Quando voltamos a atenção aos pensamentos, de início eles podem parecer uma torrente veloz de julgamentos, memórias e ideias – com frequência intimamente interligados aos nossos padrões do corpo sutil. Ao trabalhar com o corpo sutil, começamos a criar um espacinho entre essa conexão imediata e simultânea dos padrões do corpo sutil com os pensamentos, ou identificações relacionadas ao "eu" que surgem com eles.

A velocidade com que nossos pensamentos aparecem e desaparecem nas telas de nossa mente são como as "barras de notícias" que aparecem na tela da TV, porém descontroladas. Mal conseguimos ler uma antes que outra ocupe o lugar – e outra e outra. Nossa consciência é sobrecarregada por impressões fugazes, noções apreendidas pela metade, pedaços de frases, ideias que apenas começaram a se formar antes de desaparecer. Costumamos nos ver presos em um ciclo de tentar acompanhar "as notícias".

Trabalhando com muitos alunos no mundo todo, observei que o "efeito barra de notícias" geralmente é o primeiro e principal com que as pessoas se deparam quando começam a praticar a Atenção Plena no Pensamento. Na verdade, existem várias reações comuns a essa experiência.

Muitos ficam tentados a parar as barras de notícias na esperança de alcançar algum tipo de tranquilidade, abertura e paz. Infelizmente essa tentativa não ajuda muito, pois cria um senso de retesamento mental e emocional que por fim se manifesta como tensão física, especialmente na parte superior do corpo. Os olhos podem rolar para cima, enquanto o pescoço e os ombros ficam bastante rígidos.

Às vezes, identificamos que estamos sendo carregados pelas barras de notícias e tentamos nos forçar de volta à simples observação dos pensamentos. Tentamos deter as barras de notícias, por assim dizer, na tentativa de focar um pensamento de cada vez.

Existem algumas maneiras com que podemos trabalhar com tais reações.

Se o seu pesar por se deixar levar é realmente intenso, apenas olhe os pensamentos de pesar. Outro método é voltar a atenção dos pensamentos para as sensações físicas ou emocionais. Talvez sua cabeça esteja um pouco quente, o coração esteja batendo um pouco mais rápido ou o pescoço ou ombros estejam um pouco rígidos. Apenas repouse a consciência nessas ou noutras experiências. Você também poderia tentar simplesmente repousar com atenção desnuda na correria da barra de notícias em si, apenas observando a rapidez com que os pensamentos vêm e vão. O importante é que, nesse estágio da prática, você está se familiarizando com a atividade da consciência comum, a atividade da mente. Apenas observe toda essa atividade sem julgamento.

Claro que em alguns casos podemos experimentar o efeito contrário, no qual a barra de notícias fica emperrada, reciclando interminavelmente uma velha notícia que muitas vezes se baseia em algum tipo de padrão emocional ou do corpo sutil. "Fulano disse algo realmente cruel para mim, e não consigo perdoá-lo." "Oh não, tenho um prazo chegando, jamais conseguirei terminar esse projeto em tempo!" "Estou há meses sem trabalho. Como vou alimentar minha família, pagar as contas, manter a casa?"

Mas com a prática de ficar atento aos pensamentos – apenas levemente alerta a eles – podemos começar a ver que mesmo aqueles em que nos fixamos são interrompidos por outros pensamentos. "Estou com fome." "Está quente demais aqui." "Está frio demais aqui." "Queria que esse cara parasse com a lenga-lenga sobre atenção plena. Será que não pode falar de alguma coisa que realmente faça diferença na minha vida?"

À medida que voltamos nossa atenção para os pensamentos, em vez de ficarmos irritados, perturbados ou sermos levados por eles, começamos a ficar impressionados com suas idas e vindas. Começamos a apreciar todo o processo do pensamento em si e por si – o fato de sermos dotados de uma aptidão que pode gerar tamanha atividade mental.

Em essência, a Atenção Plena ao Sentimento oferece uma oportunidade para vermos como nossas tendências habituais de acreditar nos pensamentos como sólidos e verdadeiros moldam nosso entendimento de nós mesmos e do mundo ao redor. "Assim como produzir ondas é uma função natural dos oceanos, lagos e rios", como disse um dos meus professores certa vez, "o pensamento é uma expressão da capacidade da mente de gerar julgamentos, memórias, devaneios e ideias".

Assim como dedicar-se a ficar ciente e alerta a nossas sensações físicas e sentimentos, a Atenção Plena ao Pensamento não envolve análise. Simplesmente observamos. "Ah, aí vem um pensamento. Ops, lá se foi. Aqui está outro pensamento. Lá se vai."

Entretanto, como os pensamentos podem ser bastante elusivos, quando começamos a praticar é melhor que seja em um ambiente relativamente livre de distrações. A maioria das pessoas também acha mais fácil assumir uma posição física estável – ou a postura de sete pontos ou a postura de três pontos descritas anteriormente.

A seguir, reserve uns momentos para acalmar seu corpo, talvez usando a técnica de observar a respiração.

Depois observe os pensamentos passando pela mente por uns dois minutos no máximo.

"Detesto isso."
"Ah, que droga, me esqueci de..."
"Aquele cara é um tremendo babaca."
"Por que mandei aquele e-mail?"
"Não posso pagar minhas contas."
"Estou doente."
"Estou tão velho."
"Me odeio."

Apenas observe o que quer que passe por sua consciência. Deixe que venha, deixe que vá. Deixe que fique, se ficar.

Depois abandone o processo. Respire. Movimente o corpo, trate das tarefas que tem pela frente.

E congratule-se. Você acabou de testemunhar sua mente em ação.

Tempo e distância

Ao começarmos a cultivar uma atitude mais alerta e atenta a todos os pensamentos que passam por nossa mente, a correria começa a acalmar um pouco. As barras de notícias ficam menores e passam por nossas telas mentais em ritmo menos frenético. Ficamos menos inclinados a nos identificar com nossos pensamentos e começamos a desenvolver uma sensação de: "tudo bem, isso é apenas o que está ocorrendo neste momento". Os pensamentos que reforçam as histórias que contamos para nós mesmos ficam, de certo modo, menos ruidosos ou intensos e começamos a "descolar" em um nível ainda mais profundo que os esforços envolvidos em trabalhar com sentimentos ou sensações físicas.

O mais importante é que, ao ficarmos atentos a nossos pensamentos, começamos a notar uma pequena distância se abrindo entre nossos pensamentos e a mente que está consciente desses pensamentos. Em termos modernos, poderíamos comparar a prática de Atenção Plena ao Pensamento a ver TV ou um filme. Na tela pode estar acontecendo um monte de atividades, mas não estamos realmente *no* filme ou programa de TV. Há bastante espaço entre nós e o que estamos assistindo. Ao praticarmos a observação de nossos pensamentos, podemos experimentar o mesmo espaço entre nossa consciência e nossos pensamentos. Não estamos criando esse espaço, ele sempre esteve ali. Estamos meramente nos permitindo reparar nele.

Depois de um pouquinho de prática, verificamos que a arremetida dos pensamentos começa a desacelerar naturalmente e se torna possível distinguir pensamentos individuais com mais clareza.

Todavia, talvez não se consiga observar cada pensamento que passa, mas apenas captá-los de relance – parecido com a experiência de perder um trem ou bonde por pouco. Está bem assim também. A sensação de ter acabado de perder a observação de um pensamento é um sinal de progresso, uma indicação de que a mente está se aguçando para capturar vestígios de movimento. Ao continuarmos a praticar, verificamos que conseguimos ficar cientes com mais clareza de cada pensamento quando este ocorre.

O mais importante é que, ao ficarmos atentos a nossos pensamentos, gradualmente ficamos cientes de pequenos hiatos que aparecem e desaparecem entre cada pensamento. Em outras palavras, ao olharmos para nossos pensamentos, também ficamos mais cientes dos momentos em que não há pensamentos. Esses hiatos se abrem em momentos livres de pensamentos, em experiências de consciência alerta e prontidão para aceitar o que quer que surja ou não surja. Nossa mente fica como um porteiro de hotel chique, atenta em seu posto, deixando os hóspedes entrarem e saírem, sem segui-los pelo hotel.

Por meio dessa prática, começamos a nos conectar mais diretamente com a centelha que ilumina nosso ser e a nos aproximar da experiência do potencial vasto e aberto que é a base não só de nossa própria natureza, mas da realidade em si.

Também nos preparamos para a próxima prática de atenção plena.

Espaço interno

Como mencionado antes, o Quarto Fundamento da Atenção Plena, conhecido como Atenção Plena ao Dharma, pode ser interpretado de muitas maneiras. Para mim, essa prática específica envolve repousar nossa consciência no que meu pai e diversos outros professores meus chamavam de "espaço".

O que significa isso?

Alguns de vocês já devem ter apreciado uma amostra de espaço ao praticar a Atenção Plena ao Corpo, Sentimento e Pensamento – ou pelo menos ter entendido a possibilidade de tais práticas ajudarem a afrouxar os nós da identificação relacionada ao "eu" que nos mantêm tão intimamente ligados a nossos padrões. Em particular, a prática de Atenção Plena ao Pensamento pode nos levar a experimentar hiatos entre pensamentos nos quais ficamos totalmente vivos, alertas e atentos, todavia desafogados das histórias que contamos sobre nós mesmos, os outros e o mundo ao redor.

A prática da Atenção Plena ao Dharma nos leva além, permitindo-nos experimentar um profundo senso de abertura e clareza bondoso, cordial e acolhedor.

Também pode ser um tanto chocante.

Preparação

Depois de quase um ano e meio no Tashi Jong, ouvi boatos de que Khamtrul Rinpoche viajaria para o Nepal. Eu queria muito voltar lá para ver meu pai e outros da família, mas não sabia se Khamtrul Rinpoche tomara alguma decisão sobre quem o acompanharia. Então, certa tarde fui até ele enquanto trabalhava no telhado do prédio principal do mosteiro. Eu queria perguntar: "Pode me levar para o Nepal?", mas não conseguia decidir como falar.

Fiquei horas por perto enquanto ele trabalhava, mas toda vez que tentava perguntar as palavras entalavam na garganta. Quanto mais eu esperava, mais ansioso me sentia e mais difícil ficava até mesmo formar um pensamento coerente, que dirá expressá-lo em palavras. Fiquei enredado em muitas camadas de "eu". Em nível de "eu sólido" e "eu precioso", estava com saudade de casa, sentia falta do conforto que meu pai e minha família me proporcionavam. Em nível de "eu social", estava apavorado por deixar Khamtrul Rinpoche saber disso. Não queria que ele pensasse que eu era ingrato para com sua bondade ou que eu estivesse infeliz no Tashi Jong.

Imaginei que, se Khamtrul Rinpoche perguntasse por que eu queria ir ao Nepal, eu tinha que apresentar um motivo – e estar com saudade não parecia apropriado. Finalmente cheguei a uma solução, que era uma meia-verdade. Em vez de dizer que queria ir ao Nepal para poder ver meu pai, apelei para uma desculpa que na verdade era legítima. Naquele tempo, a fim de poder ir do Nepal para a Índia, era preciso uma carta oficial de permissão do ministro de Relações Exteriores nepalês com um selo oficial. Entretanto, a carta de permissão que eu havia recebido concedia apenas dois anos de permanência. Estava chegando a hora de renová-la. Achei que fosse uma justificativa muito conveniente: "Tenho que ir com você para o Nepal ou não permanecerei mais na Índia". Senti-me terrivelmente estúpido por usar essa desculpa, parecia uma artimanha óbvia.

Mas, mesmo tendo bolado um motivo que soava plausível, simplesmente desembuchei: "Quero ir para o Nepal com você".

Suspeito que ele provavelmente soubesse de minha luta interna. Não é preciso um poder especial para ver que um adolescente tem algo em mente e está constrangido para falar. Todavia, Khamtrul Rinpoche se manteve descontraído, andando por lá com um sorrisinho brincando nos lábios. Foi um atestado de bondade ele aguardar, com uma pitada de humor, eu elaborar o que tinha a dizer.

Hoje, quando meus alunos demonstram o mesmo tipo de timidez ao tentar se expressar, quando querem perguntar algo muito pessoal ou talvez embaraçoso, lembro-me da paciência e generosidade desse grande professor. Ele não perguntou o que eu queria, nem colocou palavras em minha boca. Apenas esperou que eu resolvesse o conflito à minha maneira, no meu tempo, de acordo com minha personalidade. Ele me deixou *ser* exatamente como eu era. E, ao fazer isso, sem quaisquer palavras, informou que estava perfeitamente bem ser quem eu era e estar como eu estava naquele momento.

Essa é a marca de um grande professor. O espaço no coração de Khamtrul Rinpoche era muito amplo, aberto, tinha mais do que o suficiente para acomodar as necessidades de um garoto ansioso e suarento de catorze anos, zanzando em volta, aparentemente tentando engolir um bocado de areia em vez de admitir seus medos e inseguranças. Para os alunos de sorte que receberam essa franca cordialidade, a chance de aprender com Khamtrul Rinpoche se provou uma imensa oportunidade.

Para minha surpresa, Khamtrul Rinpoche não perguntou por que eu queria voltar para o Nepal. Não disse "sim" ou "não". Disse apenas "ok". Talvez na hora ele ainda não houvesse decidido quantas pessoas o acompanhariam ou quem ele escolheria. Para meus jovens ouvidos, o importante foi que ele havia escutado meu pedido e mostrado que não havia nada de errado em pedir.

A despeito de meus temores, não foi uma conversa lá muito dramática. Passei por tanta ansiedade, por todo aquele pensamento para nada – uma grande lição que Khamtrul Rinpoche ensinou simplesmente por ser do jeito que era. Não há necessidade de complicar nossa vida se revirando e contorcendo para apresentar uma justificativa socialmente aceitável para simples necessidades e desejos. Apenas diga diretamente. O que pode acontecer de pior? Alguém dizer "não". Talvez alguém pergunte: "Por que você quer isso?" ou: "Por que você precisa disso?", e você terá que justificar o pedido.

No fim, por motivos só dele, Khamtrul Rinpoche optou por levar todos os jovens *tulkus* com ele na viagem para o Nepal. Viajei no mesmo carro que ele, sentado na frente com o motorista e outro *tulku* novinho, enquanto Rinpoche ia atrás com outro *tulku* mais velho por todo o trajeto da Índia a Kathmandu, uma jornada de quinze dias. Um caminhão transportando cerca de quarenta monges nos acompanhava. Durante toda a jornada, Rinpoche se manteve praticamente calado – apenas sendo –, o que foi uma lição em si. Quando cruzamos a fronteira e agentes armados examinaram nossos passaportes, sua expressão pacífica e bondosa não se alterou. Nada o aborreceu durante nossa viagem de quinze dias.

Nessa jornada, acompanhei-o a alguns locais sagrados budistas no Nepal. Como ele ainda era meu professor, perguntei timidamente se eu podia visitar meu pai.

Não sei o que eu esperava, mas com certeza não era o sorriso largo que ele ofereceu enquanto dizia: "Isso é muito bom! Por favor, dê meus cumprimentos a Tulku Urgyen Rinpoche". Ele deu dinheiro para pagar minha viagem até o Nagi Gompa e um *khata* – lenço cerimonial que significa benevolência e bênçãos – para presentear meu pai em seu nome.

E lá fui eu, com seus presentes e bênçãos.

Mal sabia o que me esperava.

Primeiro vislumbre

Pude passar apenas umas poucas semanas com meu pai em seu eremitério no Nagi Gompa. Perto do término de minha estada, ele me deu uma lição sobre experimentar o espaço.

Nunca esquecerei aquela primeira lição. Estava no aposento particular de meu pai, uma peça pequena com forro de madeira, uma cama, um altar e espaço suficiente para umas cinco ou seis pessoas talvez. Metade da sala tinha janelas, através das quais o sol poente brilhava em luz vermelho-dourada.

Ele disse: "Olhe ao seu redor, com todos os seus sentidos abertos, vendo todos os objetos, sentindo todas as sensações. Não bloqueie nada. Consegue sentir abertura, a simples consciência das coisas que vê, ouve e sente?".

Assenti com a cabeça.

Com o sol se pondo pelas janelas com vista para um vale amplo, o simples calor físico do corpo do meu pai, seu olhar doce, mas penetrante, a sensação do piso de madeira duro debaixo de mim, teria sido difícil *não* ficar ciente da variedade de fenômenos. E seu conselho gentil para experimentar abertamente essa consciência, sem julgamento, foi uma influência poderosa. Havia algo de quase mágico no modo como ele conseguia comunicar sem palavras ou gestos a possibilidade de eu apreciar sem julgamento todas as coisas que via, ouvia e sentia.

Então ele disse: "Agora, lentamente volte a mesma consciência para a mente que percebe essas coisas abertamente. Em vez de olhar para o espaço *externo*, olhe para o espaço *interno*".

Ele mostrou com as mãos: virando as palmas para fora, para demonstrar o modo como geralmente percebemos, olhando para fora, e a seguir virando as palmas para dentro, para indicar a mente que percebe. Então, deixou as mãos caírem no colo, para demonstrar o ato de abandonar todo esforço de olhar – permitir que aconteça o que tiver que ser (ou não).

Naquele momento – em grande parte devido à certeza e entendimento que ele havia cultivado ao longo de anos de prática – tive um vislumbre do espaço interno, que é amplo e claro, completamente além de conceitos ou julgamentos, no qual ou por meio do qual todo o reino dos fenômenos aparece e desaparece. Por um breve segundo, tive uma experiência direta do que na tradição budista é conhecido como a essência da mente ou natureza da mente: uma consciência luminosa, ilimitada, que não é dividida em sujeito e objeto, eu e outro, o que percebe e o que é percebido. Todas as distinções entre "quem olha" e o que está sendo "olhado" se desfazem, e por um instante experimentei uma completa falta de separação entre tudo que eu sentia, via, cheirava e assim por diante, e a consciência que via, sentia, cheirava. Naquele momento, mesmo o esforço envolvido em ficar atento se dissolveu e a atenção plena se tornou isenta de esforço; a clareza, a abertura e a cordialidade simplesmente eram.

Foi, como descrevem alguns textos budistas clássicos, acordar no meio de um sonho enquanto ainda se está sonhando. Súbita e inquestionavelmente eu sabia que estava experimentando o que ocorria com minha consciência – mas era uma experiência livre de rótulos mentais, emocionais ou físicos. Tive uma sensação de imensurável liberdade e possibilidade, inseparável do potencial de estar ciente de qualquer coisa que emergisse daquela possibilidade prenhe. Não foi uma experiência necessariamente extraordinária, mística, mas mais como uma profunda sensação de relaxamento, como acomodar-se em uma cadeira confortável ao fim de um dia longo.

O reconhecimento da inseparabilidade da consciência e de sua experiência – o despertar no meio de um sonho – foi o presente do Buda para a humanidade, e do meu pai para mim.

Reação

Não tive tempo suficiente no Nagi Gompa para aprender com meu pai todos os vários meios e métodos de estabilizar a experiência de consciência pura, clara e aberta.

Depois de retornar ao Tashi Jong, comecei a "pegar emprestados" na biblioteca do mosteiro livros sobre meditação que não faziam parte do currículo de *tulku* naquele estágio. Na época, o foco principal era ler, escrever e memorizar textos rituais e os vários elementos associados ao desempenho e participação em rituais.

Porém, depois que voltei para o Tashi Jong, tendo recebido um vislumbre da natureza da mente, o espírito tempestuoso e independente de criança – suprimido por uns anos enquanto eu tentava ser um bom *tulku* – começou a se afirmar. Enquanto me aplicava no currículo de *tulku*, comecei a estudar em segredo textos clássicos sobre meditação. Olhando em retrospecto para essa época, consigo ver o valor do sistema de treinamento lento e gradual empregado no Tashi Jong e muitos outros mosteiros no Tibete, na Índia, no Nepal, na Europa e nas Américas – porque as lições apresentadas naqueles livros me confundiram por completo.

Enquanto o treinamento inicial no Tashi Jong enfocava exclusivamente a teoria e a conduta externa, os textos de meditação que peguei emprestados na biblioteca do mosteiro dramatizavam nos mínimos detalhes os aspectos positivos e negativos do que se poderia chamar de "conduta interna": pensamentos e emoções rotulados como "bons" ou "maus", ou, em termos modernos, "negativos" ou "positivos", "construtivos" ou "destrutivos". A raiva, por exemplo, era o caminho para os reinos infernais onde você passaria éons fervendo em caldeirões cheios de chumbo derretido. O desejo poderia levá-lo a uma experiência conhecida como reino dos fantasmas famintos, povoado por seres com bocas minúsculas e estômagos gigantes, que nunca podiam ser satisfeitos. A atração sexual – um tema especialmente potente para alguém que estava experimentando a fúria dos hormônios adolescentes – era completamente vetada para monges e monjas.

Dizer que fiquei confuso é eufemismo.

Encrenca

Durante meus primeiros dois anos no Tashi Jong, tentei arduamente modular meu comportamento. Agora que tivera um vislumbre da natureza de minha mente, o que vi ali me horrorizou. Pensamentos e emoções que não eram "bons" ou "construtivos" continuavam a ocorrer. Eu era raivoso, ansioso, competitivo, julgador e lascivo. Passei a acreditar que era uma má pessoa porque tinha pensamentos e sentimentos que os textos clássicos rotulavam como "ruins". Um juiz severo e secreto, quase como um deus, tomou conta, me observando, monitorando meus pensamentos e sentimentos.

Tinha tanta vergonha dos meus pensamentos e sentimentos que jamais os compartilhava com meus professores, em grande parte porque eles estavam sempre dando sermão sobre como um *tulku* deveria ser um modelo de castidade, bondade, caridade e compaixão.

"Como pode", eu indagava, "um *tulku* ter tantos maus pensamentos? Não é para *tulkus* terem esses problemas."

Meus professores nunca falavam sobre esse dilema, nunca abordavam a ideia de que você pudesse ser um *tulku* e ainda ter pensamentos e sentimentos indômitos e imprevisíveis.

O conflito entre ser um bom *tulku* e um mau *tulku* ficou tão intenso que eu não conseguia dormir à noite. Minha mente estava sempre agitada. "Você tem que ser assim, tem que fazer aquilo. Você tem que pensar isso, tem que pensar aquilo." Comecei a alucinar. As árvores, o vento e até as imagens no mosteiro começaram a falar comigo sobre meus problemas. Por fim meu corpo começou a se deteriorar. Comecei a suar profusamente. Passei a ter dor no pescoço, aftas, úlceras na cabeça, acidez estomacal. Quando fui ver um médico, ele disse: "Você está estressado. Tome vitamina B. Deve ajudar".

Mas o problema não era no meu corpo físico. Era no meu corpo emocional e na minha mente. Eu estava travando uma espécie de batalha épica entre um ideal externo e um enxame interno de pensamentos e sentimentos. Ao longo de vários anos, eu estive, como alguns psicólogos poderiam dizer, me fragmentando: desmoronando, embora ainda tentasse me segurar.

Via pessoas rindo e indagava: "Como podem rir? Como podem estar tão felizes?". Sentia como se tivesse uma costeleta de cordeiro em cima da cabeça – uma carapaça espessa, bruta, carnuda que me impedia de conectar com outras pessoas – e me afligia constantemente por querer ser bom e pensar que era mau.

Embora essa condição piorasse ao longo de vários anos, considero-me afortunado. Para muita gente, essas lutas terríveis podem se estender por décadas. Uma aluna recentemente confidenciou que sempre se considerou uma "filha substituta" para uma irmã mais velha que morrera jovem. Não há como saber se os pais dela a consideravam assim, mas o altar erguido para a finada irmã na sala da casa dos pais e as fotos da filha no quarto deles convenceu-a de que não era realmente amada ou apreciada. Com essa nuvem aparentemente imóvel pairando sobre sua experiência, ela passou mais de trinta anos tentando provar que era digna de amor, admirável, inteligente e tinha valor – buscando aprovação constante dos namorados e dos diferentes grupos de amigos e colegas de trabalho.

No fim, todo esse esforço a deixou exausta. Ela perdeu o último emprego e, depois disso, ficou na cama ou zanzando por seu apartamento por mais de seis meses "como um zumbi", segundo descreveu.

"Meu cabelo era desgrenhado, meus dentes estavam estragando, meu apartamento estava uma bagunça. *Eu* estava uma bagunça."

Ela riu.

"Foi quando concluí que tinha que levar todo esse lance budista a sério. Tinha que começar a praticar para valer. Não para obter algum tipo de vantagem, mas para realmente me abrir à possibilidade de eu não ser apenas um estepe. Eu era outra coisa. O que eu era eu não sabia. Mas estava disposta a *não saber* por um tempo e ver o que acontecia."

Acontece que não saber é um dos melhores resultados possíveis quando os padrões com os quais nos identificamos começam a desmoronar – como inevitavelmente irão.

Perfeitamente maravilhoso

Quando eu tinha dezoito anos, ganhei outra viagem para o Nepal. Nessa segunda visita mais longa a meu pai, recebi ensinamentos mais profundos sobre o espaço, da longa linhagem de ensino do *dzogchen*, um termo tibetano que geralmente é traduzido como "a Grande Perfeição".

Dzogchen é composto de duas palavras: *dzog*, uma contração do substantivo *dzogpa*, que, em um nível primário, significa "primário" ou "perfeição", e *chen*, que quer dizer "grande" ou "vasto".

Em nível sutil, porém, a palavra *dzogpa* significa "está tudo incluído, nada fica de fora". Para entender isso, imagine estar em uma sala olhando por uma janelinha. Você enxerga apenas parte da paisagem (ou, se você estiver numa cidade, talvez enxergue apenas pedaços dos prédios ao redor, talvez apenas a parede de tijolo do prédio ao lado). Então imagine ir para fora, para a rua. Você consegue ver muito mais! Se você dedicasse tempo e esforço para se deslocar para um espaço mais aberto, como um parque, quanto mais poderia enxergar? E então, se você fosse para um local ainda mais amplo, como o topo de uma montanha, o Grand Canyon ou o topo do Empire State Building, o panorama oferecido seria ainda mais vasto.

De certa forma, o movimento para espaços mais amplos e mais abertos reflete o *chen*, o aspecto "grande" ou "vasto" do *dzogchen*. Em um nível mais pessoal, *chen* pode refletir também a sensação de alegria que se tem após sair de uma sala minúscula com uma janela minúscula e ver pela primeira vez um cenário muito mais amplo, uma sensação de "isso é incrível!".

Durante os dois meses em que fiquei com meu pai nessa segunda visita ao Nepal recebi grande quantidade de lições para ser capaz de assimilar todo o panorama de pensamentos, sentimentos e sensações que aparecem e se desvanecem constantemente. Um dos ensinamentos mais memoráveis foi depois de eu confessar para ele que tinha ficado muito confuso com a misturada de pensamentos e sentimentos a borbulhar pela minha mente e como me sentia um "mau" *tulku* por ter "maus" pensamentos e sentimentos.

Estávamos sentados a sós em sua salinha, era dia. Pela janela eu podia ver nuvens se formando, flutuando e se dissolvendo em diferentes formatos no céu.

"Olhe as nuvens", ele disse. "Elas são boas ou ruins?"

Balancei a cabeça e tentei dar minha melhor resposta. "Bem, talvez sejam boas para algumas pessoas por oferecer abrigo do sol. Mas talvez algumas pessoas possam pensar que são ruins, pois podem significar chuva, o que poderia ser um incômodo para elas, ou talvez lançar água demais nas lavouras que estão cultivando."

"Exatamente", ele respondeu, sorrindo.

Aguardei.

"Bom, mau, feliz, triste – são qualidades relativamente verdadeiras, dependendo das circunstâncias", ele disse. "Mas não são qualidades absoluta e intrinsecamente verdadeiras. Em nível absoluto, são apenas rótulos para a experiência que a mente cria e aos quais nos agarramos como parte de nós e de nossas experiências. Não são boas ou más qualidades em si. São como aquelas nuvens a flutuar no espaço".

"O problema", prosseguiu ele, "é nossa tendência a acreditar de todo coração nesses rótulos, que é como tentar segurar nuvens no espaço ou desejar que fossem embora. Queremos mudar ou sustentar condições e circunstâncias, mas isso só piora o problema, porque vemos essas condições como permanentes e intrinsecamente reais, e não como manifestações temporárias de causas e condições".

Enquanto eu escutava, olhei pela janela e vi que as nuvens de fato estavam se movendo, mudando de formato, algumas se dissipando por completo.

Ele reparou em meu olhar e murmurou: "Sim, olhe como elas estão mudando. Mas o *espaço* além delas não mudou em nada. Aquele espaço é como a sua natureza essencial. Ela não muda. Não tem começo ou fim. Assim como as nuvens passam pelo céu, às vezes cobrindo-o por completo, o espaço está sempre ali, em nosso coração, em nossa mente, em toda a nossa experiência".

Ele sorriu de um jeito encorajador.

"Apenas não estamos acostumados a ver as coisas dessa maneira. Vemos as nuvens, mas não o céu além delas. Observamos nossos pensamentos, sentimos nossos sentimentos, mas não vemos o espaço que torna possível observar tais coisas. Não vemos que a reunião das condições que criam tais coisas só é possível porque o espaço é aberto o bastante para permitir que surjam, ou que o único motivo para que possam surgir ou se desvanecer é que sua própria natureza é espaço."

Ponderei sobre essa e outras lições por algum tempo. Para mim, tudo parecia uma filosofia abstrata.

Então, um dia, perto do fim de minha temporada no Nagi Gompa, tentei um experimento. Fui para a borda de um penhasco na montanha e me sentei lá, olhando o céu, observando as nuvens passarem e comparando-as aos meus pensamentos. Observei as nuvens virem e irem. Comecei a sentir uma leveza gradual no meu corpo. Os julgamentos que eu fazia a meu respeito, meus pensamentos, meus sentimentos e sensações começaram a abrandar. Comecei a me sentir muito leve, até brincalhão; do jeito que me sentia quando era criança, antes de toda essa história de *tulku* invadir minha vida. Comecei a sentir a centelha reacender-se em meu corpo, bem como em minha mente. Parei de me sentir mal a respeito de mim, de meus pensamentos e meus sentimentos. Comecei a ter uma sensação de liberdade pela qual ansiava desde que havia começado o treinamento de *tulku*.

Pensei que talvez as diferentes partes de minha experiência – a animação de quando era criança, o treinamento de *tulku* no Tashi Jong e os ensinamentos de meu pai – pudessem ser unidas de alguma forma. Deveria haver meios de juntar todos os diferentes aspectos da experiência e se tornar um tipo diferente de *tulku*, um pouco menos formal, um pouco mais aberto a ouvir e responder às pessoas que um dia eu teria que ensinar.

Mas foi de novo apenas um vislumbre; talvez mais profundo do que aquele que tive durante minha primeira visita a meu pai. Levaria muitos anos para esse vislumbre criar raiz e se tornar o princípio permanente com o qual vivo minha vida hoje.

Claro que o primeiro grande acontecimento ao voltar para o Tashi Jong foi conversar com Tselwang Rindzin e outros tutores sobre a dor e a enfermidade que eu experimentava. Eu havia resistido por muito tempo porque por fora eles eram bastante estritos; mas comecei a considerar essa dureza externa deles como um tipo de nuvem que apenas escondia um céu claro, uma abertura luminosa de coração e mente. E era isso mesmo, pois todos me encorajaram a encontrar um equilíbrio entre minha mente e meu coração, o que por fim levou-me a renunciar aos votos monásticos; uma decisão difícil, mas que acabei vendo que não mudava realmente a essência do meu ser – a vacuidade, a clareza, o amor.

A prática

A essência da prática do Quarto Fundamento da Atenção Plena é olhar além das nuvens – além dos julgamentos de certo ou errado, bom ou mau – e tentar levar a atenção para o espaço aberto no qual julgamento, desejo, raiva, medo e esperança surgem como experiências transitórias. Esse espaço aberto é onde se revela a nossa verdadeira natureza – aberta, amorosa e compreensiva quanto às dificuldades pelas quais as pessoas passam na vida cotidiana.

A fim de praticar a Atenção Plena ao Dharma, tradicionalmente precisamos observar o que se traduz como "Três Imobilidades": Imobilidade de Corpo, Imobilidade de Sensação e Imobilidade de Mente. Em termos práticos, esses termos assustadores são bem simples.

Imobilidade de Corpo significa encontrar uma posição física estável, usando a postura dos setes pontos ou a postura dos três pontos. Manter algum tipo de ancoragem ao solo é importante a fim de preservar uma conexão com o aspecto físico de nosso ser. Manter a coluna mais ereta possível conserva o *tsa*, ou canais, aberto, permitindo ao *lung* passar livremente, carregando consigo o *tigle*, as centelhas de energia que sustentam a força vital. Todos os seus sentidos físicos ficam abertos ao que quer que esteja ocorrendo.

Imobilidade de Sensação se refere às práticas de Atenção Plena ao Corpo e Atenção Plena ao Sentimento pelas quais nos permitimos simplesmente observar as sensações que passam pelo corpo físico e pelo corpo sutil. Imobilidade da Mente, por sua vez, envolve apenas nos permitirmos ficar atentos e alertas aos pensamentos que passam por nossa consciência.

Assim, dedique um tempo para acomodar seu corpo...

Dedique um momento para repousar em seus sentimentos...

Dedique um momento para repousar em sua mente...

Agora, permita-se ficar ciente do que você está ciente. Talvez seja um som, um cheiro, um pensamento, uma sensação.

Volte então sua atenção para dentro – do jeito que meu pai virou as mãos – e fique ciente daquilo que está *ciente* do som, cheiro, pensamento, sensação.

Permita-se ficar ciente dos – e alerta aos – hiatos momentâneos entre sensações físicas, sentimentos e pensamentos e volte a sua atenção para o espaço entre essas nuvens de experiência. Ao fazer isso, você pode ter um vislumbre de que de fato não existe separação, distinção entre as experiências e o que está sendo experimentado.

Repouse nesse vislumbre. Pode ser que não dure muito tempo, talvez uns segundos antes do hábito da separação surgir de novo. Não se preocupe. Isso acontece com todos nós no começo. Apenas repita o exercício – ficando ciente do que você está ciente e a seguir voltando a atenção para dentro.

Continue a fazer isso por cerca de um minuto e depois apenas repouse, assim como faz após um longo dia de trabalho.

Se sentir vontade de fazer de novo, pode tentar olhar os hiatos por mais um minuto.

Depois repouse. Faça um intervalo.

Como foi?

Experimentou algum hiato?

Viu o espaço entre e em volta das nuvens?

Não se preocupe se não viu. Ainda estou trabalhando nisso. Talvez um dia eu seja capaz de chegar à mesma habilidade de meus professores. Até lá, sou apenas um aluno como você.

Outro método

Existe outro método de prática de Atenção Plena ao Dharma que aprendi com Nyoshul Khen Rinpoche, um dos grandes mestres do *dzogchen*, que escapou por um triz do Tibete para a Índia no final dos anos 1950. Sua vida na Índia de início foi muito difícil, e ele foi forçado a mendigar nas ruas. Entretanto, os comentários sobre sua presença começaram a se espalhar aos poucos, e ele começou a ensinar, atraindo grandes multidões. Os *tulkus* que haviam escapado para a Índia pediam-lhe ensinamentos e ele foi convidado por vários mestres importantes de meditação para atuar como *khenpo*, ou abade, dos mosteiros que haviam estabelecido na Índia. Por fim foi convidado a compartilhar sua sabedoria em mosteiros e centros de retiro na Europa, Ásia e Estados Unidos.

Tive o privilégio de encontrá-lo e receber ensinamentos dele em várias ocasiões. Entre as muitas coisas maravilhosas que aprendi com ele está um método muito simples de praticar a Atenção Plena ao Dharma, que agora compartilho com você.

Simplesmente inspire enquanto ergue os braços.

A seguir expire enquanto baixa os braços.

Parece fácil demais.

Talvez.

Mas, no momento em que baixa os braços, você de fato pode experimentar uma sensação de abertura ampla, um hiato no qual não existe separação entre a experiência e o experimentador, nem solidez, nem julgamento. Repouse no hiato pelo tempo que ele durar – muito ou pouco. Não tente estendê-lo ou segurá-lo. Simplesmente deixe que ocorra e que se vá; a seguir pode tentar o exercício de novo.

Nada de fracasso

Muita gente sente algum tipo de decepção por não conseguir manter a experiência de espaço. Isso é especialmente válido para os iniciantes, mas até mesmo praticantes de longa data verificam que o hiato de repouso no espaço que experimentam após uns segundos fica abarrotado de pensamentos, sentimentos e sensações físicas.

Temos que lembrar que o processo de construção dos padrões e de identidades relacioanadas ao "eu" levou muito tempo e não pode ser desfeito em uma sessão, cem sessões, nem mesmo mil sessões. Pense em sua prática como um programa de exercícios que você começa na academia (contudo não é preciso pagar mensalidade, pois como ser senciente, você já é membro). No início você aguenta uns poucos minutos na esteira ou na bicicleta. Se faz musculação, você só consegue erguer uns pesinhos em poucas repetições antes dos músculos cansarem. Mas, se persiste, gradualmente você verifica que aguenta mais tempo na esteira ou na bicicleta, ou ergue mais peso e executa mais repetições.

De modo semelhante, a prática da Atenção Plena ao Dharma é um processo gradativo. De início, você talvez só consiga ficar alerta e atento por poucos segundos de cada vez antes das distrações surgirem. O ensinamento básico aqui é permitir-se ficar consciente de tudo que passa por sua consciência do jeito que é. Não foque em pensamentos, sentimentos e sensações nem tampouco tente reprimi-los. Apenas observe-os enquanto vêm e vão.

Qualquer coisa pode surgir no espaço. Pensamentos, sentimentos e sensações são como pássaros voando no céu: não deixam qualquer rastro do voo.

Deixe que voem. Deixe que venham e vão sem rastros.

Deixe-se tornar o espaço que acolhe qualquer experiência sem julgamento. Afinal, é isso que você é.

12. Juntando tudo

A Atenção Plena ao Dharma margeia uma prática mais avançada, conhecida em sânscrito como *vipaśyanā* e em tibetano como *lhaktong*, ambos os termos podendo ser traduzidos como "visão clara" ou "ver as coisas como verdadeiramente são". Particularmente nas culturas ocidentais, as duas traduções forem encurtadas em uma só palavra: *insight*, um termo que lembra a imagem de meu pai virando as palmas para dentro para demonstrar a capacidade da mente de olhar para dentro, para si mesma – um processo que nos ajuda a perceber a vacuidade como uma experiência real em vez de um conceito interessante ou instrutivo.

Quando começamos a praticar a atenção plena, estamos simplesmente observando. De certa forma, somos como o lojista fazendo um inventário dos artigos em sua loja: "Isso fica aqui, isso fica aqui, isso não fica aqui, isso fica aqui...", somos apenas um pouco mais gentis em nossa observação. Pelo menos tentamos observar o excesso ou a ausência de sensações físicas, emoções e pensamentos sem julgamento.

Entretanto, pelo simples ato de observar, uma transformação extraordinária começa a ocorrer. Devagar e sempre, começamos a largar os apegos e fixações que nos mantêm presos na identificação com quaisquer padrões que definam nossa experiência. Ao levar a atenção para os pensamentos, sentimentos e sensações físicas, também treinamos nossa consciência a sossegar um pouco, proporcionando uma oportunidade para vislumbrarmos alguns hiatos e experimentar o pano de fundo do espaço onde aparecem as várias nuvens que ocupam nossos pensamentos, sentimentos e sensações físicas.

Experiência profunda

Quando trazemos insight para a nossa prática, entramos em um processo mais profundo de transformação, travando uma espécie de diálogo com a nossa experiência.

Por exemplo, quando notamos alguma tensão numa parte do corpo físico, podemos começar a quebrar a tensão em seus elementos constituintes. Podemos olhar para o corpo como uma construção em pedacinhos, em vez de único grande amontoado. Podemos explorar os pensamentos e as emoções que contribuem para a tensão. Ou podemos trabalhar em sentido contrário, olhando para os pensamentos que incitam reações emocionais que, por sua vez, provocam sensações físicas. Também podemos olhar para as emoções que abastecem nossos pensamentos e provocam sensações físicas.

Seja qual for a maneira com a qual abordamos a atenção plena, estamos fadados a reconhecer padrões habituais: formações de pensamentos, sentimentos e sensações físicas amontoadas que, sob exame mais detalhado, não são tão amontoadas quanto pareciam.

Podemos começar a ver como esses padrões se desdobram no pano de fundo do espaço. Ao fazer isso, começamos a liberar a identificação relacionada ao "eu". Passamos a reconhecer que padrões mantidos há muito tempo não são tão sólidos quanto parecem. Não são uma parte intrínseca do que acreditamos ser o "eu", mas sim uma série de eventos transitórios e interconectados, que contribuem para a noção de "eu".

O processo de dissolver padrões habituais leva um tempo – talvez uma vida inteira. Entretanto, não implica nos distanciarmos ou desapegarmos de nossas experiências ou nos repreendermos por surtos de eventos emocionais, intelectuais ou físicos. Implica um processo de ampliar o senso de percepção experiencial do potencial de onde os padrões emergem.

Sorria para os seus padrões. Acolha-os da forma como acolhe um parceiro, cônjuge, colega de quarto ou filho que irrompe porta adentro quando você está no meio de alguma tarefa. Em vez de resmungar por causa da interrupção, admita a presença deles de forma amável, educada e quem sabe até com um pouco de afeição amorosa. "Olá, meu bem. Bem-vindo outra vez. Só que agora não posso ficar com você. Não posso segui-lo de peça em peça". Ofereça espaço para que se movimentem como queiram, enquanto reconhece que *eles* não são *você* e que *você* não é *eles*.

Vipaśyanā ou *lhaktong* muitas vezes é descrita como uma "investigação", um processo analítico pelo qual quebramos nossas experiências em suas diferentes partes até vermos que não são sólidas, permanentes ou verdadeiras. Mas, pelo menos da maneira como fui ensinado, essa investigação não é um processo intelectual e sim experimental, experiencial.

Sempre que surge uma experiência difícil ou desafiadora – como ansiedade, pânico, ciúme, raiva ou dor física – podemos trazer as quatro práticas de atenção plena para atuarem juntas como um conjunto.

Espaço no corpo

Geralmente é mais fácil começar praticando o que poderia se chamar de "Atenção Plena em Conjunto" com Atenção Plena ao Corpo. Localize onde no corpo você sente algo mais intensamente. Observe, permita-se ficar plenamente alerta a isso. Depois, permita-se também experimentar um pouco de espaço, de abertura dentro do corpo. Volte-se para dentro da consciência para sentir o espaço ao redor fundindo-se com o corpo e então repouse na experiência.

Com a prática, fundir o espaço interno e externo pode criar uma sensação de leveza, de flutuação. Permita-se experimentar essa leveza, como penas a flutuar na brisa ou folhas esvoaçando ao vento. A leveza não só acalma algumas das sensações físicas que você possa estar sentindo, como também ajuda a dissolver a "cola" que mantém a identificação relacionada ao "eu" com seu corpo físico e a romper algumas das histórias que o prendem a seu senso de "eu" congelado, sólido.

Espaço emocional

A seguir, olhe para o aspecto do corpo sutil que pode estar contribuindo para a sensação física. Talvez o *tsa* esteja torto; talvez o *lung* esteja empacado. Passe uns momentos praticando Atenção Plena ao Sentimento, identificando o componente emocional da experiência, conversando com seu *tsa* e usando a técnica da respiração do vaso para descer o *lung* para sua casa e deixar que se acomode.

Você pode começar tentando encontrar alguma região que esteja um pouco bloqueada e permitir um pouco de espaço ali. Algumas pessoas acham que é mais fácil focar no centro do calor emocional no coração – seja no amor pelos filhos, pelo cônjuge ou outrem – e então estender essa cordialidade aberta para a sensação ao redor do coração e realmente mergulhar no amor incondicional, soltando o "eu". No centro daquele lugar, leve o espaço junto com o sentimento.

A imagem que me vem à mente para descrever isso é a de um saco plástico de farinha, que, pelo menos antigamente, as pessoas podiam levar na bagagem de avião. Durante a viagem, o saco e a farinha dentro dele ficavam comprimidíssimos, pois todo o ar que pudesse estar contido ali era sugado para fora – disseram-me que "embalado a vácuo" é o termo correto. Ao desembarcar, algumas pessoas abriam o saco e deixavam o ar entrar, permitindo ao saco e à farinha retornarem ao formato natural.

De modo semelhante, quando trabalhamos para introduzir espaço no corpo sutil, abrimos o espaço apertado, primeiro liberando a compressão e então usando os métodos descritos anteriormente para injetar um senso de alívio e liberação nos padrões.

Mente espaçosa

Em quase todos os casos, pelo menos metade de qualquer dor ou outra perturbação que estejamos experimentando é exacerbada pelo *lung* agitado, empacado ou deslocado. Assim, quando trabalhamos para levar o *lung* para sua casa, ou pelo menos para perto dela, podemos começar a sentir um abrandamento do que estiver nos incomodando – pelo menos o bastante para olhar para o aspecto mental da situação: os pensamentos que acreditam que "essa ansiedade é verdadeira", "essa dor é verdadeira", "meus pensamentos fazem parte de mim".

Ao praticar a Atenção Plena ao Pensamento como parte do conjunto, também começamos a obter um senso de validação de nossos pensamentos. Alguns pensamentos, é claro, são bastante razoáveis. Se você vê labaredas subindo pela parede do quarto no meio da noite, é inteiramente válido pensar: "melhor eu sair já daqui".

Outros pensamentos podem não ser tão precisos, tais como julgamentos sobre nossa aparência, nossa competência ou nosso valor.

Muitos desses pensamentos circulam por nossa consciência como resíduos de experiências desafiadoras ou traumáticas. Mas, quando começamos a questionar sua validade, quando começamos a reconhecer os hiatos que aparecem entre e no meio dos pensamentos, começamos a permitir um pouco de espaço entre as ideias que acreditamos ser sólidas.

Ao aprofundarmos nossa investigação, vamos aguçar nossa consciência, admitindo mais espaço, quebrando a experiência em seus componentes físicos, emocionais e mentais, dissolvendo a fixação ou solidez das camadas de "eu" que nos mantêm presos em um sentimento, ponto de vista ou estado de ânimo específico. Ao trabalharmos com um padrão, em vez de nos rendermos à sua pressão ou tentarmos deixá-lo de lado, também geramos bondade conosco. Empregando bondade e gentileza no trato com nós mesmos, de fato começamos a entrar em contato com a cordialidade básica do amor incondicional.

Soltando

O último passo no processo da Atenção Plena em Conjunto é soltar a investigação por completo e simplesmente repousar na abertura e na clareza do espaço. Podemos atingir isso voltando a consciência para dentro da mente que está consciente de todos os diferentes aspectos da experiência ou praticando aquele pequeno gesto de erguer os braços ao inspirar e depois deixá-los cair no colo ao expirar – e deixar todos os pensamentos, sentimentos e sensações físicas flutuarem na abertura.

Contudo, é possível que quaisquer padrões que estejamos quebrando com o uso da Atenção Plena em Conjunto se reafirmem quase que imediatamente depois de pararmos a investigação. Permitir que surjam esses padrões talvez seja uma forma mais sutil de "soltar". Da próxima vez, estaremos mais sábios e seremos mais acolhedores.

É bem possível também que venhamos a experimentar uma intensidade um pouco menor na força de nossos padrões. Podem ficar apenas cinco ou dez por cento menos poderosos, mas já é um começo. Examinamos a natureza de nossos padrões e eles começam a afrouxar o aperto que exercem em nós, permitindo que nosso afeto interior venha à tona e nos encontre pelo caminho. Podemos recomeçar o processo imediatamente se quisermos (e é capaz de nos surpreendermos ao verificar que o local de maior intensidade física pode ter mudado). Também podemos levantar, fazer outra coisa por um tempo e retomar o processo mais tarde.

Diferentes entradas

Também é possível começar por uma porta de entrada diferente. Talvez os pensamentos "estou em pânico", "estou tão furioso", "tenho que aprontar isso hoje" sejam o ímpeto para nos engajarmos na Atenção Plena em Conjunto. Assim, olhamos, usando a Atenção Plena ao Pensamento – examinando um pensamento, checando sua validade e encontrando os hiatos. Aí recorremos à Atenção Plena ao Corpo para observar onde esse pensamento nos afeta mais intensamente em nível físico, levando um pouco de atenção a todos os músculos, nervos e todo o resto naquele local. Então trabalhamos com o corpo sutil para levar o *lung* de volta para baixo, saindo da região onde pode ter empacado em uma rede particularmente torcida de *tsa*.

Ao ficarmos mais familiarizados com a Atenção Plena em Conjunto, podemos achar fácil trabalhar primeiro com o corpo sutil. Encontramos uma região que esteja um pouco bloqueada. Talvez fiquemos cientes de uma tensão na zona do coração e comecemos estendendo a consciência ali, cercando o local com o tipo de afeto inteligente e acolhedor que praticamos antes. Ao mesmo tempo, podemos introduzir algum espaço dentro e ao redor.

Apenas respiramos no lugar tenso. Respirar é uma manifestação tanto física quanto sutil de espaço. A respiração induz a um senso de abertura e relaxamento que permite o calor interno crescer, de modo parecido com o ar que alimenta uma chama pequena e tímida, permitindo que fique mais forte, brilhante e quente.

Indo devagar

Para a maioria de nós, os padrões que desenvolvemos durante a vida – em muitos aspectos, apoiados pela cultura onde estamos firme e profundamente enraizados – não serão dissolvidos em uma sessão de prática, nem em dez, nem em cem. Às vezes, anos de esforço são necessários para desenvolver o tipo de sabedoria que transcende o intelecto, que simples e claramente reconhece a natureza transitória e não fixa de nossos padrões. É importante lembrar também que nossas experiências são moldadas por muitos padrões diferentes – então vai levar algum tempo para desenredar todos eles.

Portanto, insisto que você se abstenha de se criticar caso não experimente resultados imediatos – ou quando der por si indo no encalço dos pensamentos, sucumbindo a emoções fortes ou incapaz de encontrar meio segundo de espaço. Sua intenção de praticar, de se reconectar com sua centelha interior, é em si um passo monumental. Em algum nível, você tomou a decisão de despertar, e essa decisão vai conduzi-lo ao longo de muitos momentos desafiadores.

Também o incentivo a proceder devagar. Os professores maravilhosos que me orientaram nos primeiros passos na prática de atenção plena tinham o grande cuidado de dizer que a abordagem mais eficiente ao começar era praticar por períodos bem curtos várias vezes por dia. Do contrário, advertiam, eu correria o risco de ficar aborrecido ou decepcionado com meu progresso e acabar desistindo completamente de tentar.

Essa instrução é resumida em um dos ensinamentos do Buda que, em uma tradução pouco precisa, diz o seguinte: "Gota a gota, o jarro é enchido".

É uma analogia extraída da observação prática. Durante a estação das chuvas em certas partes da Ásia, a água se infiltra pelas goteiras nos telhados. Muitas vezes é necessário colocar uma tigela ou outro recipiente embaixo da goteira, e em pouco tempo o recipiente está cheio e tem que ser trocado.

De modo semelhante, quando seus jarros, tigelas ou outros recipientes estiverem cheios, esvazie-os. Ao começar, não estabeleça uma meta grandiosa de sentar para meditar por vinte minutos. Em vez disso, fixe dez ou até cinco minutos – utilizando aqueles momentos em que tiver vontade ou mesmo desejo de dar um tempo nas atividades cotidianas para observar sua mente em vez de perder-se em devaneios. Praticando "uma gota de cada vez", lenta e gradualmente você se verá livre dos padrões que são fonte de fadiga, decepção, raiva e desespero e descobrirá dentro de si uma fonte ilimitada de clareza, sabedoria, paz e compaixão.

Ao fazer isso, você, por fim, vai descobrir que está pronto para começar um processo ainda mais profundo de reconexão com a sua centelha interior.

Em ação

Ao trabalharmos com as várias práticas de atenção plena e usá-las como um conjunto, começa a ocorrer uma genuína transformação. O "eu sólido" fica mais fluido, e começamos a nos reconectar com aquele senso de abertura e afeto do amor essencial disponível a todos nós no nível do "mero eu". Ao mesmo tempo, como começamos a voltar ao equilíbrio no corpo sutil e a experimentar, talvez pela primeira vez em muito tempo, uma sensação de bem-estar, energia e inspiração. Consequentemente, o "eu precioso" começa a se derreter junto com o "eu social", por meio do qual nos definimos e nos avaliamos segundo as reações de outras pessoas.

Infelizmente, muitos se enredam nessa sensação de bem-estar e esquecem a lição mais essencial que o Buda – bem como muitos outros grandes professores de outras tradições – tentou incutir como o mais profundo de todos os ensinamentos: até todos nós estarmos livres, nenhum de nós está. Repousamos em nossa zona de conforto, com nosso contentamento obscurecendo nossa consciência da dor e da privação que outros ao redor possam estar sentindo.

Recentemente, por exemplo, ouvi a história de uma mulher que se anunciava como *bodhisattva* – uma pessoa que alcançou grande amor e abertura associados à *bodhicitta*. Certa noite, alguém sentindo muita dor física ligou para ela e pediu-lhe uma carona de carro até o hospital, que ficava a certa distância das suas casas.

"Lamento", respondeu a *bodhisattva*, "mas estou muito ocupada esta noite. Vou rezar por você".

Não fiquei sabendo se as preces funcionaram ou não. Mas esta resposta não foi a de uma verdadeira *bodhisattva*. Na tradição budista tibetana, um *bodhisattva* é considerado ou "herói" ou "guerreiro", dedicado a trazer a todos os seres a mesma liberdade que ele/

ela experimentou. São heróis da compaixão, fazendo de tudo para ajudar os outros em momentos de trevas e desespero.

Entretanto, não posso de fato culpar essa proclamada *bodhisattva*, pois houve uma época de minha vida em que fiquei igualmente disposto a me acomodar na minha zona de conforto – uma complacência aconchegante que por fim considerei deveras perturbadora.

A lição de uma folha

Embora a prática, o estudo e o ensinamento tenham me ajudado a romper alguns dos apegos problemáticos a várias camadas do "eu", alguns anos atrás comecei a me sentir desconfortável. Após refletir por um tempo, percebi que estava preso em um estágio da prática que aprendi a descrever como "Dharma aconchegante", ou "realização aconchegante". É um estágio no qual a pessoa se sente um pouco orgulhosa de seu entendimento e superficialmente satisfeita com seus feitos – quando pensa: "Oh, o Dharma é muito bom. Estou tão feliz". Todavia, esgueirando-se por baixo dessa complacência há um descontentamento irritante, uma sensação de que o Dharma oferece algo muito maior e mais satisfatório do que aconchego.

Na época eu estava ensinando em Bodhgaya, o lugar onde o Buda alcançou a plena compreensão do sofrimento dos seres vivos e dos meios para aliviá-lo. É um local muito poderoso, uma região do mundo que exerce uma influência que pode induzi-lo a reexaminar sua vida.

Enquanto olhava para minha vida, minha prática, o que eu havia aprendido como aluno, o que estava ensinando aos outros, bem como meus relacionamentos com a família e os amigos, comecei a sentir que estava faltando alguma coisa. Sim, eu havia dado jeito de me reconectar com minha centelha básica e ensinado os métodos de fazer isso para milhares de alunos, mas meu "coração de herói", a verdadeira essência de *bodhicitta*, estava apenas semidesperta. Eu havia identificado em mim – enquanto ensinava, por exemplo – uma tendência a ficar cansado, uma sensação de: "oh, gostaria de acabar logo com isso. Gostaria de ir ali, gostaria de ir lá. Gostaria de estar fazendo outra coisa, ir ao cinema ou descansar". Sentia a mesma inquietação enquanto conduzia o trabalho envolvido na organização, construção e conserto de mosteiros, conventos e centros de retiro. Até minhas sessões de meditação se tornaram meio cansativas. Eu só queria parar, relaxar e comer ou ver TV com minha esposa e filhas.

Eu estava cansado, distraído e às vezes entediado.

Mas em Bodhgaya, que oferece poucas distrações, comecei a pensar sobre os muitos grandes professores que me ajudaram e encorajaram. Nunca pareciam cansados, o entusiasmo deles por qualquer projeto em que estivessem engajados nunca enfraquecia. Talvez ficassem fisicamente cansados, mas nunca perdiam a força interior para ir em frente.

Quando olhei para minha vida, percebi que estava perdendo a força interior porque não estava completamente comprometido com a meta de *bodhicitta* absoluta. Estava simplesmente preso em meu aconchego – traçando fronteiras entre minha vida de trabalho, minha vida de prática e minha vida em família. Embora houvesse rompido várias camadas de eu, percebi que havia outra camada a romper: uma camada de aconchego espiritual, de Dharma aconchegante, compaixão aconchegante, existência aconchegante.

Assim, certa noite, após concluir meus ensinamentos, fui para a região de Bodhgaya que possui uma série de santuários e templos antigos, bem como uma árvore nascida de um broto da árvore bodhi. Não disse a ninguém onde estava indo. Fui sozinho, com a determinação de fazer um voto de trabalhar altruisticamente para o benefício de todos os seres, de transpor o nível de complacência onde me permitia continuar fazendo coisas contanto que elas me fizessem feliz.

Estava perto do pôr do sol, uma hora que em mim ressoa particularmente como um momento de ternura. O dia está quase encerrado, mas ainda há luz, um momento pungente de transição entre a claridade do dia e a confusão da escuridão, um momento no qual a realidade parece mudar, transformar-se.

Sentei-me debaixo da árvore bodhi e rezei um pouquinho, a seguir dei três voltas em torno dela enquanto recitava o voto de *bodhisattva*, que, resumidamente, diz algo assim; "De agora em diante, até atingir a liberdade completa da dor e do sofrimento, dedico-me inteira e completamente, sem gratificação pessoal, a trabalhar para o benefício de todos os seres sencientes". Decidi que assumiria o compromisso de *bodhisattva* de todo coração.

No momento em que concluí o voto, senti algo esvoaçar levemente por minha cabeça. Abri os olhos e vi uma folha da árvore bodhi a meus pés.

O que aconteceu a seguir foi bastante surpreendente. Eu estivera ciente de pessoas à minha direita e à minha esquerda perto da árvore bodhi. Achei que estivessem cantando ou rezando – mas na verdade estavam esperando que uma folha caísse. É ilegal arrancar folhas da árvore (do contrário ela seria apenas galhos pelados). Ninguém pode pegar uma folha a menos que caia naturalmente.

De repente, as pessoas começaram a se amontoar vindas de toda parte para agarrar a folha caída. Tenho que confessar: senti desejo semelhante de pegar a folha e reivindicá-la para mim; e, visto que tinha caído bem na minha frente, peguei-a. Tudo isso aconteceu no espaço de poucos segundos. Fiquei segurando a folha, pensando: "Ganhei! A árvore bodhi enviou-me uma folha, e agora eu a tenho. Devo ser uma boa pessoa, um bom praticante!".

Contudo, ao ir embora, comecei a me sentir bastante culpado: "Você é um *bodhisattva* muito preguiçoso", disse a mim mesmo. "Fez um voto de dedicar a vida a todos os seres sencientes, mas não consegue abrir mão dessa folha em favor de alguém. Você continua se agarrando, continua acalentando, continua se prendendo à ideia de receber algum sinal ou bênção especial". Fiquei tão triste e zangado que quase despedacei a folha e joguei no chão.

Então outra voz surgiu do nada: "Guarde essa folha como lembrete do quanto é fácil quebrar o compromisso de trabalhar para o benefício dos outros. Você pode dizer as palavras com toda a sinceridade, mas são as ações que realmente contam – que realmente determinam se você está se agarrando ou não ao aconchego, à presunção, à separatividade".

Uns dias depois, pedi a um de meus alunos que emoldurasse a folha, junto com uma notinha que escrevi sobre a experiência. Levei a folha emoldurada para minha casa no Nepal e a pendurei na parede da escada que subia do térreo para o meu quarto, de modo que, toda noite ao ir para a cama e toda manhã ao descer para começar meu dia, pudesse lembrar de meu compromisso e do quanto é fácil quebrá-lo.

Depois de um mês, percebi que a localização talvez não fosse muito boa (é fácil se esquecer de olhar para a parede ao subir e descer as escadas). Por fim, minha esposa – que em muitos aspectos é muito mais sábia que eu – pendurou a folha e minha nota em cima de nossa cama. Assim, quando estou em casa, ela está sempre acima de minha cabeça quando vou dormir à noite e quando acordo pela manhã. Faz parte tanto dos meus sonhos quanto de minha vigília.

Quando vejo a folha emoldurada, sou lembrado de que alimentar a centelha da existência envolve dois esforços relacionados. O primeiro, é claro, implica conectarmo-nos com nossa abertura, inteligência e cordialidade básicas. O segundo requer estender o potencial que descobrimos dentro de nós para fora, no modo como nos comportamos com tudo e com todos os seres que encontramos na vida cotidiana.

Muitas civilizações sucumbiram porque as pessoas escolheram permanecer em suas zonas de conforto, preferindo fortalecer a sensação de segurança pessoal e ignorar os apuros dos outros. Algumas pessoas, entretanto, compreenderam a importância de amparar gente que talvez jamais conhecessem. São exemplos que, por suas ações, demonstraram o tipo de conduta encorajada em muitas culturas diferentes ao longo de muitas diferentes épocas. Entre esses incluem-se personagens religiosos, como Jesus, Moisés e Maomé – que sublinharam a caridade e bondade para com os outros. Também poderíamos levar em conta personagens mais recentes, como Rosa Parks – muitas vezes chamada de "a primeira dama dos direitos civis" –, cuja recusa em ceder o assento para um passageiro branco em um ônibus em Montgomery, Alabama, é vista por muitos como o ato que precipitou o movimento norte-americano dos direitos civis e abriu um diálogo cultural sobre tratar uns aos outros com respeito e dignidade. Poderíamos considerar também um jovem tunisiano, Mohamed Bouazizi, que ateou fogo a si mesmo em protesto contra o desemprego, a pobreza e a corrupção do governo – um sacrifício que inaugurou uma era inaudita de liberdade para milhões de pessoas em todo o Oriente Médio.

Bodhicitta como uma prática

Anteriormente foi descrito que, quando nos conectamos com o amor essencial, várias práticas – *tonglen*, por exemplo – podem ajudar a fazer crescer essa conexão como um amor ilimitado que inclui todos os seres sencientes. Mas esse é apenas o segundo passo de nossa jornada. O passo seguinte envolve assumir ativamente a *bodhicitta* relativa como prática. E isso significa praticar compaixão – o que, por sua vez, envolve fazer coisas que você na verdade nem quer fazer, mas que simplesmente vão beneficiar outrem. Pouca gente ensina esse aspecto, preferindo em vez disso descrever a compaixão como empatia – uma resposta compreensiva ao sofrimento dos outros. No que tange à descrição, não está muito longe do correto. Mas, conforme fui ensinado, compaixão não é apenas um sentimento: é uma ação. Quando Rosa Parks se recusou a ceder o assento, ela agiu de modo compassivo. Quando Mahatma Gandhi empreendeu uma greve de fome para protestar contra a ocupação estrangeira de seu país, agiu de modo compassivo. Quando Mohamed Bouazizi ateou fogo a si mesmo, agiu de modo compassivo em nome de todos os tunisianos.

Algum deles foi movido pelo termo "*bodhicitta* relativa"? Duvido que sequer tenham ouvido essa expressão. Mas suas ações foram motivadas por uma disposição de aguentar privações em favor de outros, o que é a base de *bodhicitta* relativa: faça o que precisa ser feito, mesmo que você não queira fazer, mesmo que lhe cause privação ou dor.

A diferença entre amor ilimitado e *bodhicitta* é que no amor ilimitado meio que dividimos o foco, fazendo coisas que podem melhorar a vida das pessoas, mas também desfrutamos de um prazer secreto em ajudar a outra pessoa – uma sensação de autocongratulação porque fizemos algo realmente bacana e somos uma pessoa melhor por causa disso. Qualquer que seja a quantidade de alegria que oferecemos a alguém – mesmo um sorriso para o caixa do banco ou o guarda de trânsito – reflete-se em nós: "Ei, fiz uma coisa bacana hoje! Que pessoa bacana que eu sou!". Desfrutamos da alegria que proporcionamos aos outros.

Bodhicitta, por outro lado, é um esforço para remover qualquer tipo de sofrimento sem esperar o mesmo tipo de retorno autossatisfatório.

Por exemplo, conforme disse uma aluna recentemente: "Sei que meu tio idoso está morando sozinho. Tenho pavor de telefonar para ele porque sei que simplesmente vai falar as mesmas coisas que falou na semana passada e na semana anterior e na semana antes daquela. Mas ligo assim mesmo porque esse é um dos poucos contatos dele com o mundo exterior. Muitas vezes minha resposta é apenas 'arrã-arrã, arrã-arrã'. E ele leva uma eternidade para se despedir, o que enfurece o meu namorado, que espera que eu desligue antes das primeiras despedidas. Mas o pobre homem é tão solitário. Simplesmente não posso desligar na cara dele".

Outra pessoa que conheço precisou ficar com a mãe durante uma longa temporada no hospital porque mais ninguém da família morava perto o bastante. Ele detesta hospital – o cheiro de antissépticos, a comida insípida –, mas ficou. Algumas enfermeiras diziam coisas muito bacanas para ele: "Você é um filho muito bom". "Você é um bom garoto." Uma vez ele devolveu: "Tenho sessenta anos, não sou um GAROTO!".

Mas aí uma enfermeira entrou no quarto e falou: "Você não está fazendo o que quer, mas o que precisa fazer".

"Que diabos você quer dizer com isso?", ele perguntou.

A enfermeira esperou um instante, mas meu amigo não mudou o tom zangado.

"Você não está sentado aqui porque quer, mas porque sabe que é a coisa certa", ela disse. "Acredite, sou enfermeira há muitos anos e posso ver a diferença. Você não está apenas sentado à cabeceira. Você nos chama de cinco em cinco minutos porque sua mãe sente dor. Está aqui cuidando dela porque não tem mais ninguém para fazer isso."

Ela parou um momento antes de perguntar: "Você não sabe o quanto isso exige do coração, não é?".

E então a enfermeira saiu do quarto.

Ele nunca mais a viu.

Teria sido uma ilusão? Uma mensageira? Ou apenas uma folguista? Jamais saberemos.

Mas, depois daquilo, o homem descreveu-se como "abalado".

"Alguém, em algum lugar, sabia que eu estava fazendo o meu dever", ele disse. "Eu não gostava, não queria, mas era o que eu tinha que fazer."

Essa é a essência de *bodhicitta*, cumprir as responsabilidades com os outros mesmo quando não se quer.

Minha filha mais nova costumava chorar cada vez que eu partia para ensinar em algum lugar. Quando ela era menor, eu a pegava no colo e falava que estava fazendo um trabalho importante, que tornaria o mundo um lugar melhor, mais pacífico. Hoje ela aceita um pouco mais. Sinto sua falta quando estou longe do Nepal; sinto falta de vê-la crescer. Sinto uma falta medonha da minha esposa. Mas o fato de elas aceitarem a minha ausência e o trabalho que faço é de tremenda ajuda. Elas realmente entenderam o significado de compaixão, que em muitos casos envolve um monte de viagens, estadias em lugares estranhos e, às vezes, desconfortáveis.

Isso não significa, é claro, que praticar *bodhicitta* seja completamente desprovido de alegria. As ações que desempenhamos podem ser desconfortáveis de início, mas, à medida que continuamos, começa a crescer em nós um tipo de confiança e força – o pleno desabrochar do amor essencial, que é totalmente desprovido de autoabsorção. Experimentamos uma abertura e conexão com os outros que jamais sonhamos ser possível.

Na tradição budista, o esforço ativo de *bodhicitta* relativa envolve a aplicação do que é conhecido em sânscrito como *pāramitā* e em tibetano como *pa-rol-tu-chin-pa*. Ambos os termos são muitas vezes traduzidos como "perfeições", no sentido de serem as qualidades mais abertas, bondosas e inteligentes que podemos cultivar no caminho rumo à *bodhicitta* absoluta. Uma tradução mais literal é "ir além" ou "cruzar para a outra margem" – sendo a "outra margem" a experiência além do "eu sólido", além da distinção de "eu" e "outro", além do amor condicional e suas complicações.

Vamos considerá-las uma por uma, refletindo como podem trabalhar em conjunto, como as práticas de atenção plena.

Generosidade

A primeira *pāramitā*, conhecida em sânscrito como *dānā* e em tibetano como *jinpa*, é mais frequentemente traduzida como "generosidade". Por tradição, a generosidade é dividida em três tipos diferentes.

O primeiro tipo de generosidade é razoavelmente fácil de entender. Envolve dar assistência material, como alimento ou dinheiro. Uma velha história budista conta que, numa de suas primeiras encarnações, o Buda abriu mão de seu corpo para que uma tigresa faminta e seus filhotes pudessem viver. Tenho certeza de que, se a história é verdadeira, a experiência deve ter sido deveras desagradável. Verdade ou não, permanece como exemplo de um tipo de disposição para suportar a privação pessoal em favor de outros.

Eu arriscaria o palpite de que poucos de nós hoje precisamos doar o próprio corpo para tigresas famintas. Mas uma bela lição prática é fornecer alimento para pessoas passando fome. No mundo inteiro, grupos de pessoas fazem fila para aceitar doações de café da manhã e almoço para si mesmas e para seus filhos: tigres e tigresas famintos que querem apenas ajudar seus filhotes a sobreviver.

Uma crise global de pobreza e fome foi enfrentada em certa medida com uma reação generosa. Às vezes essa reação parte de organizações de caridade. Às vezes de governos. Depois dos tornados varrerem Joplin, no Missouri, o governo dos Emirados Árabes Unidos – um país a milhares de quilômetros dos Estados Unidos – prometeu milhões de dólares em auxílio a crianças cujas casas e escolas foram destruídas. A reação parte de indivíduos que reservam tempo em sua agenda para comprar mantimentos ou fazer o jantar para uma pessoa que não pode sair de casa, como um de meus alunos faz regularmente para uma idosa do prédio dele.

"Talvez eu aqui não seja completamente generoso no verdadeiro sentido de altruísmo", ele confessou. "A senhorinha tem 99 anos de idade! E as histórias que ela conta por ter vivido ao longo de mudanças mundiais são incríveis. Imagine viver no tempo das carruagens puxadas por cavalos, dos primeiros carros, dos primeiros aviões, das primeiras televisões e de algo completamente incompreensível para ela como a internet. 'O que é esse Facebook de que tanto tenho ouvido falar?', ela pergunta. 'O que é esse Twitter? Para mim parecem um monte de absurdos. No meu tempo escrevíamos cartas, fazíamos ligações telefônicas. Era tudo muito pessoal. Agora parece que as pessoas estão ficando menos pessoais'"

"Certo, talvez ela repita suas queixas de vez em quando e, visto que está praticamente surda, fala um pouco alto. Ela tenta me manter no seu apartamento o máximo que pode, apenas pela companhia, creio. E isso é um pouco irritante porque tenho que levantar cedo para ir trabalhar. Mas me preocupo com ela. Interesso-me por ela. Quero garantir que tenha comida suficiente, que coma e tenha um pouco de companhia. Se isso significa ficar sem umas horas extras de sono, tudo bem."

Ensinaram-me que o primeiro tipo de generosidade poderia se estender além da assistência material para a doação de amparo emocional. Às vezes, isso significa oferecer conforto ou encorajamento a alguém que esteja tendo um dia difícil, uma semana, mês ou – como muita gente em todo o planeta já experimentou – um ano difícil, uma década difícil, uma vida difícil. Nos últimos anos, vimos uma torrente extraordinária de generosidade de pessoas em reação a eventos que devastaram comunidades e países. Por exemplo, milhares de pessoas de todo o mundo dedicaram seu tempo a cidadãos do Haiti após o desastroso terremoto de 2010.

Muita gente que doa tão generosamente não se identifica como budista. Elas doam porque é de sua natureza doar. Visto por esse ângulo, é possível que o Buda tenha codificado a generosidade como uma prática a fim de estimular um potencial enraizado em nossa natureza, a centelha do afeto e da abertura que nos permite conectar com nosso coração e o coração dos outros.

Uma aluna recentemente mencionou que foi criada por pais que cresceram durante a Grande Depressão dos anos 1930 e que aprendeu com eles a dura lição da "mesquinhez".

"Mas, quanto mais penso nisso", disse ela, "mais vejo que a Grande Depressão não foi apenas econômica. A Grande Depressão, como a recessão atual, foi uma coisa emocional, uma expressão da perda de confiança em nós mesmos".

"Assim, sinto-me bem quando posso dar alguns dólares para um amigo", ela prosseguiu. "Sinto-me conectada, como se estivéssemos todos unidos – haja o que houver."

O segundo tipo de generosidade envolve oferecer proteção àqueles cuja vida está de alguma forma ameaçada. Muitos indivíduos se envolvem nesse tipo de atividade, oferecendo assistência a pessoas que estão prestes a perder a casa, o carro, até os filhos. Oferecem a viciados em álcool e drogas a oportunidade de entrar em instituições de reabilitação para se desintoxicar dos venenos em seu corpo e, em alguns casos, aprender ofícios que os ajudem a conseguir um emprego. Abrigos que protegem mulheres e crianças abusadas de várias maneiras oferecem um ambiente bondoso e acolhedor que proporciona a elas uma base para superar seus medos e suas histórias de abuso. O grupo Médicos sem Fronteiras dedica incontáveis recursos para que pessoas de vários países recebam tratamento médico e psicológico, oferecendo um porto seguro.

O último aspecto da generosidade é oferecer entendimento. Em geral, envolve dar um ensinamento de Dharma, do tipo dado a grandes grupos de alunos pelos grandes mestres da tradição budista. Mas também existe outra maneira de oferecer entendimento, em si bastante generosa – como exemplificado em um encontro que tive com Dilgo Khyentse Rinpoche muito anos atrás em Bodhgaya, na mesma época em que estava me tornando professor por acaso.

O Rinpoche deu um conjunto grandioso de ensinamentos para mais de mil pessoas ao longo de várias semanas. Durante aquele período, um amigo meu, um companheiro *tulku* do Tashi Jong, veio a mim com um pequeno problema. Ele entraria em retiro dali a poucos meses e precisava de um ensinamento especial do Rinpoche – um ensinamento que eu também tinha interesse em receber. Mas pensamos: "Puxa, ele é muito ocupado. Passa o dia inteiro ensinando toda aquela gente, provavelmente não vai ter tempo para nós".

Porém, tendo encontrado com Dilgo Khyentse Rinpoche em algumas ocasiões, no Tashi Jong e outros lugares, eu sabia o quanto ele era bondoso. Então pensei: "Bom, não custa perguntar". Assim, um dia, na hora do almoço, meio que me enfiei onde ele estava comendo. Não fiquei terrivelmente surpreso, dado o estilo livre e descontraído do Rinpoche, ao ver que a porta estava aberta – embora as refeições normalmente sejam consideradas "horário privado", quando o professor pode relaxar um pouco. O Rinpoche me viu parado na porta e me convidou a entrar. De repente, fiquei muito encabulado de pedir um favor, mas percebi que no fim ele só diria "sim" ou "não".

Ele não fez uma pausa para responder depois que perguntei. O pedido mal havia saído de minha boca quando ele respondeu: "Venham amanhã na hora do almoço".

No dia seguinte, eu e meu amigo fomos à sala do Rinpoche, e ele deu o ensinamento que pedimos com a mesma riqueza de detalhes e a atenção com que estava dando seus ensinamentos públicos, sem quaisquer condições. Não pediu doações ou presentes. Não deu bola para nosso status de *tulkus*. Não se apressou. Não ficou apenas nos pontos essenciais. Entregou-se totalmente a explicar os ensinamentos em grande detalhe e garantir que entendêssemos.

Aquela foi, na verdade, uma lição muito poderosa para mim em termos de desenvolver meu estilo próprio de ensinar. Sempre que um aluno pede um ensinamento especial privado, lembro-me da generosidade de Dilgo Khyentse Rinpoche e tento emular seu exemplo, dando um ensinamento tão completo quanto possa, sem qualquer outra consideração a não ser ajudar quem quer que me procure querendo aprimorar seu entendimento e prática do Dharma.

A generosidade no ensinamento também pode ser transmitida de modo um pouco mais casual. Por exemplo, uma aluna que começou a trabalhar para uma grande corporação internacional ficou perturbada com as reações voláteis do chefe.

"Não leve para o lado pessoal", disse um colega de trabalho. "Ele teme pelo emprego e não tem como não passar esse medo para você. O que quer que ele diga, o que quer que faça, não tem nada a ver com você".

"Dê um pouco de amor para o cara", ele falou. "Ele está morto de medo."

Disciplina

Como você ama alguém que está apavorado e apavora você?

Praticando a segunda *pāramitā*, conhecida em sânscrito como *sīla* e em tibetano como *tsultrim*.

A segunda *pāramitā* normalmente é traduzida como "ética" ou "moralidade" – embora já tenha sido traduzida como "disciplina moral" ou simplesmente "disciplina". No sentido mais básico, esse tipo de disciplina significa se abster de comportamentos e tendências prejudiciais aos outros e a si mesmo. Tradicionalmente, tais comportamentos são divididos em três categorias: físicos, como matar, roubar e comportamento sexual abusivo; atividades de fala, como mentira, calúnia, palavras ríspidas e frívolas, ou o que é às vezes chamado de fala "inútil"; e tendências mentais ou emocionais, que incluem ganância e malícia.

As tendências mentais nocivas também incluem sustentar o que, muitas vezes, é referido como "visões errôneas" – o que, na tradição budista, pode abranger grande quantidade de ideias. De uma forma talvez mais simples, "sustentar visões errôneas" refere-se a sustentar como verdade algo que não o é. Nas páginas anteriores, vimos quanta dor e confusão são geradas em nossa experiência quando sustentamos certas ideias sobre nós mesmos. Também vimos o quanto nossas escolhas ficam limitadas quando vemos nossos padrões como verdadeiros. Assim, praticar disciplina envolve trabalhar continuamente para encontrar espaço em nossos padrões, encontrar hiatos entre as imagens que temos de nós mesmos. Também significa encontrar hiatos em nossas ideias sobre os outros, nos desprendendo das imagens que mantemos de um chefe, colega de trabalho, amigo ou parceiro.

Por exemplo, é fácil julgar alguém que costuma estar tenso ou zangado e ficar na defensiva perto dele, criando todo tipo de história que podemos compartilhar com outras pessoas na forma de fofoca. Nesse caso, praticar disciplina significa recuar e tentar olhar a pessoa com um pouco mais de objetividade sobre os motivos pelos quais ela possa estar zangada ou tensa. Talvez esteja sendo constantemente criticada por alguém acima dela e com medo de ser despedida. Talvez esteja às voltas com alguém gravemente enfermo. Ou esteja enredada em um relacionamento difícil. Assim, quando pensamos nos outros, quando avaliamos o comportamento deles e reagimos, nos empenhamos para ver além do presente imediato e para oferecer o mesmo espaço, a mesma bondade que aprendemos a oferecer a nós mesmos.

Disciplina também envolve o cultivo de comportamentos e atitudes benéficos aos outros e a si mesmo. Tais comportamentos e atitudes são tipicamente entendidos como o oposto das atividades nocivas descritas acima. Em vez de matar, trabalhamos para preservar a vida; em vez de roubar, doamos (praticando generosidade). Falamos a verdade. Dizemos coisas bondosas sobre as pessoas. Esforçamo-nos para falar de modo gentil. Pensamos no que podemos fazer pelos outros, nos regozijamos com suas realizações e conquistas e nos empenhamos para entender seu comportamento em termos de causas e condições temporárias.

Independentemente de nossa abordagem – abster-se de atividades prejudiciais ou se empenhar nas benéficas –, a essência da disciplina significa cultivar um coração espaçoso e um amplo entendimento que permita perdoar a nós mesmos e aos outros pelos erros que cometemos sob a influência do "eu".

Para dar um exemplo, muitos anos atrás um monge idoso viajou do Tibete para a Índia para ver um grande professor. Enquanto conversavam, o monge mencionou que ficou preso por vários anos após a Revolução Cultural.

"Fiquei com muito medo", disse o monge.

"De morrer?", perguntou o professor. "De ser espancado? Torturado?"

O ancião sacudiu a cabeça;

"Não, não", sussurrou. "Fiquei com muito medo de perder o amor pelos guardas da prisão. Eles tinham revólveres e cassetetes. Ameaçavam-nos o tempo todo. Mas muitos apenas obedeciam a ordens. Tinham esposa, filhos e pais para proteger. Então tinham que nos espancar e matar para proteger suas famílias".

"Tive muito medo de esquecer que aqueles homens estavam nos tratando mal porque queriam proteger suas famílias. Estavam assustados por causa das pessoas que amavam. E tive esse medo porque já não sentia mais muita simpatia por eles. Às vezes sentia vontade de feri-los tanto quanto eles feriam a mim e às pessoas que eu amava".

Aquele medo, conforme assinalou o professor, era a medida de seu amor. Caso tivesse se entregue a seus pensamentos e sentimentos, poderia ter ficado preso no padrão do "eu sólido", visto ameaças no "outro sólido" e se envolvido em todo tipo de histórias "preciosas" sobre si mesmo e a situação em que se encontrava.

Esse é o verdadeiro significado da disciplina: manter o amor, a esperança de que todo ser vivo despertará, mesmo nas condições mais difíceis ou desafiadoras.

A lição mais profunda de disciplina foi a que aprendi com meu pai.

Antes de partir para meus primeiros ensinamentos nos Estados Unidos, estive no pequeno aposento de meu pai no Nagi Gompa e pedi conselhos sobre como ensinar esse novo público. Meu pai respondeu de forma surpreendente.

Dando um sorrisinho misterioso, ele disse: "Não deixe que os elogios lhe subam à cabeça. As pessoas vão cumprimentá-lo. Dirão o quanto você é incrível, o quanto seus ensinamentos são maravilhosos. Aceite os cumprimentos graciosamente, mas solte-os. Quaisquer cumprimentos que os alunos façam não têm nada a ver com você. Na realidade, são um reflexo da verdade e do poder do Dharma. O modo como você ensina não é importante. O *que* você ensina é".

Ele prosseguiu: "Oh, sei que você está acessando um mundo novo. Você quer ser moderno. Não o culpo, meu filho. O mundo muda, mas o Dharma não muda. É tão verdadeiro hoje quanto era há dois mil anos. Apenas não deixe que sua forma de ensinar lhe faça pensar que você é especial. O que o Buda ensinou perdurou por séculos".

A seguir ele explicou que muitos professores podem enredar-se no que pode ser mais bem descrito como um "problema de personalidade" – fenômeno que testemunhei ao longo dos anos. Os alunos são atraídos pelo estilo específico de um professor, por seu carisma, e o professor pode vir a se considerar especial.

"O que é realmente especial", disse meu pai, com um sorriso mais largo, "é o ensinamento em si, o Dharma".

"Não importa o que você se torne publicamente, não se deixe levar pelos elogios. As pessoas vão dizer coisas bonitas sobre você. Vão falar do professor maravilhoso que você é. Não deixe que as nuvens tomem conta de você".

Eu olhava pela janela, enquanto o céu escurecia.

"É tentador, eu sei", disse ele. "As pessoas me dizem que sou maravilhoso. Mas meu verdadeiro propósito na vida não é ser maravilhoso, ou famoso, e sim ensinar o Dharma da melhor forma que sei – o que é muito pouco. Lembre-se do quão pouco você sabe. Lembre-se do quanto tem que aprender. Isso vai mantê-lo humilde. E humildade é base da disciplina. Até se tornar um buda, você ainda tem muito o que aprender. Não importa quem você seja, lembre-se da centelha, lembre-se da essência do seu ser.

"Oh, tem tanta coisa para se aprender. Abra o coração para o que as pessoas lhe perguntam, para o que elas falam. Apenas com um coração aberto você pode obter uma mente aberta".

Sim, é importante seguir na prática mesmo quando você não quer. Sim, é importante se comportar com graça e dignidade para com os outros. Podemos ter aprendido bastante ao longo dos anos, mas temos que resistir à tentação de ficar orgulhosos do que aprendemos. Existe tanta coisa que não sabemos e tantas oportunidades de aprender mais sobre nós mesmos, sobre os outros, sobre a relação entre realidade absoluta e relativa e sobre a relação entre vacuidade e aparência – as causas e condições que são a base de nossa experiência temporal ou relativa.

Paciência

A terceira *pāramitā* – *kṣānti* em sânscrito e *zöpa* em tibetano – muitas vezes é traduzida como "paciência". Mas como praticamos a paciência? Quais os significados óbvios e sutis dessa prática?

Como as duas *pāramitās* anteriores, a paciência pode ser entendida em vários níveis. O mais óbvio é abster-se de nosso impulso de retaliar contra alguém que age com raiva ou violência em relação a nós. Se alguém nos atinge, e queremos atingir de volta. Alguém nos insulta e queremos insultar de volta. Alguém começa a espalhar fofocas pelas nossas costas e sentimos um ímpeto de fazer o mesmo com o outro.

Paciência não significa tentar reprimir ou afastar sentimentos de raiva quando estes surgem. Por exemplo, se alguém não reage à nossa generosidade, ou diz ou faz algo desagradável com que não concordamos, podemos experimentar um lampejo de raiva ou medo. Paciência nesse caso significa que reconhecemos nossa reação de raiva ou medo, mas não agimos com base nisso. Reconhecemos que alguém está nos causando dor porque está experimentando dor. Não atacamos os outros porque estamos exaustos, desconfortáveis ou estressados, e aceitamos que aqueles à nossa volta possam estar passando por situações semelhantes.

Um segundo aspecto da paciência envolve estar disposto a suportar dor e privação sem perder o senso de motivação. Lembramos que nossa meta é ajudar os outros a experimentar liberdade, bondade, abertura e afeto e por causa dessa meta estamos dispostos a lidar com quaisquer obstáculos que surjam no processo para alcançá-la. Às vezes a prática desse tipo de paciência envolve algo simples, como concordar em levar alguém ao médico quando não dispomos de tempo e teremos que reorganizar nossa agenda ou perder horas de sono. Pode significar meditar quando estamos cansados e ficamos tentados a dizer: "Vou pular a prática hoje e acrescento uns minutinhos amanhã". Pode envolver um comprometimento mais significativo, como arranjar tempo para visitar um amigo ou familiar idoso ou com alguma doença crônica .

Estou certo de que todos nós podemos encontrar situações na vida que requerem uma extensão para além de nossa "zona de conforto".

O motivo para abordar tais atividades e situações com paciência é manter nossa conexão com o desejo de ser prestativo, de ser a luz para alguém que se sente pressionado pela escuridão, de ser o calor para aqueles que perderam a conexão com sua própria centelha. Quando mantemos nossa motivação, com frequência verificamos, para nossa surpresa, que temos mais energia do que pensávamos, que as privações ou obstáculos que enfrentamos não são tão intensos, assustadores ou proibitivos quanto inicialmente pareciam. Começamos a experimentar uma alegria sutil e inspiradora por sair da "zona de conforto".

Um terceiro aspecto da paciência envolve aceitar as coisas como são. Acontecem muitas coisas dolorosas em nossa vida, e nada do que possamos dizer ou fazer pode mudar a situação. Ao longo dos últimos anos, conheci muita gente que perdeu amigos e parentes durante o ataque ao World Trade Center, no 11 de setembro. Muitos estão zangados, o que é compreensível.

"Estou triste, é claro", disse uma pessoa. "Horrorizada talvez seja uma palavra melhor. Chocada. Lamento, mas não posso me deixar cair na amargura. Entendo que alguns se amargurem e respeito isso. Mas o melhor tributo que poderia dar ao marido que perdi é seguir em frente, viver minha vida como ele gostaria que eu fizesse. Poderia focar apenas no que perdi pelos próximos dez anos. Mas sei que ele odiaria isso. Então, anos depois, comecei a tratar de viver de novo, sair para jantar com amigos e, bem, conhecer uma nova pessoa. Levou um tempo para eu começar a sair de novo. Mas agora estou noiva. E planejo me casar daqui a alguns meses. O homem que perdi no 11 de setembro era um dos melhores, dos mais bondosos, gentis e inteligentes que já conheci. Não sei se vou conseguir colocar a foto dele em meu casamento como padrinho, mas sei que ele estará lá, sorrindo para nós"

Diligência

A quarta *pāramitā* com frequência é traduzida como "perseverança", "diligência", "energia", "esforço" ou, às vezes, "zelo". Seu significado básico reside em nos dedicarmos com alegria e entusiasmo às práticas e à aspiração de beneficiar os outros. Diligência se assemelha um pouco à paciência em termos de cultivar a disposição para aguentar adversidades. Mas, enquanto a paciência envolve não se furtar aos desafios, a diligência implica em um comprometimento ativo em encarar os desafios que surgem quando nos comprometemos a ajudar os outros. Envolvendo com frequência sacrifício pessoal de tempo, energia e outros recursos, a diligência pode soar como uma estrada difícil. Mas tsondru, a palavra tibetana usada para descrever essa *pāramitā*, e *vīrya*, a palavra sânscrita, implicam em um senso revigorante de força, calma e foco ao agir para ajudar os outros.

Para dar um exemplo, uma mulher que conheço recentemente dedicou várias semanas para ficar à cabeceira do pai idoso enquanto ele atravessava os estágios finais da vida. Ver alguém morrer nunca é fácil, mas ela permaneceu à cabeceira, segurando a mão dele, conversando com ele, escutando quando ele conseguia falar. Ao mesmo tempo, trabalhou para acalmar a mãe, que sofre de transtorno obsessivo-compulsivo e estava frenética naquelas semanas finais.

"Mas", disse ela, "por mais difícil que fosse emocionalmente, as últimas horas de meu pai foram pacíficas. Minha mãe se sentou ao lado dele, segurando sua mão quando ele faleceu. Fico muito feliz por ter conseguido estar lá para ambos".

Dizem que a diligência é uma espécie de armadura que nos ajuda a encarar situações desafiadoras – e isso é coerente com a imagem do *bodhisattva* como uma espécie de guerreiro ou herói. Mas devemos lembrar que esse tipo de heroísmo se dedica a despertar e estimular a centelha nos outros. A armadura que veste não é uma espécie de máscara, mas um jorro de luz que resplandece de dentro.

Diligência também significa realizar pequenas ações e apreciar o efeito de nossas realizações. No meu caso, por exemplo, se quero limpar minha cozinha, escolho uma pequena área, – como o fogão ou a mesa. Limpo aquela parte e depois repouso por alguns instantes (ou talvez um pouco mais). Então volto, olho para a parte que limpei e digo: "Uau, essa parte está realmente limpa! Fiz um bom trabalho". Isso me dá energia e entusiasmo para começar a trabalhar em outra pequena área. Essa é uma abordagem diferente da limpeza total, em que se engata um pedacinho aqui no outro pedacinho ali, sem focar em uma área específica. Apreciar o trabalho que você fez numa pequena área dá uma espécie de entusiasmo para seguir para a próxima. Sem esse tipo de prazer, não se consegue desenvolver a diligência. Abordamos nossas atividades com uma contundência que pode nos deixar física ou emocionalmente tensos. Sentimos: "Tenho que fazer isso. Tenho que liquidar isso agora, já, por completo". E esse tipo de atitude pode provocar estresse físico e emocional.

Assim, meu entendimento da forma adequada de abordar a diligência é o seguinte: quebrar uma grande tarefa em pedaços menores e descansar um pouquinho. Mas a parte mais importante do processo é permitir um instante para apreciar o que realizamos. Quando fazemos isso, nossa confiança em completar uma tarefa maior começa a crescer. Começamos a sentir: "Sim, posso fazer isso de pouquinho em pouquinho – seja lá o que for".

Concentração

A quinta *pāramitā*, conhecida em sânscrito como *dhyana* (ou às vezes *samadhi*) e em tibetano como *samten*, é traduzida como "concentração". Embora frequentemente seja entendida como a prática de algum tipo de meditação, o significado mais profundo de concentração envolve permitir à mente repousar de forma muito simples, alerta e aberta. Praticar concentração de forma leve e fácil pode de fato ajudar a simplificar decisões que do contrário poderiam parecer avassaladoramente complexas.

Por exemplo, há muitos anos participei de um longo ensinamento oferecido por Adeu Rinpoche no Tibete. Como acontece no caso de muitos ensinamentos longos, esse era muito complexo, envolvendo muitos períodos longos de cântico de textos religiosos e outros elementos cerimoniais que tinham que ser executados com muita precisão. Enquanto observava Adeu Rinpoche, vi que ele olhava todo o evento com muita calma e clareza. Ficava sentado ali de olhos abertos, fazendo o que tinha que fazer como mestre das partes cerimoniais do ensinamento. Estava completamente imperturbável e estável, sem prestar atenção particular ao que os monges que participavam do ensinamento estavam fazendo.

Nos intervalos do ensinamento, eu o ouvia criticar alguns monges, dizendo: "Não, você cometeu alguns erros".

Fiquei impressionado. Ele não parecia estar prestando qualquer atenção especial nos eventos específicos, todavia estava ciente de tudo. Então, certo dia, no intervalo do almoço, perguntei: "Como você sabia o que estava acontecendo? Não vi seus olhos vagarem, sua atenção se alterar".

"Eu estava em *samadhi*", ele respondeu.

A seguir, explicou que, repousando de modo estável, com atenção completamente aberta e espaçosa, não existe bloqueio; ao praticar *samadhi*, a pessoa pode ver tudo que está acontecendo sem ter que focar em algo específico.

"É como ver um reflexo no espelho", ele explicou. "Mas o espelho é tão amplo e estável que você consegue ver o que acontece na sala, sem qualquer preconceito ou viés. Você consegue ver tudo que se passa na sala sem focar um evento específico".

"Você tem que confiar no espaço, porque ele está sempre ali. Se você confia em seu foco ou nos fenômenos, nas aparências – que são impermanentes e estão sempre cambiando, sempre pulando em redor – então você está sempre meio que brigando com os fenômenos".

"Assim, você confia plenamente no espaço onde todos os fenômenos aparecem. Quando faz isso, todos os seus sentidos ficam abertos. Clareza e estabilidade vêm junto".

Vi um exemplo do mesmo tipo de abertura calma e estável em meu pai cerca de um ano antes de ele falecer. Estava evidente que a sua saúde física estava se deteriorando, por isso decidi visitá-lo com mais frequência e passar mais tempo com ele. Naquele tempo, ainda que seu corpo estivesse fraquejando, ele havia começado um novo programa para expandir e melhorar a sala do santuário no Nagi Gompa, o local onde as pessoas podiam rezar e meditar. (De fato, meu pai estava sempre envolvido em construir e expandir. Ele nunca se envolveu com nenhum esforço para angariar fundos. As pessoas simplesmente deixavam dinheiro como oferenda tradicional pelos ensinamentos ou bênçãos, e então um dia ele dizia: "Olha, tem o suficiente aqui para construir ou consertar coisas".)

Um dos projetos envolvia abrigar uma estátua muito grande de Tara, a personificação feminina da compaixão. Essas estátuas são consideradas muito preciosas e com frequência são protegidas do pó em uma espécie de cabine com uma janela na frente. Meu pai me pediu para ajudar a completar o projeto, e um dia, quando fui conferir o progresso, vi que a estátua era tão larga que os operários que instalaram o vidro da janela tiveram que usar duas placas. Mas as duas juntavam-se exatamente no ponto dos olhos da estátua, de modo que não dava para ver os olhos de jeito nenhum.

Subi para informar meu pai do problema e pedir conselho. Ele estava, é claro, no pequeno cômodo onde dormia e dava ensinamentos. A entrada não era fechada por uma porta e sim por uma cortina pesada. Puxei a cortina um pouquinho e vi que ele estava meditando. Sem querer perturbá-lo, soltei a cortina e esperei alguns minutos. Então pensei: "Talvez ele tenha acabado agora", e espiei de novo. Ele ainda estava sentado, calmo e à vontade, meditando. Esperei e espiei de novo – umas quatro ou cinco vezes.

Depois de uma meia hora, comecei a ficar com um pouco de frio parado no corredor e pensei, um tanto egoísta: "Bem, na verdade não é trabalho meu. O mosteiro é dele, estou trabalhando para ele, então por que simplesmente não entro?". Ao mesmo tempo, estava interessado em ver como ele reagiria – se interromperia o estado meditativo e prestaria atenção nos assuntos "práticos" ou se, como ouvi dizer dos grandes mestres, sua meditação era tão aberta e livre que ele poderia reagir acurada e precisamente a qualquer situação ao redor sem sair daquele estado.

Então entrei e me dirigi a ele formalmente.

"Rinpoche."

Ele olhou para mim calmamente, sem qualquer alteração nos olhos ou na expressão, sem sinal de ruptura entre meditar e lidar com uma intrusão. Falei do problema, pedi conselho e ele deu algumas instruções. E, enquanto eu saía da sala, ele simplesmente continuou sentado tranquilamente. Não houve sinal de que interrupção da sua concentração ou compostura, não parecia ter sido preciso reconectar-se com a prática. Não havia entrada e saída. Ele era o mesmo meditando ou dando conselho sobre um assunto de construção. Ele era muito claro e aberto, mas não havia sensação de que se agarrasse àquela clareza e abertura; apenas faziam parte dele, sem esforço e contínuas.

Foi uma grande lição para mim. Ao me dirigir a meu pai e ouvir suas instruções, percebi que concentração não é um esforço para focar em algo, mas a permanência em um "centro desprovido de centro" espaçoso, de onde se opera.

É também a plataforma ou preparação para a próxima *pāramitā*.

Sabedoria

Chegamos enfim à sexta *pāramitā*, *prajñā* em sânscrito e *sherab* em tibetano, comumente traduzida como "sabedoria".

É importante notar que existem dois tipos de sabedoria. A primeira é uma capacidade discriminadora, a tendência de indagar, questionar, reunir informações, analisar e tomar decisões. A menos que haja algum defeito físico ou genético, todos nós temos essa sabedoria comum, essa inteligência ou aptidão básica de distinguir entre diferentes fenômenos.

Estamos sempre analisando alguma coisa – medindo a distância entre carros, por exemplo, ou averiguando as pessoas em redor para determinar seu humor. Tal análise com frequência é executada de modo automático e inconsciente.

O segundo tipo de sabedoria é referido como "sabedoria transcendente", talvez mais bem entendido como a culminação do insight: a capacidade de ver a natureza essencialmente interdependente, temporária e ilusória da realidade relativa e a natureza fundamentalmente aberta, clara e ilimitada da realidade absoluta. É a capacidade de distinguir entre nossas fantasias e projeções – nossas as histórias relacionadas aos nossos "eu" e as "histórias dos outros" – e o modo como as coisas verdadeiramente são. É a percepção sagaz que nos permite ver o espaço além das nuvens, o amor incondicional recoberto por padrões habituais de identificação e mal-entendidos baseados em esperança e medo.

Ao mesmo tempo, é um reconhecimento intuitivo de que as aparências têm condições de surgir *por causa* do pano de fundo da vacuidade; que as nuvens podem ser vistas vindo e indo *por causa* do pano de fundo do espaço; que é *por causa* das habilidades cognitivas e emocionais que adquirimos com as várias dimensões do "eu" que podemos nos reconectar com nossa natureza essencial e fazer daquela centelha uma chama brilhante.

Assim, na prática da sabedoria transcendente, temos que nos conectar com o potencial analítico de nosso ser e desenvolvê-lo de forma deliberada. Temos que reconhecer aquele aspecto questionador da nossa mente, aquela curiosidade, aquele ímpeto de crescer e saber.

Como fazemos isso?

A sabedoria comum – que podemos chamar de intelecto ou inteligência – é matizada por preconceito, propensão, esperança, medo, experiências passadas, fixação. Assim, quando começamos a praticar a sabedoria transcendente, começamos analisando o analisador. Usamos as práticas de meditação para aguçar nossa inteligência natural, identificar nossas propensões, nossos preconceitos e tudo o mais, a fim de chegar a um entendimento mais preciso dos padrões habituais para interpretar as experiências.

Como um aluno expressou recentemente: "é como aprender a olhar para o mundo sem óculos de sol. Se você sempre usa óculos de sol, ainda consegue enxergar, mas tudo que vê é levemente matizado pela cor das lentes de sol. Praticar essa *pāramitā* é um pouco como tirar os óculos de sol. Você pode não ser capaz de aguentar o fulgor por muito tempo, mas, oh, as cores que vê! Talvez seja atordoante de início, mas aí uma espécie de curiosidade toma conta. Você começa a querer ver as cores diferentes. Quer ver a aparência do mundo quando não está todo pintado de verde".

Da mesma maneira, devemos desenvolver, de relance em relance, alguma estabilidade na sabedoria transcendente. Primeiro devemos reconhecê-la em nossa experiência e então nutri-la pela meditação e prática. Uma vez que essa experiência de sabedoria tenha obtido alguma estabilidade, podemos usá-la como uma ferramenta para olhar o mundo sem óculos de sol.

Como então reconhecemos a sabedoria transcendente?

Relaxe. Deixe seus pensamentos e sentimentos virem e irem e repouse na claridade que emerge quando você simplesmente observa sem se envolver. Por isso recomenda-se praticar a atenção plena e *samadhi* primeiro. Quando você atingiu certo estado de tranquilidade e prontidão, está pronto para conhecer, pronto para entender de maneira profunda a dança entre vacuidade e aparência. Não se agarre ao vislumbre dessa dança. Apenas deixe que vá, como o seu primeiro vislumbre do amor essencial.

Trabalhando junto

Claro que em qualquer formato de ensinamento – seja oral ou escrito – as *pāramitās* são explicadas uma por uma. Na prática, entretanto, elas funcionam como um conjunto. É preciso certa diligência para praticar a paciência, por exemplo; certa disciplina para praticar a meditação; certa sabedoria para praticar a generosidade de modo que verdadeiramente beneficie os outros. Em muitos casos, duas, três ou mais *pāramitās* trabalham juntas.

Por exemplo, muito recentemente fiquei detido em Londres por causa da nuvem de cinzas expelida pelo vulcão na Islândia. Infelizmente, não sou adivinho: se tivesse embarcado no voo que decolou quatro horas antes, teria conseguido seguir desimpedidamente para conduzir o retiro de meditação agendado na Califórnia.

Eu estava hospedado num hotelzinho e, por vários dias, como muitos outros passageiros presos, assisti aos noticiários da TV e escutei os anúncios de que o aeroporto de Heatrow reabriria em duas horas, quatro horas, seis horas. A cada anúncio, descia minhas malas para o saguão, apenas para descobrir que o aeroporto permaneceria fechado por mais algumas horas; então subia as malas de volta para o quarto e esperava o próximo anúncio.

Depois de alguns dias, cansei de ficar sentado esperando e decidi dar uma caminhada. Ao passar pelo saguão, entreouvi três mulheres conversando. Duas estavam reclamando do quanto a espera era intolerável. A terceira disse: "Bem, nesse tipo de situação, tudo que podemos fazer é esperar e observar".

Tão logo ouvi aquilo, senti uma espécie de alívio – e ao mesmo tempo pensei: "Uau, que lição maravilhosa de trabalho em conjunto das *pāramitās*!". Reconhecer a situação como ela era de certo modo exemplificava a sabedoria, o reconhecimento de que, embora a situação fosse séria, também era temporária. Esperar era um exemplo de paciência. Observar era o tipo de esforço continuado que exemplifica a diligência. A mulher também exibiu uma espécie de generosidade ao oferecer essa perspectiva sensata às outras duas senhoras, e, enquanto eu andava pelas ruas em Londres, senti como se também tivesse me beneficiado.

Por quê?

Porque de muitas maneiras aquilo me levou de volta aos motivos porque continuo a ensinar. Nem sempre é confortável passar de nove a dez meses do ano viajando pelo mundo.

Dizem que, depois que o Buda atingiu a iluminação, ele não acreditava que pudesse transmitir aos outros o que havia descoberto, mas que deuses e deusas reuniram-se em volta dele e o encorajaram a encontrar meios de alcançar os muitos seres sofredores, de ensiná-los a se reconectar com sua centelha, de abrir seus corações e mentes. Garanto a você que nenhum deus ou deusa me visitou em Bodhgaya e pediu que eu ensinasse – apenas um amigo que conheci no Tashi Jong.

De início fiquei hesitante, mas à medida que mais gente apareceu, vi em cada pessoa o desejo de aprender como curar suas feridas emocionais, conectar-se com uma centelha que sentia dentro de si, mas que não conseguia de fato alcançar. De início, eu não era muito bom, mas, apenas de ver essa esperança, o brilho do entendimento no rosto das pessoas, o relaxamento sutil em seus corpos, comecei a reconhecer que, por mais incompetente que eu fosse como professor, estava em posição de ajudar aquela gente a despertar as possibilidades dentro de si, a viver vidas mais plenas e profundas e a forjar as conexões tão ansiadas umas com as outras e com o mundo ao redor.

Se isso significa ter que deixar minha esposa e filhas por meses a fio, que seja. Quando aquela folha da árvore bodhi caiu na minha frente, cheguei a um entendimento: minha vida não é minha. Pertence a bilhões de seres que anseiam por despertar, sentir mais ativa e intensamente a centelha de luz e amor dentro de si.

Hoje faço coisas que não poderia imaginar há vinte anos. Viajo pelo mundo. Mudo meus ensinamentos para adequá-los às pessoas sentadas à minha frente.

Construo pontes e faço o máximo para ajudar as pessoas a acreditar que essas pontes vão resistir.

14. Confiança

A confiança talvez seja a mais importante qualidade necessária para compreender e de fato começar a praticar os ensinamentos do Dharma. A confiança abre o coração e com isso oferece a possibilidade de abertura da mente.

Aprendi uma lição muito importante sobre confiança durante meu primeiro ano no Tashi Jong. Khamtrul Rinpoche ainda estava construindo o mosteiro. Parte daquele esforço de construção envolvia preencher estátuas com objetos preciosos, como relíquias e pergaminhos antigos que ele dera jeito de trazer do Tibete para a Índia antes que fossem destruídos. Como eu era muito baixinho (e muito magro na época), com frequência pediam que me enfiasse dentro das estátuas para colocar os objetos preciosos.

Às vezes, ele pedia que eu fosse até seu quarto particular e buscasse essas coisas preciosas em uma mala que guardava lá. Mal posso começar a descrever o que representava o lama chefe de um grande mosteiro dar as chaves de seu quarto privado para um menino de doze anos e pedir que buscasse coisas transportadas sob grande perigo do Tibete para a Índia.

"Uau", eu pensava, "ele confia em mim".

Além das relíquias e pergaminhos, havia algum dinheiro no quarto – doações das pessoas que queriam ajudar na construção do mosteiro.

Embora eu visse o dinheiro, sequer cogitei roubar um pouquinho.

Por quê?

A confiança dele despertou o amor essencial em mim. Eu o amava, em parte porque ele era um homem bondoso e gentil. Mas havia algo mais. Ele personificava o amor essencial. Não fazia distinção entre um menino de doze anos e um monge que poderia ser muito mais velho e mais confiável. Ele não via nenhuma diferença. Ele me oferecia o mesmo respeito, a mesma bondade que ofereceria a um adulto. Ele construía pontes do coração.

Gostaria de ter aprendido mais com ele, que faleceu dois anos depois que entrei no Tashi Jong. Muitos professores ocuparam o lugar dele em meu coração: Tselwang Rindzin, meu pai, Dilgo Khyentse Rinpoche e Adeu Rinpoche. Jamais poderei retribuir a bondade deles e posso apenas transmitir as lições que me deram sobre abertura, clareza, paciência, generosidade e diligência, e as lições que me deram sobre construir confiança em minhas capacidades e a importância de compartilhar essa confiança com outros – construir pontes que atravessem o que aparece como obstáculos e fazer o meu melhor para ajudar os outros a atravessar essas pontes.

A importância da confiança foi reafirmada ao fim da primeira visita de Adeu Rinpoche à Índia em 1980. Caminhei com ele até a fronteira entre Nepal e China. Ele havia passado mais de um ano na Índia e no Nepal e era muito bondoso, muito aberto; senti que podia fazer-lhe muitas perguntas. Não sou uma pessoa muito intelectual. Não entendo as coisas na primeira vez que escuto, como muita gente consegue. Por isso, solicito esclarecimento constantemente, aí pratico as respostas e, quando confuso, pergunto de novo. Adeu Rinpoche, entre todos os muitos professores que tive a grande sorte de conhecer, era especialmente paciente com minhas perguntas constantes.

Quando chegamos à fronteira, comecei a me sentir muito triste por me separar dele. Ofereci um *khata* – um lenço de seda branca que simboliza uma oferta do coração – e ele me deu um abraço.

Então, afastou-se um pouco e disse: "Em algumas coisas você tem que confiar". Ele não disse: "Você é intelectual demais, faz perguntas demais". Ele apenas disse: "Algumas coisas são muito simples. Apenas faça o que lhe foi ensinado e os resultados virão".

Então deu as costas e começou a caminhar para cruzar a fronteira. Observei-o até ele desaparecer além do horizonte, impressionado com o seu insight sobre minha dúvida – sem críticas.

"Apenas confie", ele disse. "Só isso".

Ao longo dos anos, enquanto pratico o que ensino, vejo os benefícios e ofereço o mesmo conselho a meus alunos: "Apenas confiem. Só isso".

Mas existe uma importante advertência sugerida nesta lição.

O barco

Em certas ocasiões, ouvi um estranho provérbio ser repetido por meus professores. Pessoas comuns não atingem a liberdade *porque não meditam*. Praticantes não atingem a liberdade *porque meditam*. Levei um tempo para entender o significado da afirmação.

Meditação, conduta e entendimento são como as partes de um lindo barco que nos ajuda atravessar uma espécie de rio formado por nossos padrões, nossas camadas de "eu", nossos desafios particulares. A fim de atravessar o rio, precisamos pegar o barco. Mas, quando chegamos do outro lado, não importa o quanto o barco é lindo ou o quanto tenhamos apreciado a viagem: é inútil carregá-lo nas costas enquanto seguimos em nossa jornada. Nós o apreciamos, somos gratos, mas, para seguirmos adiante, temos que deixá-lo para trás.

Não estou dizendo que devemos parar de praticar, mas devemos dedicar tempo para sermos honestos conosco ao prosseguir no caminho. É fácil ficar viciado nas práticas, nos baratos espirituais, na sensação de romper os padrões e fazer algum tipo de progresso, no orgulho por estar fazendo as coisas direito. Mas no fim temos que largar tudo isso. Precisamos parar de fazer e apenas *ser*. Precisamos simplesmente confiar na centelha dentro de nós.

Soltando

Tal confiança é difícil. Pode ser acompanhada de um pouco de alegria, talvez uma pitada de tristeza – talvez uma mistura de diferentes pensamentos, sentimentos e sensações. Seja qual for nossa experiência, se nos permitirmos simplesmente *ser* com o que experimentamos e apreciar, alcançaremos a verdadeira transformação, a verdadeira cura, a verdadeira abertura de nosso coração e mente.

O melhor de tudo é que, quando nos permitimos ser como somos, criamos espaço para os outros serem como *eles* são. Uma sensação de confiança começa a abrir-se entre nós, criando oportunidade para a outra pessoa se abrir e estender o mesmo tipo de confiança a um terceiro – como a chama de uma vela acendendo outro pavio, sucessivamente. Essa é a essência e a meta de toda a nossa meditação, toda a nossa prática, todo o entendimento que levamos às camadas de "eu": soltar, passar de um para outro sucessivamente, deixar o amor que está em nós – que somos nós – despertar e se espalhar, de momento a momento, passo a passo, de rio a rio, de estrada a estrada e de ponte a ponte.

Começamos essa jornada juntos com a admissão de uma história embaraçosa sobre como eu, treinado nas filosofias e práticas do budismo, descobri o terror ao tentar atravessar algo que parecia invisível e a humilhação que senti por alguém tão bem instruído experimentar tamanho medo. Afinal de contas, era uma ponte, e muitos caminhavam por ela com admirável serenidade.

Seriam todos budistas?

Provavelmente não.

Mas não tinham medo. Atravessavam a ponte como se fosse uma simples experiência cotidiana.

Em muitos momentos de nossa vida chegamos a pontos em que medo, julgamento e experiências passadas de dor e sofrimento podem obscurecer nossa capacidade de ver que muitos dos desafios que enfrentamos, as pontes que devemos atravessar, são de nossa própria criação; desenvolvemos padrões que moldam a forma como vemos e reagimos aos vários acontecimentos com que nos deparamos na jornada da vida. Todas as práticas oferecidas nas páginas anteriores almejam a reconexão com a centelha básica que reside em nosso íntimo. Ao nos reconectarmos com essa centelha, ela começa a brilhar cada vez mais forte. Torna-se uma chama com a qual os outros podem começar a reconhecer o mesmo brilho, o mesmo calor e abertura dentro de si. Quando reconhecemos e nos abrimos para a centelha dentro de nós, quando abrimos nosso coração e nossa mente, permitimos que todos em volta se abram. Ao caminharmos com um senso de confiança e abertura através de qualquer ponte com que nos deparamos, oferecemos aos outros a oportunidade de irem fundo dentro de si, de reconhecer que além ou por trás dos medos e dores atuais existe a memória de um tempo em que experimentaram uma conexão, abertura, calor; um tempo antes do amor essencial ser recoberto pelo condicionamento cultural, antes de desenvolvermos "eus" sólidos, preciosos e sociais.

Atravessar pontes, descobrir padrões, reconectar-se com o amor essencial e estender esse amor aos outros é uma jornada que acredito de todo coração que todos nós temos condições de fazer.

Qualquer coisa de que você precise para dar o primeiro passo está dentro de você. Pode parecer uma luzinha fraca agora, mas a cada passo que você der ela ficará mais forte e brilhante. Vai se tornar contagiosa. Ao atravessar pontes, reconectar-se com o amor essencial e começar a reconhecer o calor, abertura e clareza dentro de você, inspirará outros seres a ver a luz de amor dentro deles.

Você não tem que dizer nada. Não tem que ensinar nada. Você tem que ser quem você é: uma chama brilhante cintilando na escuridão do desespero, um exemplo cintilante de pessoa capaz de atravessar pontes abrindo o coração e a mente.

Glossário

Amor essencial: cordialidade e abertura desimpedidas, sem propensão ou condicionamento.

Bodhicitta: sânscrito. A "mente" ou "coração" do despertar. Ver também *bodhicitta* absoluta, *bodhicitta* aplicada, *bodhicitta* de aspiração, *bodhicitta* relativa.

Bodhicitta **absoluta:** insight direto sobre a natureza da mente. Ver também *bodhicitta* absoluta, *bodhicitta* aplicada, *bodhicitta* de aspiração, *bodhicitta* relativa.

Bodhicitta **aplicada:** dar passos para cultivar a liberação de todos os seres sencientes de todas as formas e causas de sofrimento por meio do reconhecimento de sua natureza de buda. Ver também *bodhicitta* absoluta, *bodhicitta* aplicada, *bodhicitta* de aspiração, *bodhicitta* relativa.

Bodhicitta **de aspiração:** cultivo do desejo sincero de elevar todos os seres sencientes ao nível em que possam reconhecer sua natureza de buda. Ver também *bodhicitta* absoluta, *bodhicitta* aplicada, *bodhicitta* de aspiração, *bodhicitta* relativa.

Bodhicitta **relativa:** a intenção, dentro da estrutura relativista de eu e outro, de elevar todos os seres sencientes ao nível em que reconheçam sua natureza de buda. Ver também *bodhicitta* absoluta, *bodhicitta* aplicada, *bodhicitta* de aspiração, *bodhicitta* relativa.

Bodhisattva: uma pessoa que atingiu grande nível de amor e abertura associados à *bodhicitta*.

Clareza: a capacidade de ficar consciente de todas as coisas que experimentamos, para ver o material de nossa experiência e saber que estamos vendo. Ver também *ö-sel-wa*.

Compaixão: um grau de abertura e inteligência que nos capacita a ver o sofrimento dos outros e espontaneamente agir para ajudá-los. Ver também *nying-jé*.

Corpo sutil: melhor entendido como o lugar onde as emoções emergem e residem, exercendo muitas vezes um efeito tangível no corpo físico.

Dak: tibetano. O "eu".

Dak ché dzin: tibetano. Literalmente "agarrar-se ao eu como precioso".

Dak tenpar dzin (dak dzin): tibetano. Agarrar-se ao "eu" como verdadeiro; o "eu sólido".

Dak tsam: tibetano. O "mero eu".

Dāna: sânscrito. Tibetano: *jinpa*. Generosidade, a primeira *pāramitā*.

Dharma: sânscrito. A verdade, ou o modo como as coisas são; especificamente, os ensinamentos de Buda.

Dhyana: sânscrito. Também conhecida como *samadhi* (sânscrito) e *samten* (tibetano). Concentração, a quinta *pāramitā*.

Drenpa: tibetano. O aspecto da consciência que atrai a atenção para um objeto.

Dzin: tibetano. Apego ou fixação.

Dzogchen: tibetano. A Grande Perfeição, uma combinação de duas palavras: *dzog*, uma contração do substantivo *dzogpa*, que em nível primário significa "perfeito" ou "perfeição", e *chen*, que significa "grande" ou "vasto". *Dzogpa*, em nível secundário, significa "incluindo tudo".

Gewa: tibetano. Adjetivo usado para descrever algo que empodera ou fortalece; muitas vezes traduzido como "virtuoso".

Iluminação: em termos budistas, o reconhecimento firme e inabalável da natureza básica.

Kagyu: uma linhagem do budismo tibetano baseada na transmissão oral de ensinamentos de mestre para aluno; das palavras tibetanas *ka*, que significa discurso, e *gyu*, que significa "linhagem".

Karmapa: o líder da linhagem Karma Kagyu do budismo tibetano.

Khata: tibetano. Um lenço de seda branco que simboliza uma oferenda do coração.

Kṣānti: sânscrito. Tibetano: *zöpa*. Paciência, a terceira *pāramitā*.

Lhen-kyé-ma-rig-pa: tibetano. Uma ignorância fundamental que emerge simultaneamente com a senciência e leva a confusão e incerteza sobre o modo como as coisas são.

Lung: tibetano. Uma energia do corpo sutil que carrega o *tigle* pelo *tsa*. Ver também corpo sutil, *tigle*, *tsa*.

Mantra: sânscrito. A repetição de combinações especiais de sílabas antigas.

Natureza de buda: a capacidade inata e ilimitada de abertura, clareza e cordialidade. Ver também *sugatagarbha* e *tathagatagharba*.

Nying-jé: tibetano. Coração nobre.

Nyingma: a mais antiga das quatro linhagens principais do budismo tibetano; de um termo tibetano que pode ser traduzido aproximadamente como "os antigos".

Ö-sel-wa: tibetano. Mais comumente traduzido como "luminosidade", uma capacidade fundamental de iluminar – ou lançar luz sobre – nossas experiências e assim conhecê-las ou ficar ciente delas.

Pāramitā: sânscrito. Tibetano: *pa-rol-tu-chin-pa*. Frequentemente traduzido como "perfeição", no sentido de serem as qualidades mais abertas, bondosas e inteligentes que podemos cultivar no caminho rumo à *bodhicitta* absoluta. Uma tradução mais literal é "ir além" ou "atravessar para a outra margem".

Prajñā: sânscrito. Tibetano: *sherab*. Sabedoria, a capacidade de discernimento da mente. A sexta *pāramitā*.

Realidade absoluta: o potencial indefinível, infinitamente aberto e ilimitado para qualquer coisa aparecer, desaparecer, mudar e reaparecer. Ver também *tongpa-nyi*, vacuidade.

Realidade relativa: a experiência momento a momento de infindáveis mudanças e alterações de pensamentos, emoções e percepções sensoriais.

Samsara: sânscrito. Tibetano: *khorlo*. Roda. Em termos budistas, a roda da realidade relativa.

Sem: tibetano. Aquele que sabe; aquele que sente.

Shamata: sânscrito. Prática de permanência tranquila; simplesmente permitir que a mente repouse tranquilamente como é. Ver também *shinay*.

Shezhin: tibetano. Conhecer a própria consciência. O aspecto atento da consciência pelo qual observamos a própria mente no ato de estar consciente de um objeto.

Shinay: tibetano. Prática de permanência tranquila; simplesmente permitir que a mente repouse tranquilamente como é. Ver também *shamata*.

Sīla: sânscrito. Tibetano: *tsultrim*. Disciplina, a segunda *pāramitā*. Também traduzida como "ética", "moralidade" ou "disciplina moral".

Sugatagarbha: sânscrito. A essência de alguém que "foi para" a bem-aventurança. Ver também natureza de buda, *tathagatagarbha*.

Śūnyatā: sânscrito. Tibetano: *tongpa-nyi*. Ambas as palavras geralmente são traduzidas como "vacuidade". A palavra sânscrita śunya é "zero", um espaço ou pano de fundo infinitamente aberto que permite o aparecimento de qualquer coisa. A palavra tibetana *tongpa* significa "vazio" no sentido de uma base de experiência que está além de nossa capacidade de perceber com os sentidos, de descrever, nomear ou capturar em um conceito preciso e claro.

Tathagatagarbha: sânscrito. A essência de quem é "assim-ido". Ver também natureza de buda, *sugatagarbha*.

Terma: tibetano. Literalmente, "tesouro" ou "tesouros". Refere-se especificamente a ensinamentos escondidos por grandes mestres para serem descobertos em séculos posteriores, em tempos de grande necessidade.

Tertön: tibetano. "Aquele que encontra tesouros." Um grande mestre de meditação que redescobriu ensinamentos escondidos.

Tigle: tibetano. Literalmente, "gotas" ou "gotículas". No budismo tibetano são consideradas "centelhas da vida". Ver também *lung*, corpo sutil, *tsa*.

Tokden: tibetano. Um mestre de meditação que passou longos anos em retiro solitário aperfeiçoando sua prática.

Tonglen: tibetano. "Enviar e receber." A prática de enviar toda a própria felicidade para outros seres sencientes e pegar o sofrimento deles para si.

Tsa: tibetano. Os canais do corpo sutil pelos quais a energia flui. Ver também *lung*, corpo sutil, *tigle*.

Tulku: tibetano. Um mestre iluminado que escolheu reencarnar em forma humana.

Vacuidade: a base inerentemente indescritível de todos os fenômenos, de onde toda e qualquer coisa surge. Ver também śūnyatā.

Vipaśyanā: sânscrito. Tibetano: *lhaktong*. Visão clara; ver as coisas como elas verdadeiramente são. Com frequência, traduzido livremente como "insight".

Vīrya: sânscrito. Tibetano: *tsondru*. Diligência, perseverança, esforço, zelo. A quarta *pāramitā*.

Leitura adicional

Adeu Rinpoche. *Freedom in Bondage: The Life and Teachings of Adeu Rinpoche*. Traduzido por Erick Pema Kunsang e compilado por Marcia Binder Schmidt. Hong Kong: Rangjung Yeshe Publications, 2011.

The Dhammapada. Traduzido por Eknath Easwaran. Tomales, CA: Nilgiri Press, 1985.

Kongtrul, Jamgön. *The Torch of Certainty*. Traduzido por Judith Hanson. Boston: Shambhala, 1977.

Śāntideva. *The Bodhicaryāvtāra*. Traduzido por Kate Crosby e Andrew Skilton. Nova York: Oxford University Press, 1995.

Tsoknyi Rinpoche. *Carefree Dignity*. Compilado e traduzido por Erick Pema Kunsang e Marcia Binder Schmidt. Editado por Kerry Morgan. Katmandu: Rangjung Yeshe Publications, 1998.

——. *Fearless Simplicity*. Compilado e traduzido por Erick Pema Kunsang e Marcia Binder Schmidt. Editado por Kerry Morgan. Katmandu: Rangjung Yeshe Publications, 2003.

Tulku Urgyen Rinpoche. *As It Is*. Vol. 1. Traduzido por Erik Pema Kunsang. Compilado Marcia Binder Schmidt. Editado por Kerry Morgan. Boudhanath, Hong Kong & Esby: Rangjung Yeshe Publications, 1999.

——. *As It Is*. Vol. 2. Traduzido por Erik Pema Kunsang. Compilado Marcia Binder Schmidt. Editado por Kerry Morgan. Boudhanath, Hong Kong & Esby: Rangjung Yeshe Publications 2000.

Yongey Mingyur Rinpoche com Eric Swanson. *The Joy of Living: Unlocking the Secret and Science of Happiness*. Nova York: Harmony Books, 2007.

——. *Alegre sabedoria: Abraçando mudanças e encontrando liberdade*. Teresópolis: Editora Lúcida Letra, 2016.

Agradecimentos

Por sua inspiração e instrução, gostaria de agradecer a cada um de meus professores, incluindo meu pai, Tulku Urgyen Rinpoche; meu avô, Tashi Dorje; Dilgo Khyentse Rinpoche, Adeu Rinpoche, Nyoshul Khen Rinpoche, Tselwang Rindzin e muitos de meus tutores e *tokdens* no Tashi Jong. Também gostaria de agradecer ao meu irmão, Yongey Mingyur Rinpoche, por seu encorajamento e apoio, bem como a minha mãe, minha esposa e minhas filhas. Gostaria de agradecer especialmente a Sogyal Rinopoche por sua amizade profunda e inspiradora, sua inestimável instrução e grande bondade, e também a Tashi Lama, que, com seu brilhantismo, ofereceu ajuda de maneiras que não posso sequer começar a enumerar.

Gostaria também de oferecer minha gratidão a várias pessoas que doaram tão generosamente às organizações que apoiam meu trabalho – em especial Carole Bishop, Deborah Easley, Alfred Graf, Sandra Hammond e Esteban e Tressa Hollander. Gostaria de agradecer aos tradutores que serviram ao longo dos anos como transmissores dos ensinamentos do Buda em meu nome, em particular Gerardo Abboud e Erik Pema Kunsang. Quero agradecer também a Laurie Lange, que trabalhou incansavelmente transcrevendo os ensinamentos que dei, e Sherab Chödzin Kohn, que começou a colocar os ensinamentos sobre amor essencial em formato de livro.

Claro que este manuscrito não teria vindo à luz sem o auxílio de minha agente, Emma Sweeney, que apoiou este livro à medida que evoluía; minha editora, Julia Pastore, que ofereceu comentários e sugestões tremendamente úteis ao longo do processo; e toda a equipe do Crown Publishing Group, de um apoio extremamente entusiástico.

Muitas outras pessoas contribuíram para este livro de várias maneiras. Seria necessário outro volume para listar todos os seus nomes, mas eu gostaria de agradecer especialmente a Tara Benett-Goleman, Pedro Beroy, Owsley Brown, Richard Gere, Daniel Goleman,

Neil Hogan, Michael Kunkel e Sharon Salzberg por sua bondade e generosidade; Cortland Dahl pela leitura minuciosa do manuscrito e muitas sugestões úteis; e Martha Boyden, que abriu sua adorável casa na Itália para Erik e eu num momento particularmente importante. Aos muitos outros – vocês sabem quem são e a grande contribuição que fizeram. Que a sua centelha possa brilhar, e seu amor e compaixão continuem a crescer!

Sobre os autores

Nascido em 1966, em Nubri, Nepal, Tsoknyi Rinpoche é um dos mais renomados professores do budismo tibetano treinado fora do Tibete. Profundamente versado tanto nas disciplinas práticas quanto filosóficas do budismo tibetano, é amado pelos alunos no mundo inteiro pelo seu estilo acessível, seu humor generoso e autodepreciativo e pelo seu insight profundamente pessoal e compassivo sobre a natureza humana. Casado e pai de duas filhas, Rinpoche todavia consegue equilibrar a vida em família com uma agenda exigente de ensinamentos no mundo todo e com a supervisão de dois conventos no Nepal, um dos maiores conventos do Tibete e mais de cinquenta centros de prática e eremitérios na região oriental do Tibete. Mais informações sobre Tsoknyi Rinpoche, seus ensinamentos e atividades podem ser encontradas em www.tsoknyirinpoche.org.

Eric Swanson é coautor, com Yongey Mingyur Rinpoche, de *Alegria de viver*, best-seller da lista do *New York Times*, e sua continuação, *Alegre sabedoria*. Graduado na Universidade e Yale e na Juilliard School, é autor de diversos livros de ficção e não ficção. Após converter-se ao budismo em 1995, coescreveu *Karmapa, The Sacred Prophecy*, uma história da linhagem Karma Kagyu, e escreveu *What the Lotus Said*, as memórias de sua jornada pelo Tibete oriental.

Que muitos seres sejam beneficiados.

Este livro foi impresso em
março de 2018, na gráfica da Editora Vozes,
utilizando as fontes Sabon, Museo e Jane Austen.